Die Prinzipien vom Sinn des Lebens

Die Prinzipien vom Sinn des Lebens

Mit mehr Glück. Liebe. Wohlbefinden.
Leben und zwischenmenschliche Beziehungen.

Bernhard Führer

Copyright © 2022 Bernhard Führer
1. Auflage

Alle Rechte vorbehalten. Insbesondere das Recht der Vervielfältigung und Verbreitung sowie der Übersetzung. Kein Teil des Werkes darf in irgendeiner Form (durch Fotokopie, Mikrofilm oder ein anderes Verfahren) ohne schriftliche Genehmigung des Verfassers reproduziert oder unter Verwendung elektronischer Systeme gespeichert, vervielfältigt oder verarbeitet werden.

Die im Buch veröffentlichten Ratschläge, Aussagen und Anmerkungen wurden vom Verfasser sorgfältig erarbeitet und geprüft. Eine Garantie kann dennoch nicht übernommen werden. Ebenso ist die Haftung des Verfassers beziehungsweise des Verlages und seiner Beauftragten für Personen-, Sach- und Vermögensschäden ausgeschlossen.

Vertreten durch: Dr. Peter Josef
Gestaltung: Romil Bhagat, BSc
Lektorat: Mag. Otto Wögenstein, Bernhard Mathias
Verlag: edition eco
Für Fragen und Anregungen: office@strategy-plan.at
Printed in Germany
ISBN: 978-3-200-08340-0

Vorwort

Wenn unser Leben einen Sinn hat, dann einen, den wir ihm selbst geben.

– *Terry Eagleton*

Tag für Tag kommen Sie Ihren Pflichten und Aufgabenstellungen gewissenhaft nach und stehen Ihren Mitmenschen auch in schwierigen Situationen und Lebensumständen bei. Sie tun das, da dies Ihren inneren Moralempfinden und Gewissen entspricht und Sie es für richtig halten. Dennoch kommt irgendwann der Punkt, wo Sie feststellen, dass Sie nicht *„auf dem richtigen Weg"* sind und etwas nicht Ihren Vorstellungen und Wünschen entspricht. Sie glauben Ihr Leben im *Griff* zu haben, doch es fehlt etwas, Sie kommen *nicht weiter* oder zu *kurz*. Teils kann dies äußeren Umständen geschuldet werden, aber auch weil Sie sich selbst im Wege stehen oder Fehler aufgrund Ihrer Mitmenschen begangen werden. Ihr *Verhalten* (sei dies bewusst oder unbewusst) ist es letztendlich, das darüber entscheidet, wie glücklich bzw. erfolgreich Sie sind. Wichtig dabei ist, sich vor allem über zwei Dinge im Klaren zu sein: *(1)* Sie müssen es anderen Menschen nicht recht machen und *(2)* Sie haben jedoch Verantwortung für Ihr Handeln zu übernehmen.

Lassen Sie mich mit dem zweiten Punkt beginnen. Unsere Lebensqualität wird manchmal von Faktoren außerhalb unseres Einflusses bestimmt: Krankheiten, Unfälle, Umstände, welche uns widerfahren oder die Familie, in welche wir hineingeboren werden. Mit dem richtigen Ansatz lassen sich jedoch die meisten *Schicksalsschläge* besser verkraften. So hatte ein Freund von mir einen schlimmen Unfall, verlor beide Beine und saß seitdem im Rollstuhl. Er passte sich den neuen Umständen gut an und lebte so ein zufriedenes Leben, welches viele andere bei weitem nicht führen. Er zeigte mir vor allem: *(a)* Es gibt viele Möglichkeiten ein tolles und glückliches Leben zu führen und die Wege dorthin sind zahlreich. *(b)* Lassen Sie beiseite, ob Ihnen die Umstände gefallen, welche Ihnen zuteilwerden, denn das Leben interessiert sich nicht einmal ansatzweise dafür, ob Ihnen etwas gefällt. Vielmehr werden Sie Glück und Erfolg finden, wenn Sie sich Ihrer Verantwortung stellen, sich dieser bewusst sind und gute Entscheidungen auf Grundlage der Umstände treffen, welche Ihnen widerfahren. Statt diesen Weg zu gehen, beklagen sich die meisten Menschen jedoch über *Schicksalsschläge* und *Lebensumfelder*, welche außerhalb Ihres Einflussbereichs liegen und legen so die Basis für persönliches Unglück.

Damit eng in Verbindung steht der erste Punkt: Es anderen Menschen recht zu machen. Menschen, mit welchen Sie lose in Verbindung stehen, erleben nur einen winzigen Bruchteil Ihres Lebens, während Sie Ihr Dasein voll und ganz erleben. 99 von 100 Menschen, denen Sie im Laufe Ihres Lebens Ihre Zeit schenken, haben am Ende Ihres Lebens nicht den Funken einer Bedeutung für Sie. Das bedeutet im *Umkehrschluss*: Nur ein verschwindend kleiner Prozentsatz von Menschen ist von wirklich wichtiger Bedeutung für Sie und Ihr Leben. Diesen müssen Sie nichts recht machen und diese Menschen mögen Sie so, wie Sie, Ihre Umstände und Ihr Leben sind. Sie werden keinen logischen Grund finden, es anderen Menschen recht zu machen. Keine einmalige Begegnung ändert etwas daran, wer Sie wirklich sind. Folglich haben Sie auch dem keine Bedeutung beizumessen, was diese anderen Menschen über Sie denken. Sie selbst sind dafür verantwortlich, was bzw. wie Ihnen etwas widerfährt, also ist auch Ihre Meinung das, was wirklich zählt. Lassen Sie sich keine Meinung aufzwingen oder Ratschläge erteilen, nur um andere Menschen zu beschwichtigen oder diese zu besänftigen. Es hat keinerlei Konsequenzen, wenn jemand etwas Negatives von Ihnen denkt. Die *absolute Freiheit* liegt darin zu erkennen, dass ein Großteil der Menschen nicht an Sie denkt. Die meisten Menschen machen sich zu viele Gedanken und denken über sich selbst nach. Niemand denkt so viel über Sie nach, wie Sie vielleicht glauben, weil wir meistens an uns selbst denken. Wenn Sie dieses Konzept tatsächlich verinnerlichen, ist Ihre Freiheit unglaublich grenzenlos. Der *Schlüssel* für ein zufriedeneres, glücklicheres und selbstbewussteres Leben, liegt demnach vor allem darin begründet, sich so zu geben, wie Sie sind und vor allem: Sich um das Wesentliche zu kümmern – *sich selbst*. Dies ist Voraussetzung, um mit sich im Reinen zu sein, Ihren Mitmenschen wohlwollend gegenüberzutreten und diese und sich selbst glücklich zu machen. Bei vielen Menschen ist es selbsterklärend, warum es dennoch nicht funktioniert: Zu viel Zerreden, -denken und -analysieren. Immer haarscharf an einer *sinnhaften* Lösung vorbei.

Wir verbringen einen Großteil unseres Lebens damit Geld zu verdienen und stellen es in den Mittelpunkt vieler wegweisender Entscheidungen. So vertreten viele die Ansicht durch die Befriedigung ihrer materiellen Bedürfnisse die allgemeine Lebensqualität zu steigern. Die Konsumgesellschaft animiert uns regelrecht dazu, materielle Besitztümer anzuhäufen und verbreitet die vermeintliche Auffassung, dass es das ist, was wir brauchen, um *Glück* und *Zufriedenheit* zu erlangen. Meine Arbeit führt mich häufig auch in Pflegeheime und zeigt mir jedoch etwas anderes. Ich weiß nicht, wie viel Zeit Sie in Pflegeheimen verbracht haben, aber Sie können mich beim Wort nehmen, wenn ich sage, dass diese nicht die glücklichsten Orte auf unserem Planeten sind. Obwohl die meisten Heime gute Pflegearbeit leisten, vermitteln sie ein institutionelles Gefühl, das die *Gemüter* bedrückt, wenn Sie die Eingangstür durchschreiten. Sowohl die Bewohner als auch das Personal wissen, dass das Betreten des Hauses eine Einbahnstraße ist. Für fast alle ist der einzige Ausgang das Ende des Lebens. Pflegeheime kümmern sich um die schwächsten und schutzbedürftigsten Menschen in unserer Gesellschaft, von denen viele keine Angehörigen mehr haben. Ihre Fähigkeit für sich zu sorgen, und manchmal sogar ihren Sinn für sich selbst und ihre Erinnerungen haben sie bereits verloren. Glauben Sie mir: In meinen vielen Jahren in denen ich meinen sozialen Tätigkeiten nachgekommen bin, sah ich in Krankenhäusern, Pflegeheimen und anderen Einrichtungen viele Patienten, welche im Leben einsam, ignoriert oder zurückgewiesen wurden. Es mangelte auch an Wohlbefinden, Mitgefühl und Zuwendung. Ein guter Teil dieser Patienten war wohlhabend, doch dieser vergängliche materielle Besitz verschaffte ihnen weder innere Zufriedenheit noch seelisch-geistige Freude – dies werde ich nie vergessen. Meine *Kernbotschaft*: Menschen sind wichtiger als Dinge. Ein Auto, sogar ein solch makelloses wie Ihr neues Cabrio, ist lediglich eine Sache. Und es zeigt sich auch, dass das regelmäßige Zusammenkommen mit Verwandten, Bekannten und guten Freunden der Gesundheit dienlicher ist, als wenn man prunkvolle Besitztümer sein Eigen nennt. Das soll uns nicht vergessen lassen, unsere Zeit und unser Geld vor allem in den Ausbau unserer zwischenmenschlichen Beziehungen und Freundschaften zu stecken und nicht lediglich in vergängliche Güter. Es ist eine riesige Freude andere glücklich zu machen, ungeachtet unserer eigenen Situation oder Lebensumstände. Geteiltes Leid ist halbes Leid doch Freude, ist doppelte Freude, wenn Sie diese teilen. Wenn Sie sich reich fühlen möchten, zählen Sie all die Dinge auf, die man für Geld nicht kaufen kann. Und vergessen Sie dabei nie: Das „*Heute*" ist ein *Geschenk*, weshalb Sie im „*Jetzt*" leben sollten. Wenn Sie in Ihrem *Sterbebett* liegen, ist das, was andere über Sie denken, weit von Ihren Gedanken und Ansichten entfernt. Wie schön ist es lange bevor loslassen und lächeln zu können, ehe wir sterben. Bis dahin verstreichen die Tage und wir erwarten einfach, dass mehr von ihnen kommen werden. Bis das *Unerwartete* passiert. Aber so ist das Leben: Es ist zerbrechlich, zierlich, kostbar und unberechenbar und jeder Tag ist ein Geschenk, kein Recht. Ich möchte nicht, dass der Tod gefürchtet wird. Der Tod ist nach wie vor ein Tabuthema in unserer Gesellschaft. Die Tatsache, dass wir meistens unwissend sind, kann natürlich auch Vorteile in sich bergen. Der Tod kann uns jedoch daran erinnern, dass die Leute aufhören, sich so viele Gedanken über die kleinen, bedeutungslosen Strapazen in unserem Leben zu machen und wir letztendlich alle das gleiche Schicksal teilen. Also tun Sie, was Sie tun müssen und können, damit sich Ihre Zeit hier großartig anfühlt. Das Leben ist eine Wahl. Es ist Ihr Leben. Also wählen Sie bewusst, wählen Sie bedacht und wählen Sie ehrlich.

Ich bin kein akademisch gebildeter Psychotherapeut und auch kein studierter Psychologe. Auch erhalten Sie von mir keine detaillierte Vorgehensweise, wie Sie Ihr Leben am besten leben sollen und Sie werden auch keine psychologischen Floskeln oder andere Fachsprachen von mir hören. Ich habe vielmehr meine Gedanken fallen lassen, da ich in den letzten Monaten viel Zeit und Arbeit investiert habe, über das Leben nachzudenken. Dabei möchte ich mit Ihnen ein Stück des Weges gehen und Ihnen Seite an Seite Denkanstöße, Anekdoten und Wahrheiten aufzeigen, welche zu mehr Glück, Liebe und Wohlbefinden führen.

Die geschilderten Grundsätze beruhen dabei auf freundschaftlichem Rat und gesammelten Erfahrungen aus der Praxis. Es zeigte sich im Laufe der Jahre, dass eine solche Herangehensweise sinnvoller und zielführender ist, als das Verstehen komplexer tiefenpsychologischer Erkenntnisse oder anderer detaillierter Analysen. Meine Erfahrungen, Denkanstöße und Methodiken zu diesem Buch stützen sich dabei auf eine Sammlung von *(I)* Lektionen und Ratschlägen von Mentoren, welchen ich im Laufe meines Weges beggnen durfte, *(II)* dem Studieren wegweisender Erkenntnisse unserer Zeit, *(III)* der Analyse meiner eigenen Fehler, Schicksalsschläge und Erfolge und *(IV)* meinen Begegnungen mit

Mitmenschen, Freunden und Lesern. Dabei konnte ich beobachten, dass das *Verhalten* der jeweiligen Personen (sie selbst) und ihre Reaktionen auf ihre Umfelder und Umstände zumeist Auslöser für ihre Probleme waren.

Über die Jahre habe ich Glaubensansätze, Schicksalsschläge, Lebenskrisen und völlig neue Sichtweisen auf das Leben immer wieder beobachtet, niedergeschrieben und analysiert – von mir selbst und von anderen, die sich diesen aussetzten oder diese durchlebt haben. Das Schreiben an diesem Buch steht mir zur Seite, die Zusammenhänge diesbezüglich noch besser zu verstehen und Ihnen kann durch die aufgezeigten Perspektiven und Prinzipien zu einer höheren Lebensqualität, mehr Glück, Liebe, Zufriedenheit und Erfolg verholfen werden.

Es wird darauf verwiesen, dass das im Buch zu vernehmende maskuline Wort nicht darauf abzielt die weibliche Leserschaft in irgendeiner Weise zu verletzen. Dies erfolgte aus dem Grunde, dass der Lesefluss nicht gestört und in seiner natürlichen Art beibehalten wird.

Dank

Einen gebührenden Dank möchte ich all jenen aussprechen, die mich während des Schreibens an diesem Buch und auch abseits davon unterstützt haben. Ich stand einen bedeutenden Teil meines Lebens in der Schuld anderer Menschen. Durch verschiedene Berufe und Tätigkeitsbereiche war mir dieses Gefühl leider häufig vertraut, zu Bett zu gehen und am nächsten Tag früh morgens wieder aufzuwachen, in der Schuld anderer Menschen zu stehen und das, ohne zu wissen, wie es weitergeht. Aber nichts gab mir solch einen Antrieb und ein so starkes Gefühl, jemandem etwas zu schulden, wie das laufende Schreiben an diesem vorliegenden Buch.

Besonderer Dank ergeht an Peter Josef, ohne den dieses Buch erst gar nicht möglich gewesen wäre. Ein großes Dankeschön gilt natürlich auch meiner Familie, Bekannten, Freunden, Kollegen und Verwandten, die im Zuge dieses Buches tragende Säulen für mich gewesen sind und die eine oder andere wertvolle Anregung geliefert haben, mich dabei aktiv unterstützten und dazu konstruktive Denkanstöße eingebracht haben.

Vielen Dank meinen beruflichen Kollegen, welche mir wichtige Inputs lieferten und wertvolle Denkanstöße für mich parat hielten. Diese sind es auch, ohne die dieses Buch nie zustande gekommen wäre. Ich durfte Freunde, Verwandte und Kollegen immer wieder ein Stück auf Ihren Wegen begleiten und konnte beobachten, wie diese den ihrigen Traum leben und Verbesserungen in Ihrem Leben erzielten. Meine Leser und Mitmenschen sind es, die ihren Anteil an der Gesellschaft haben und die letztendlich uns alle ein Stückchen weiter voranbringen. Schließlich sind wir alle auf die eine oder andere Weise miteinander verbunden, ob wir das nun wollen oder nicht.

Danke auch an meinen Nachbarn Josef Löw, durch welchen ich im Laufe der Jahre, mit Hilfe seines weltoffenen und aufgeschlossenen Gemüts für das Leben und die Welt, über unser beschauliches Dorf weit hinausblicken und viel Neues lernen konnte. Geprägt hat mich vor allem Otto Wögenstein, welcher sich der Bildung junger Erwachsener widmete und dem immer etwas dran lag, Wissen mit anstatt ohne „*Gebrauchsanweisung*" zu vermitteln. Dank ergeht ebenso an Christine Zimmermann. Sie leitet eine der größten sozialen Einrichtungen in meiner Region und kümmert sich so um die ärmsten der Armen, ausgestoßene, verlorene und vergessene Menschen und solche, von denen unsere Gesellschaft erst gar nichts weiß. Sie lebt Opferbereitschaft, Einfachheit, Hingabe und sich nie für etwas Besseres als andere Menschen zu halten. Zu schätzen weiß ich ebenso meine Ausbildungskollegen Christian Waldner, Jennifer Kocheim, Christian Ortner, Jennifer Bauer, Josef Donà, Petra Galantini, Simon Leitner, Robert und Sophie Vizthum und Benjamin Reckla. Durch sie lernte ich nicht nur den Wert der Bildung, sondern auch die Weisheit des Humors, um besser durch das Leben zu gelangen. Dankbar bin ich auch für meinen Freund Bernhard Mathias, der mich seelisch und mental unterstützte und dessen sonniges, bescheidenes und gleichzeitig scharfsinniges Gemüt ich besonders schätze. Stephan Frank danke ich für seine aufmunternden Worte und seinen guten Zuspruch und Michael Schertler, dass ich immer auf Ihn zählen kann und von dessen praktischen Tun ich stets fasziniert bin. Dankbar bin ich auch für meine Jugend- und Kindergartenfreunde Nikolaus Gindl, Daniel Opat, Matthias Schneider, Markus Haindl und Thomas Walouschek. Zu schätzen weiß ich auch meine Kollegen und Freunde Helena Ziolkowski, Karl Beisser, Gottfried Berger, Roman Brenner, Christoph Dimmel, Sabine und Christian Dürnwöber, Onkel Franz, Gerald Haindl, Josef und Maria Heeger, Thomas und Martina Horatschek, Josef und Otto Jaus, Mario Opat,

Martin Pollhammer, Roland und Franz Mayer, Wolfgang Meister, Hildegard Nittmann, Karl Mittermayer, Michael Edlinger, Clemens Hickel, Karl Gschwindl, Martin Mathias, Josef Mathias, Gerhard Schuller, Johannes Schwarzmayer, Vanessa Kurtz, Sandra Manzinger, Viktoria Grundschober, Gerhard und Manuel Wernhart, Ronald Wernhart, Werner Knie, Manuela Bernard, Thomas Seitner, Karl und Cornelia Frühwirth, Wolfgang Hirschbüchler, Johann Ammerer, Christian Mayer und Philipp Schmid. Danken möchte ich auch meiner Schwester für die Durchsicht und Hinweise auf die Struktur und den Inhalt des Buches.

Dank ergeht ebenso an meine Mentoren, welchen ich zur Seite stehen durfte und die Einblicke, welche sie mir gewähren ließen. Dabei war ich immer verwundert, welche unterschiedlichen Zugänge Menschen zu ein und demselben Thema haben können. Diese unterschiedlichen Perspektiven sind es, die dieses Buch zu dem machen, was es ist.

Einer meiner Professoren rief mir immer ins Gedächtnis: *„Man muss die Dinge aus mehreren Perspektiven sehen. So wie du sie siehst, so wie ich sie sehe und so wie wir beide sie nicht sehen."* Nicht zuletzt deshalb erfolgte eine Herangehensweise aus mehreren Perspektiven. Ich hoffe, ich konnte diese *„Perspektive"* in den folgenden Sachverhalten einfließen lassen.

Bernhard Führer

EINLEITUNG 1

√GLÜCK 5

√LIEBE 71

√WOHLBEFINDEN 157

ZUSAMMENFASSEND 232

Einleitung

Jener ist am glücklichsten und ein sorgloser Besitzer seiner selbst, der das Morgen ohne Beunruhigung erwartet.

— Lucius Annaeus Seneca

Das vorliegende Buch wurde in einer Weise konzipiert, sodass die Kapitel aufeinander aufbauen. Dabei handelt es sich um keinen individuell auf Sie abgestimmten Plan, um das Leben zu führen, das Sie führen wollen. Es wurden vielmehr einfach umsetzbare Strategien entwickelt, welche es Ihnen ermöglichen, diese möglichst effizient in Ihr Leben zu integrieren. So ist gewährleistet, dass das Buch den vollen Nutzen für Sie entfaltet.

Eine Vielzahl von Büchern versprechen den *„richtigen"* Weg für *Glück*, *Liebe* und *Wohlbefinden* gefunden zu haben. Ich habe viele davon gelesen. Zusammenfassend lässt sich sagen, dass die richtigen Grundsätze für ein erfülltes Leben vor allem mit Ihren Zielsetzungen und bewährten positiven Glaubensansätzen in Verbindung stehen. Das Leben, Glück, der Zufall, Pannen und Missgeschicke sind unvorhersehbar und niemand weiß, wie lange er zu leben hat. Einige Wörter sind deshalb besser früher als später gesagt.

Das in diesem Buch geschriebene Wort basiert auf meinen persönlichen (manchmal bitteren) Erfahrungen, Lektionen und Ratschlägen von Mentoren, welchen ich im Laufe meines Weges begegnen durfte, Grundsätzen, Prinzipien und Anekdoten, welche mir im Leben halfen und die Ihnen vielleicht viele unnötige Herzschmerzen ersparen können. Viele Menschen vergessen, dass sie in Wahrheit nicht viel zu vererben haben – seien es wenige Habseligkeiten oder erst gar kein Geld. Sie werden diese Welt verlassen wie Sie gekommen sind. Mit nichts und allein. Alles was ich habe ist eine Geschichte, bestehend aus Erfahrungen, Prinzipien, Lektionen und Ratschlägen und ich schreibe sie jetzt auf, solange ich mich erinnern kann.

Bevor ich Ihnen meine Prinzipien, Grundsätze, Ansichten und Glaubensansätze näherbringe, möchte ich Ihnen mitteilen, dass meine eigene Weiterentwicklung vielmehr damit zusammenhing, da ich wusste, wie ich mit meinem eigenen *Unwissen* umzugehen hatte, anstatt damit was ich eigentlich wusste. Da mir diese Prinzipien, Grundsätze, Ansichten und Glaubensansätze sehr geholfen haben, möchte ich sie mit Ihnen teilen, sodass diese auch Ihnen in Ihrer Weiterentwicklung dienlich sind.

Einer der Schlüssel zu mehr *Glück* und *Wohlbefinden* liegt darin begründet, nicht nur zu wissen, was man möchte und wie viel man sich davon vornehmen sollte, sondern auch, wie man mit Misserfolgen richtig umgeht. Schmerzvolle Fehler und Misserfolge bedeuten letztendlich Erkenntnisse, die dessen ungeachtet nicht so verheerend sein dürfen, dass Sie gänzlich *Schiffbruch* erleiden. Manchmal ist es jedoch unausweichlich zu leiden. Denken wir an Geburten, Krankheiten, Unfälle, das Alter oder andere Schicksalsschläge. Dabei vergessen wir: Auch *Trauer* und *Armut* reinigen das Herz. Doch unser begrenzter Verstand und unser geschundenes Herz halten dafür, dass nur Wohlbefinden, Glück, Wohlstand und Freude das Leben lebenswert machen. Das soll heißen, dass ein Großteil unseres Leidens hausgemacht ist. Ein Grund, warum Leute, die offensichtlich ihr Leben im „*Wolkenkuckucksheim*" verbracht haben, auf die wahren Probleme des Lebens sehr oft erst gar nicht vorbereitet sind. Hochmut kommt vor dem Fall und wer sein Leben lang nur die Treppe hinaufläuft, fällt sehr, sehr tief. Solche Leute wissen auch noch gar nichts von dem Unglück, dass sie einmal ereilen wird und verhalten sich dann dementsprechend ignorant und hochnäsig. Aber jeden trifft das Leben einmal richtig, dem Tiefschlag wird man nicht ausweichen können. Das

Wichtigste, was ich in diesem Zusammenhang gelernt habe, ist eine Herangehensweise an das Leben auf Grundlage von Grundsätzen, Ansichten und Glaubensansätzen, welche dabei helfen, Fehler und schmerzvolle Misserfolge besser zu verkraften und bedeutende Erkenntnisse ermöglichen.

Konflikte mit Ehepartnern oder Freunden, Kriege und andere Zerwürfnisse könnten vermieden werden, wenn wir eine gesündere Geisteshaltung einnehmen würden. Mangelt es uns an einer langfristigen Perspektive, an Tiefgang und einem offenen, entspannten geistigen Wesen, so können anfangs unbedeutende Schwierigkeiten zu gravierenden persönlichen Problemen *„mutieren"*. Ein Großteil unseres Leids rührt daher davon, dass wir nicht auf gesunde Art und Weise und zu viel denken. Wir sehen nur unsere unmittelbare Befriedigung ohne die langfristigen *Konsequenzen* (Vor- und Nachteile) für andere oder uns selbst zu bedenken.

Wenn Sie möchten, dass sich in Ihrem Leben mehr zum Positiven verändert, so verspreche ich Ihnen, dass durch das Verinnerlichen der Inhalte dieses Buchs das auch geschehen wird. Sie müssen jedoch das Gelesene und die im Buch enthaltenen Grundsätze in Ihrem alltäglichen Leben integrieren. Es liegt an Ihnen die neuen Sichtweisen und Motivationsfaktoren in Ihr Leben zu bringen. Sie investieren Ihre Zeit und Aufmerksamkeit in das Buch, jedoch ist es das eigene Handeln, welches notwendig ist, um Veränderungen tatsächlich bewirken zu können. Glück, Liebe und Wohlbefinden werden diejenigen erfahren, welche die im Buch enthaltenen Informationen auch praktisch umsetzen. Bei der Anwendung der Grundsätze und Glaubensansätze werden Sie nicht nur innerhalb kurzer Zeit an Erfahrungen reicher sein, sondern Sie stellen sich damit einen Plan zusammen, um das neue Wissen gewinnbringend nutzen zu können. Das Buch gibt Ihnen folglich „*Werkzeuge*" in die Hand, um kontinuierliche Weiterentwicklung sicherzustellen.

Meiner Erfahrung nach werden sich durch Notizen beim Lesen dieses Buchs die besten Resultate einstellen. Wenn Sie die Ihrer Meinung nach wichtigen Stellen markieren und diese wiederholen, hilft Ihnen das, Informationen zu verinnerlichen und diese praktisch anzuwenden und so den besten Nutzen für sich herauszuholen. Blicken Sie einige Wochen später auf Ihre Notizen zurück, so werden Sie nicht nur eingetretene Veränderungen in Ihrem Leben erkennen, sondern sich auch positiver Resultate erfreuen. Das Führen eines Tagebuchs kann Ihnen dabei ebenso helfen. Nein, ein Tagebuch zu führen ist nichts für Kinder. Es hilft Ihnen, ein besserer Denker und Schriftsteller zu werden. „Ich *möchte kein Schriftsteller sein*", könnte man meinen. Wie viele Briefe, E-Mails und Texte senden bzw. besprechen wir jedoch pro Tag? Jeder ist ein kleiner Schriftsteller und Denker.

Ich wünsche Ihnen, dass Sie mit diesem Buch Neues erfahren, neue Sichtweisen entwickeln und Gedankenmuster entdecken, welche sich bereits bewährt haben und Ihnen viel Freude bereiten werden. Vor allem aber wünsche ich Ihnen, dass Sie sich die Grundsätze des Glücks, der Liebe und des Wohlbefindens zu Herzen nehmen und die vorliegenden Ratschläge annehmen und auch umsetzen, sodass sich für Sie etwas zum Positiven verändert und dies Ihnen ein erfüllteres Leben ermöglicht. Das Leben steckt voller Überraschungen und meint es gut mit Ihnen. Richten Sie Ihre Gedanken auf möglichst Gutes aus, um so jedes Mal aufs Neue positiv überrascht zu werden. So kann das vorliegende Buch auch Ihnen zu *wahren Wundern* verhelfen.

√GLÜCK

Basis für wahres Glück und Erfolg

Die Natur liebte ich und neben der Natur die Kunst. Ich wärmte meine Hände am Feuer des Lebens. Es erlischt und ich bin bereit es zu verlassen.

– Unbekannt

Die meisten Menschen wünschen sich ein Leben in Fülle, Glück und Erfolg. Dieser Wunsch scheint tief in uns verankert zu sein. Jeder stellt sich unter diesen Begriffen etwas anderes vor, jeder hat einen anderen Zugang dies zu erreichen und richtet sein Leben letztendlich darauf aus – wobei es stets darum geht zu „*glänzen*". Die wenigsten Menschen sind sich jedoch bewusst, dass sie im Gesellschaftsleben nie einen guten Eindruck auf andere Leute machen bzw. Zielsetzungen erreichen werden, solange sie nicht aufhören, darüber nachzudenken, was für einen Eindruck sie machen. Versucht man hingegen einfach nur die Wahrheit zu sagen, wird man in 4 von 5 Fällen originell sein, ohne es überhaupt zu merken. Dieses Prinzip zieht sich von vorn bis hinten durch all unsere Lebensabschnitte und -bereiche und unser gesamtes Dasein auf dieser Welt. Vergessen Sie Ihr Selbst und halten Sie nichts zurück, denn es wird Ihnen ohnehin nie wirklich gehören. Es ist so ähnlich wie beim Spielen von Musikinstrumenten, dessen sich die meisten Menschen erst gar nicht bewusst sind: Es geht nicht so sehr darum, wie gut Sie etwas spielen, sondern darum was Sie fühlen, wenn Sie spielen. Jeder Mensch fühlt sich mal anders – mal so und dann wieder so. Aber wir gehen alle auf dieselbe Reise, nur auf unterschiedlichen Wegen. Das ist alles. Sie, ich, Freunde und Bekannte gehen ihren eigenen Weg. Seien Sie dabei dankbar für das was Ihnen gegeben wurde. So mancher von uns hat schon mehr erlebt und länger gelebt als man dachte.

Auf unserer Reise hat jeder Freunde, Bekannte oder Verwandte, die man beneidet oder auf welche man etwas aufschaut. Sie führen ein Leben von dem man denkt, es sei perfekt. Makelloses Aussehen, ein ansehnliches Haus und eine Karriere von der mancher so heimlich träumt. Urlaube und Ausflüge, die den Anschein erwecken, da muss ein professioneller Fotograf am Werk gewesen sein. Was sie auch machen oder wohin sie auch gehen, es scheint immer alles perfekt zu sein. Viele Menschen kennen dies und manche dieser hegen (wenn auch verschlossen) verwerfliche Empfindungen gegen solche Personen. Soziale Medien und andere technologische Neuerungen verstärken negative Tendenzen gegenüber anderen Mitmenschen noch weiter, da ständig Fotos und Geschichten geteilt werden und so einigen ein Gefühl von Neid überkommt. Wir alle haben das schon einmal erlebt, geben es aber gegenüber anderen häufig nicht zu. Dabei wird vergessen, welche hohen Kosten schlechte Gewohnheiten wie diese verursachen. Studien zeigen, dass Missgunst gegenüber Freunden, Bekannten oder Verwandten in sozialen Medien (oder auch im „*normalen*" Leben) zu Depressionen führen und diese auch begünstigen (und das bereits bei einem geringen zeitlichen Rahmen, welcher dafür aufgewendet wird). Solche Gedankengänge sind Fallen, die unser Verstand uns stellen kann. Es gibt *drei Arten* von destruktiven Gedanken und Glaubensansätzen, die uns weniger effektiv machen und uns unserer mentalen Stärke berauben.

Die *erste Art* destruktiven Glaubens, die uns zurückhält, sind <u>ungesunde Überzeugungen über andere</u>. Wir denken, dass andere Menschen uns kontrollieren können und wir geben unsere Macht an diese ab. Sie müssen wissen, dass Sie als Erwachsener in einem freien Land nur sehr wenige Dinge im Leben tun müssen. Wenn Sie sagen: „*Ich muss dies oder das für jemanden tun*", geben Sie Ihre Kontrolle an jemand anderen ab. Ja, es stimmt, es gibt vielleicht Konsequenzen, wenn Sie dies oder das nicht tun, aber es ist immer noch Ihre Wahl, ob Sie zum Beispiel mehr Zeit in der Arbeit verbringen oder mehr mit Ihren Freunden. Es ist Ihre Entscheidung, ob Sie es vorziehen, das Leben zu genießen, anstatt etwas zu erreichen. Wenn Sie sagen: „*Mein Mann und meine Verwandten machen mich verrückt*", geben Sie etwas von Ihrer Kontrolle und Macht ab. Vielleicht haben Sie mit Ihren Freunden und Verwandten Probleme, aber es liegt an Ihnen, wie Sie auf sie reagieren, weil Sie die Kontrolle haben. Halten Sie sich dabei immer vor Augen, dass sich *ärgern* bedeutet, für die *Fehler anderer zu leiden*. Versäumnisse Ihrer Mitmenschen sollten Sie so sehr wie eine weggeworfene Currywurst im Atlantik interessieren. Dadurch schaffen Sie es ruhig zu bleiben und das wie auch immer zum Ausdruck gekommene Fehlverhalten nicht persönlich zu nehmen. Wie häufig wissen wir selbst nicht, warum wir etwas tun oder denken (oder auch unterlassen), bei unseren Mitmenschen sind wir uns hingegen zumeist sicher, deren Beweggründe für deren Verhalten zu kennen. Wir sind oft nicht ruhig und gelassen, weil wir anderen Absichten unterstellen, ohne wirklich zu wissen, weshalb sie so und nicht anders handeln. Dies im Hinterkopf zu haben, verhilft Ihnen nicht herb und rücksichtslos auf Ihre Mitmenschen zu reagieren, sondern mögliche Erklärungen auszuloten: Hat er vielleicht gerade Zoff mit seiner Frau? Wurde ihm ein anderes unangenehmes Ereignis zuteil? Jedenfalls nehmen entspannte Menschen solche Verhaltensweisen nicht persönlich.

Eine *weitere ungesunde Überzeugung* betrifft die Tatsache, dass <u>wir über uns selbst schlecht denken</u>. Wir neigen dazu, uns selbst zu bemitleiden. Phasen der Trauer und sich einige Zeit über etwas zu ärgern, muss nicht negativ assoziiert sein. Aber Selbstmitleid geht über dies hinaus und vergrößert lediglich bereits entstandenes Unglück. Wenn Sie sich in einer

Spirale des negativen Denkens wiederfinden und Gedankengänge wie *„Warum passiert das immer mir gerade"* oder *„Ich werde das wieder nicht schaffen"* vor sich her *„posaunen"*, lenkt Sie dies lediglich ab, eine Lösung zu finden. Sollten Sie aber auch keine Lösung für Ihre Probleme finden, welche diese Spirale des negativen Denkens ausgelöst haben, können Sie einen Weg einschlagen, der Ihr Leben oder das Ihrer Mitmenschen verbessert. Dies wird Ihnen jedoch nicht gelingen, wenn Sie Ihrem eigenen Selbstmitleid verfallen.

Weitere negative Gedankengänge, welche uns zurückhalten, betreffen <u>ungesunde Glaubensansätze über das Leben in seiner Gesamtheit</u>. Wir denken dabei, wenn wir nur lange und viel genug arbeiten und mit Bedacht vorgehen, sich ein entsprechender Erfolg auch einstellen wird und wir für unsere Mühen belohnt werden. Die Erwartung, dass der Erfolg nur durch positives Denken oder eine *„kosmische Belohnung"* in Ihren Schoß fällt, führt jedoch lediglich zu Enttäuschungen. Die Welt funktioniert nicht so. Es ist schwer und Bedarf großer Anstrengungen, um schlechte mentale Gewohnheiten wie diese aufzugeben, die wir so lange mit uns herumgetragen haben. Aber Sie können es sich nicht leisten, sie nicht aufzugeben. Denn früher oder später werden Sie eine Zeit in Ihrem Leben erdulden, in der Sie alle mentale Kraft benötigen, die Sie aufbringen können. *Ungesunde Überzeugungen* über die Welt entstehen, weil wir tief im Inneren wollen, dass die Welt *fair* ist. Menschen denken, dass uns genug gute Dinge passieren werden, wenn wir genug gute Taten vollbringen. Oder wenn wir es nur durch genug schlechte Zeiten schaffen, werden wir eine Belohnung erfahren. Letztendlich muss man jedoch akzeptieren, dass das Leben nicht immer fair ist. Das kann befreiend sein. Es bedeutet, dass Sie nicht unbedingt für Ihre Güte belohnt werden, aber es bedeutet auch, dass Sie, egal wie viel Sie gelitten haben, nicht dazu verdammt sind, weiterhin zu leiden. Ihre Welt ist das, was Sie daraus machen. Aber bevor Sie Ihre Welt verändern können, müssen Sie natürlich glauben, dass Sie sie verändern können. Es beginnt oft nur mit einem kleinen Schritt, der zu einem weiteren größeren Schritt führt. Deshalb lade ich Sie ein, darüber nachzudenken, welche schlechten mentalen Gewohnheiten Sie zurückhalten. Welche ungesunden Überzeugungen halten Sie davon ab, so geistig stark zu sein, wie Sie es sein könnten. Was ist ein kleiner Schritt, den Sie heute machen können?

Das Geheimnis geistig stark zu werden

In uns selbst liegen die Sterne unseres Glücks.

– Heinrich Heine

Viele Menschen sind sich nicht des *80/20 Prinzips* bewusst. Das Wissen um dieses Prinzip kann Ihr Leben zum Positiven verändern – oder zumindest Einfluss darauf nehmen, wie Sie in bestimmten Situationen reagieren. Was bedeutet das 80/20 Prinzip? Es bedeutet folgendes: Wir haben absolut keine Kontrolle über 20 Prozent der Dinge, die uns widerfahren. Sie können nicht verhindern, dass Sie im Stau stehen und einen wichtigen Termin versäumen. Sie können auch nichts dagegen tun, wenn Ihre Waschmaschine den Geist aufgibt oder Ihr Mobiltelefon nicht so funktioniert, wie Sie es gerne hätten. Wir haben keine Kontrolle über diese 20 Prozent. Sie können jedoch die anderen 80 Prozent steuern. Wie das, werden Sie sich fragen. Ganz einfach: Wie Sie auf das reagieren, was Ihnen widerfährt. Gesundheitliche Warnsignale Ihres Körpers können Sie nicht ausschließen. Sie können jedoch kontrollieren, wie Sie damit umgehen. Sie haben zumeist keine Kontrolle darüber, wann und wie Menschen Sie an der Nase herumführen oder es nicht gut mit Ihnen meinen. Sie können jedoch kontrollieren, wie Sie darauf reagieren. Lassen Sie mich dies anhand einer kleinen Geschichte näher veranschaulichen.

Sie geben ein Essen für Ihre Freunde und Ihre Familie anlässlich einer Feier. Ihr Freund wirft ein Getränk um und es landet direkt auf Ihrem neuen Businesshemd. Sie haben keine Kontrolle darüber, was gerade passiert ist. Was als nächstes passiert, wird davon abhängen, wie Sie reagieren. Sie malen den Teufel an die Wand, fluchen und schimpfen hart mit Ihrem Freund, weil er das Getränk umgeworfen hat. Er ist traurig und den Tränen nahe. Nachdem Sie ihn beschimpft haben, wenden Sie sich an den Verantwortlichen des Buffets und Sie kritisieren das Platzieren der Getränke zu nahe an der Tischkante. Es folgt ein kurzer verbaler Kampf. Sie stürmen umher und versuchen ein neues Hemd aufzutreiben. Zurück im neuen Outfit ist Ihr Freund gekränkt und verpasst in aller Aufregung einen wichtigen Termin. Nichtsdestotrotz eilen Sie Ihrem Freund zu Hilfe und doch steckt ein kleiner Keil in der Beziehung zu Ihren Zeitgenossen.

Warum? Weil Sie entsprechend reagiert haben. *(I)* Hat das Getränk dies verursacht? *(II)* Hat Ihr Freund dies verursacht? *(III)* Haben Sie dies verursacht? Die Antwort lautet *(III)*. Sie hatten keine Kontrolle darüber, was mit dem Getränk passiert ist. Wie Sie in diesen 5 Minuten reagiert haben ist das, was Ihren schlechten Tag verursacht hat.

Hier nun, was hätte passieren können und sollen: Das Getränk macht Ihre Kleidung schmutzig. Sie sind verärgert und Ihr Freund ist gekränkt. Sie sagen ganz einfach: *„Es ist okay und nicht viel passiert, nächstes Mal machen wir das anders."* Zwei verschiedene Szenarien. Beide fingen gleich an. Beide endeten unterschiedlich. Warum? Wegen der Reaktion auf das, was Ihnen widerfahren ist. Sie haben in keinster Weise Kontrolle über 20 Prozent von dem, was Ihnen im Leben passiert. Die anderen 80 Prozent werden durch Ihre Reaktion bestimmt.

Es sollen einige *Möglichkeiten* aufgezeigt werden, welche die Anwendung des 80/20 Prinzips veranschaulichen.

Wenn beispielsweise jemand etwas Negatives über Sie sagt, seien Sie kein „Weichei". Lassen Sie den Angriff so wie er ist – er ist einfach nicht der Rede wert. Sie müssen die negativen Kommentare nicht zulassen, geschweige denn sollten diese Sie beeinflussen. Reagieren Sie richtig und es wird Ihren Tag nicht ruinieren. Sagen Sie sich, dass der überlegene Mensch immer ruhig und gelassen ist. Eine falsche Reaktion kann dazu führen, dass ein Freund verloren geht oder Sie vielleicht gestresst sind. Wie reagieren Sie, wenn Sie unschuldig Ihre Arbeitsstelle verlieren? Verlieren Sie die Beherrschung? Fluchen Sie oder können Sie nicht mehr klar denken? Rufen Sie sich das 80/20-Prinzip in Erinnerung und machen Sie sich keine Sorgen. Ihnen wird gesagt, dass Sie Ihren Job verloren haben und Sie behalten dieses Prinzip im Hinterkopf. Warum den Schlaf verlieren oder gereizt werden? Nutzen Sie Ihre besorgniserregende Energie und Zeit, um einen neuen Job zu finden.

Der Zug oder das Flugzeug hat Verspätung. Es wird Ihren Zeitplan für den Tag durcheinander bringen. Warum lassen Sie Ihre Frustration den Reisebegleiter spüren? Diesen trifft keine Schuld und er hat keine Kontrolle darüber, was los ist. Nutzen Sie Ihre Zeit zum Lernen und treten Sie in Kontakt mit anderen Passagieren. Lernen Sie diese kennen. Warum sich also den ganzen Stress antun? Es wird die Dinge doch nur noch schlimmer machen. Sie kennen nun das 80/20-Prinzip. Wenden Sie es an und Sie werden von den Ergebnissen begeistert sein. Sie werden nichts verlieren, wenn Sie es versuchen.

Das 80/20-Prinzip ist unglaublich. Nur sehr wenige kennen es und verwenden es auch tatsächlich. Durch den ständigen Gebrauch dieses Prinzips werden Sie es selbst in aller Klarheit wahrnehmen und es wird sich vieles zum Besseren für Sie wenden. Wenn wir einen Blick auf unsere Gesellschaft werfen, so sehen wir viele Menschen, die leiden und von Stress, Schmerzen oder anderen gesundheitlichen Beschwerden heimgesucht werden. Die Anwendung des 80/20 Prinzips kann Ihnen auch hier helfen, da eine Vielzahl von körperlichen Beschwerden durch psychische Ursachen ausgelöst werden. „*Genießen*" Sie dieses Prinzip, weil es Ihnen helfen wird – und wenden Sie es einfach, ohne viel Nachdenken an. Damit Ihnen dies leichter fällt möchte ich Ihnen die folgende *Anekdote* schildern:

Es kamen ein paar Suchende zu einem alten Zenmeister. „*Herr*", fragten sie, „*was tust du, um glücklich und zufrieden zu sein? Wir wären auch gerne so glücklich wie du.*" Der Alte antwortete mit mildem Lächeln: „*Wenn ich liege, dann liege ich. Wenn ich aufstehe, dann stehe ich auf. Wenn ich gehe, dann gehe ich, und wenn ich esse, dann esse ich.*"
Die Fragenden schauten etwas betreten in die Runde. Einer platzte heraus: „*Bitte, treibe keinen Spott mit uns. Was du sagst, tun wir auch. Wir schlafen, essen und gehen. Aber wir sind nicht glücklich. Was ist also dein Geheimnis?*" Es kam die gleiche Antwort: „*Wenn ich liege, dann liege ich. Wenn ich aufstehe, dann stehe ich auf. Wenn ich gehe, dann gehe ich und wenn ich esse, dann esse ich.*"
Die Unruhe und den Unmut der Suchenden spürend, fügte der Meister nach einer Weile hinzu: „*Sicher liegt auch ihr und ihr geht und ihr esst. Aber während ihr aufsteht, überlegt ihr, wohin ihr geht und während ihr geht, fragt ihr euch, was ihr essen werdet. So sind eure Gedanken ständig woanders und nicht da, wo ihr gerade seid. In dem Schnittpunkt zwischen Vergangenheit und Zukunft findet das eigentliche Leben statt. Lasst euch auf diesen nicht messbaren Augenblick ganz ein und ihr habt die Chance, wirklich glücklich und zufrieden zu sein.*"

Es braucht Willenskraft sich selbst die Erlaubnis zu geben, diese Erfahrung zu machen – etwas einfach zu tun, um im „*Jetzt*" stimmig mit unserem Vorhaben zu sein. Seien Sie sich ebenso bewusst, dass absolut alles, was wir tun, geben, sagen oder sogar denken, wie ein Bumerang ist. Es wird zu uns zurückkommen, ob wir das nun wollen oder nicht...

Wenn wir empfangen wollen, müssen wir zuerst lernen zu geben. Vielleicht enden wir mit leeren Händen, aber unser Herz wird voller Liebe sein und das kann Ihnen niemand nehmen. Und diejenigen, die das Leben lieben, tragen dieses Gefühl spürbar in ihrem Herzen...

Einfache *Glaubensansätze* können Ihnen helfen, dass Sie dies leichter bewerkstelligen. Entscheiden Sie sich daher glücklich zu sein. Lernen Sie, sich an einfachen Dingen zu erfreuen. Haben Sie dabei stets viele Interessen. Wenn Sie nicht reisen können, lesen Sie über neue, entlegene Orte. Da Hass die Seele vergiftet, hegen Sie keinen Groll und keine Eifersucht. Vermeiden Sie Menschen, die Sie unglücklich machen. Leihen Sie sich niemals Ärger aus, da imaginäre Dinge schwerer zu ertragen sind als das echte Leben. Tun Sie die Dinge, die Sie gerne tun, aber vermeiden Sie übermäßige Schulden und Verbindlichkeiten. Lassen Sie nicht zu, dass Ihr Nachbar Ihre Standards setzt. Seien Sie vielmehr Sie selbst. Sie können es niemals allen recht machen. Lassen Sie sich nicht von der Kritik anderer beunruhigen. Nehmen Sie sich dabei nicht zu ernst. Denken Sie nicht, dass Sie in irgendeiner Art und Weise vor Unglück geschützt sein sollten, das andere Menschen heimsucht. Beschäftigen Sie sich mit etwas. Eine beschäftigte Person hat nie Zeit, unglücklich zu sein. Tun Sie dabei auch etwas für diejenigen, die weniger Glück haben als Sie. Seien Sie nicht nachträglich gegenüber erfahrenem Unrecht und verbringen Sie Ihre Zeit nicht damit über Sorgen oder Fehler nachzudenken. Ein altes chinesisches Sprichwort sagt: „*Du kannst nicht verhindern, dass die Vögel der Besorgnis über deinen Kopf fliegen. Aber du kannst verhindern, dass sie sich in deinem Kopf ein Nest bauen.*" Das hilft Ihnen ebenso über schmerzliche und leidvolle Dinge besser hinwegzukommen und nicht zu einem der Menschen zu werden, welche niemals Geschehenes hinter sich lassen können. Es zeigt sich, dass diejenigen Menschen ein hohes Maß an Stressresistenz besitzen, welche sich sagen: „*Das schaffe ich schon.*" Menschen, welche an ihre Selbstwirksamkeit glauben, von sich überzeugt sind, auf Ihre Einflussmöglichkeiten und Fähigkeiten vertrauen, kommen mit Krisen besser zurecht.

Mitmenschen antworten zumeist auf die Frage, was für ihren Erfolg ausschlaggebend war, dass sie nicht aufgeben, wenn sie hinfallen und stets auf Handeln fokussiert sind. Fehler werden als Chancen begriffen und aus diesen entspringen neue Erfahrungen, welche in zukünftige Pläne einfließen. Viele der erfolgreichen Menschen, welchen ich begegnen durfte, hatten keine gute Schulbildung oder gar einen universitären Abschluss. Das bedeutet nicht, dass Sie nicht viel Zeit und Arbeit in Ihre Ausbildung stecken sollten. Was auch immer Sie an Wissen gewinnen, ist Ihre Waffe im Leben. Denken Sie nicht, wenn Ihnen eine schwierige Aufgabe bzw. Arbeit bevorsteht, Sie seien ihr nicht gewachsen. Wenn etwas in den Kräften eines anderen Menschen steht und möglich ist, so seien Sie überzeugt, dass auch Sie es erreichen können. Machen Sie deshalb das Beste aus Ihren Umständen. Niemand hat alles und jeder wird von Zeit zu Zeit Trauer erfahren, welche durch Lebensfreude besser zu ertragen ist. Der Trick dabei ist, dass das Lachen den Tränen überwiegen sollte. Und bei all dem vergessen Sie nie: Humor ist ein hervorragendes Mittel, um den alltäglichen Wahnsinn zu überleben. Das Glück kommt folglich zu denen, die lachen. Sagen Sie sich deshalb, dass Ihre Bedeutung gegen „*null*" tendiert. Sie sind wie ein einzelnes Sandkorn an einem Strand, da bisher mehr als 100.000.000.000 Menschen auf unserem Planeten lebten. Das hilft Ihnen dabei, sich weniger ernst zu nehmen und

Sie können so Ihrem Leben mehr Humor schenken, diesem stets die lustige Seite abgewinnen und mehr über sich selbst lachen.

Negative Gedankengänge hinter sich lassen, um mentale Stärke zu erreichen

Besser sich ärgern als lachen; denn bei einem vergrämten Gesicht wird das Herz heiter.

– Kohelet 7,3

Mentale Stärke ist der *körperlichen Stärke* sehr ähnlich. Für die körperliche Fitness betreiben Sie Kraft- oder Ausdauersport und ernähren sich darüber hinaus im Idealfall entsprechend. Mentale Stärke erfordert gute Gewohnheiten wie Dankbarkeit zu üben und diese auch regelmäßig umzusetzen. Ein Leben gewidmet dem Nächsten, Geduld gegenüber anderen, in der Nachsicht und der Ergebenheit in das eigene Schicksal, hilft dabei. Dazu gehört es ebenso schlechte Gewohnheiten aufzugeben, wie der ständige Drang Ihren Mitmenschen zu gefallen oder sich über den Erfolg eines anderen oder Ihrer Zeitgenossen zu ärgern.

Sie haben also Ihr Gehirn darauf zu trainieren, anders zu denken. Sie können dies am besten tun, indem Sie die schlechten mentalen Gewohnheiten aufgeben, die Sie ständig mit sich herumtragen. Dies beginnt damit, den ungesunden Überzeugungen, die wir im vorhergehenden Abschnitt besprochen haben, mit gesünderen entgegenzuwirken. Zum Beispiel entstehen ungesunde Überzeugungen über uns selbst meist deshalb, da wir mit unseren Gefühlen Unwohlsein oder Negatives empfinden. Sie können sich verletzt, traurig, wütend oder auch verängstigt fühlen – all dies ist sehr unangenehm für Sie. Wir bemühen uns also sehr, diese Gefühle und Beschwerden zu vermeiden und versuchen ihnen zu entkommen, sodass wir uns selbst bemitleiden und uns weiteren negativen Gefühlsregungen hingeben, welche lediglich bereits entstandenes Unglück vergrößern. Und obwohl dies eine vorübergehende Ablenkung ist, verlängert es nur den Schmerz. Der einzige Weg, um durch unangenehme Emotionen zu kommen und mit ihnen umzugehen, ist, <u>dass man sie durchmachen muss</u>. Das bedeutet sich traurig fühlen und dann wieder zurück in Ihrem gewöhnlichen Alltag ankommen, um sich in Ihre Fähigkeit zu versetzen, mit diesen Beschwerden umzugehen.

Zu dieser Erkenntnis kam bereits die Hauptfigur des Buddhismus – *Siddhartha Gautama*. Er war kein Gott, sondern Thronfolger eines Königreichs des Gebirgszugs des Himalayas. Im Laufe seines Lebens beobachtete er viel Leid und dass Menschen der Macht und dem Geld hinterherjagen, auf Wissen und Reichtümer aus sind, Nachkommen in die Welt setzen und materialistischen Versuchungen erliegen. Er kam zum Schluss, dass was die Menschen auch erreichen, es ist ihnen doch zu wenig. Wer ein Haus hat träumt von einem Palast und die Armen vom Reichtum. Aber auch die Wohlhabenden werden von Sorgen getrieben, nämlich dass Missgeschicke, Krankheit und der Tod ihnen alles wieder nehmen kann. *Siddhartha Gautama* versuchte herauszufinden wie man diesen sinnlosen Bestrebungen entkommen kann. Nachdem er erkannt hatte, dass diese Realitäten – Altern, Krankheit, Tod und Schmerz – untrennbar mit dem Leben verbunden sind, dass auch Wohlstand und Reichtum demnach keinen Bestand haben, beschloss er, nach einem Weg aus diesem allgemeinen Leid zu suchen. *Siddhartha Gautama* erkannte, dass negative Gedanken und Leid weder durch Schicksalsschläge noch soziale Ungerechtigkeit verursacht werden. Die wirklichen Ursachen dieser destruktiven Gefühlsregungen sind vielmehr die eigenen Denk- und Verhaltensmuster. *Gautama* begriff, dass es eine Möglichkeit gibt, diesem

Teufelskreis zu entgehen. Wenn wir eine Erfahrung, sei sie noch so angenehm oder unangenehm, einfach als das nehmen, was sie ist, dann verursacht sie keine negativen Gefühlsregungen und kein Leid. Er wies seine Anhänger an, nicht zu stehlen, sexuelle Ausschweifungen und andere destruktive Verhaltensweisen zu vermeiden, da diese Handlungen das Begehren (nach Reichtum und Lust u.Ä.) anfachen. Er vertrat die Ansicht, wenn nur das Feuer des Begehrens erloschen ist, tritt an dessen Stelle ein Zustand völliger Ruhe und Gelassenheit (er bezeichnete dies als „Nirwana"). Bei Erreichung dieses *Nirwanas* wird Leid hinter sich gelassen und man erkennt die Wirklichkeit mit einer nie dagewesenen Klarheit. Man macht nach wie vor unangenehme Erfahrungen, aber diese führen zu keinerlei negativen Verhaltensweisen und verursachen kein Leid mehr. Menschen, welche nicht begehren, können folglich auch nicht leiden. Dies alles zeigt, dass ungesunde Überzeugungen über uns und andere entstehen, weil wir uns mit anderen Menschen vergleichen. Wir denken, dass sie entweder *über* oder *unter* uns stehen. Oder wir denken, dass sie steuern können, wie wir uns fühlen oder verhalten. Tatsächlich sind es jedoch unsere eigenen Entscheidungen, die das tun. Sie müssen akzeptieren, dass Sie Ihre eigene Person sind und andere Menschen von Ihnen separat zu betrachten sind. Die einzige Person mit der Sie sich vergleichen sollten, ist die Person, die Sie einige Tage zuvor waren.

Den erläuterten negativen Gedankengängen sollten Sie abschwören, um den Fallen unseres eigenen Verstandes zu entfliehen. Die aufgezeigten destruktiven Gedanken und Glaubensansätze, die uns weniger effektiv machen und uns unserer mentalen Stärke berauben, sind daher weitestgehend zu vermeiden. Das gelingt Ihnen am besten, wenn Sie sich die 3 folgenden Grundsätze stets in Erinnerung rufen: *(I)* <u>Die uneingeschränkte Freiheit für Ihr Leben liegt darin zu erkennen, dass niemand an Sie denkt.</u> Wenn Sie feststellen, dass die meisten Menschen über sich selbst nachdenken und Sie dieses Konzept tatsächlich verinnerlichen, ist die Freiheit unglaublich. Niemand denkt so viel über Sie nach, wie Sie selbst, weil wir meistens an uns selbst denken. Dadurch werden Sie sich viel weniger an den zuvor erläuterten Freunden, Bekannten oder Verwandten orientieren. *(II)* Wir werden später auf den Wert der Gelassenheit zurückkehren. <u>Humor kann Ihnen dabei eine unglaublich große Stütze sein.</u> Generell sind Lachen und Humor hervorragende Mittel, um den Alltag, aber auch schwere Krisen, einfacher zu überstehen. Oft und viel zu lachen und ein äußerst humorvoller Mensch zu sein, hilft Ihnen dabei keinen Groll gegen jene zu hegen, bei welchen immer alles perfekt zu sein scheint. Das Glück kommt zu jenen die lachen. *(III)* Negative Tendenzen gegenüber anderen Mitmenschen können Sie noch weiter reduzieren, wenn Sie wirklich in Frieden und in Kontakt mit sich selbst stehen und <u>nichts, was jemand sagt oder tut, Sie stört und keine Negativität oder Dramatik Sie berühren kann.</u>

Befriedigung des Geistes

Ein Tropfen Liebe ist mehr als ein Ozean Verstand.

– Blaise Pascal

Einer der wichtigsten Glücksphilosophen der Antike war *Epikur*. Er lebte von 341 v. Chr. bis 270 v. Chr. und gründete die epikureische Schule. Epikur beschreibt die allgemeine Lust (am Leben) als Prinzip eines gelingenden Lebens. Dabei darf seine Position nicht mit der des *Aristippos* (war ein Schüler von *Sokrates*) verwechselt werden. Dieser behauptete, das bewusste Genießen sei der eigentliche *Sinn* des Lebens. Glück ist für *Epikur* hingegen vielmehr ein sich Freimachen von Unlust als eine bedingungslose Hingabe und Aufopferung an die Lust. So ist es eines der Hauptziele der epikureischen Glücksphilosophie, dass durch Schmerzvermeidung ein Zustand physischer Schmerzfreiheit erlangt wird. Enthaltsamkeit ist dabei eine Tugend, die demnach zum Vorschein gelangt. So steht nicht der übermäßige Genuss der weltlichen Güter, Wohlstand oder genussvolle Hingabe im Mittelpunkt, sondern die maßvolle Reduktion auf die notwendigsten Bedürfnisse. *Epikur* vertritt in seiner *Glücksphilosophie* die Auffassung, dass jemand, der stets an seine Grenzen geht und sich sehr hoch hinauswagt, auch der ist, der sehr tief fällt. *Extreme Lust* zieht immer auch *extreme Unlust* nach sich. Er ist daher für den Weg des *kleinen Glücks*, welchen man beschreiten sollte, um das wahre Glück zu finden. Das Glücksprogramm des *Epikur* lag vor allem in der Lust am Essen und Trinken, in Liebesgenüssen, Freundschaften und Freunden, dem Anhören von schöner Musik und Anschauen schöner Kunstgestaltungen. Viele Menschen entnahmen der epikureischen Glücksphilosophie vor allem das *Demütige* und *Bescheidene* und wandten dies in ihrem täglichen Leben an. Von Zeit zu Zeit müssen Menschen *einfach* leben, aber irgendwann wird manchen klar, dass es eine der besten Arten zu leben ist. Zu wissen, was genug für einen ist und was ausreicht, den Unterschied zwischen Wünschen und notwendigen Bedürfnissen zu kennen und zu unterscheiden, zu genießen, etwas das nicht funktioniert wieder zum Laufen zu bringen und zu lernen, einfache Freuden zu schätzen, nicht den „*Sumpf*" und andere Lebensräume der Erde als seinen Anteil an den Ressourcen der Natur zu nutzen – dies alles kann ein Leben befriedigender machen und weniger besorgniserregend. Glück hängt dabei nicht davon ab, wie viel wir haben, sondern stützt sich vor allem auf den persönlichen Erfolg basierend auf Können, Fähigkeiten und Kunstfertigkeiten, einen *Sinn* für Humor, Lachen, den Erwerb von Wissen und Kenntnissen, der Freude die Liebe zu entdecken, die Weiterentwicklung und Schärfung des Charakters und unseres geistig-seelischen Zustands, den Ausdruck von Dankbarkeit, die erfahrene Zufriedenheit durch die Hilfe und den Dienst an Mitmenschen oder Tieren, Vergnügen mit Freunden und den Komfort der Familie (wie immer man diese auch definieren möchte).

Es gibt ein altes *chinesisches* Sprichwort: „*Wenn Sie eine Stunde lang glücklich sein möchten, machen Sie ein Nickerchen. Wenn Sie einen Tag lang glücklich sein möchten, gehen Sie angeln. Wenn Sie ein Jahr lang glücklich sein wollen, erben Sie ein Vermögen. Wenn Sie ein Leben lang glücklich sein wollen, helfen Sie jemandem.*" Denken Sie an Ihre eigenen Erfahrungen und Ihren Freundes- und Bekanntenkreis. Auch Sie werden schon das eine oder andere Erlebnis gehabt haben, welches für Unmut sorgte – von Hilfe also keine Spur. Die Wahrheit ist aber auch, dass Sie dafür nichts können, jedoch die Menschen, welche Ihnen zu diesem Zeitpunkt wenig Hilfestellung boten. Es gibt immer eine Möglichkeit jemanden zu helfen und sei dies noch so eine Kleinigkeit, wie einen Menschen die Hand zu halten oder andere Banalitäten des täglichen Lebens. Dazu die folgende kleine schöne *Geschichte*, welche zum Nachdenken anregt:

Zwei Herren, beide ernsthaft erkrankt, belegten dasselbe Krankenzimmer. Einer der Herren hatte die Erlaubnis, sich jeden Nachmittag für eine Stunde aufzusetzen, damit die Flüssigkeit aus seiner Lunge abfließen konnte.

Sein Bett stand am einzigen Fenster des Raumes. Der andere Herr musste die ganze Zeit flach auf dem Rücken liegen. Letztendlich unterhielten sich die beiden Männer stundenlang. Sie sprachen von ihren Frauen und Familien, ihrer Heimat, ihren Jobs, ihrem Militärdienst und wo sie im Urlaub waren. Jeden Nachmittag, wenn der Herr im Bett am Fenster sich aufrecht hinsetzte, ließ er die Zeit vergehen, indem er seinem Zimmernachbarn all die Dinge beschrieb, die er draußen am Fenster sah. Der Herr im anderen Bett begann aufzuleben in jeder dieser Stunden, wo seine Welt erweitert und belebt wurde, durch all die Geschehnisse und Farben der Welt dort draußen. Das Fenster überblickte einen Park mit einem schnuckligen See. Enten und Schwäne spielten auf dem Wasser, während Kinder ihre Modellboote segeln ließen. Junge Verliebte bummelten Arm in Arm durch die unzählig bunten Blumen und eine schöne Aussicht auf die Silhouette der Stadt lag am Horizont.

Wenn der Herr am Fenster all dies beschrieb, mit allen kleinsten Details, schloss der Herr auf der anderen Seite im Raum die Augen und stellte sich die bildhaften Szenen vor. An einem warmen Nachmittag beschrieb der Mann am Fenster eine vorüberziehende Parade. Obwohl der andere Herr die Kapelle nicht hören konnte, konnte er sie vor seinem geistigen Auge sehen, während der Herr am Fenster sie mit anschaulichen Worten beschrieb. Tage, Wochen und Monate vergingen.

Eines Morgens, die Tagschwester kam um Wasser für das Bad zu bringen, fand sie den leblosen Körper des Herrn am Fenster, der friedvoll im Schlaf verstorben war. Sie war traurig und rief die Bediensteten, um die Leiche wegbringen zu lassen. Nach einer angemessenen Weile fragte der andere Herr, ob man ihn ans Fenster verlegen könnte. Die Schwester war erfreut und stellte das Bett des Herrn ans Fenster. Nachdem sie sich vergewisserte, dass er sich wohlfühlt, ließ sie ihn allein. Langsam, schmerzvoll stützte er sich auf seinen Ellenbogen, um einen ersten Blick auf die echte Welt draußen zu richten. Er strengte sich an, um sich langsam zu drehen und aus dem Fenster am Bett zu gucken. Es zeigte auf eine leere Wand. Der Mann fragte die Schwester, was seinen verstorbenen Zimmernachbarn am Fenster veranlasst hatte, ihm so wundervolle Dinge von draußen von der Welt zu erzählen. Die Schwester erwiderte, dass der Herr blind war und nicht einmal die kahle Wand sehen konnte. Sie sagte: *„Vielleicht wollte er Sie nur aufmuntern."*

Im geschäftigen Treiben der Menschen gibt es viele Zeitgenossen, die immer mit der Arbeit beschäftigt sind. Diese Menschen drehen ihr Leben um ihre Arbeit und opfern all ihre Zeit und Gesundheit, um die sozialen Erwartungen zu erfüllen. Sie sind nicht bereit, Zeit für ihre eigene Gesundheit und ihr Wohlbefinden aufzuwenden. Sie verpassen die Gelegenheit, mit ihren Kindern zusammen zu sein, wenn diese heranwachsen. Sie vernachlässigen die, die sie lieben und vergessen sich um sich selbst zu kümmern und ebenso ihr Wohlbefinden. Niemand weiß, was in einem Jahr passieren wird. Das Leben ist nicht von langer Dauer. Lebe also immer im *Jetzt*. Drücken Sie Ihren Lieben Ihren Dank in Worten oder Taten aus. Zeigen Sie Ihre Zuwendung und Ihr Wohlwollen und behandeln Sie jeden als wäre es der letzte Abschnitt seines Lebens. Auf diese Weise hätten Sie nichts zu bedauern, wenn Ihre Liebenden nicht mehr unter ihnen sind.

Trotz alledem Ja zum Leben sagen

Der verlorenste aller Tage ist der, an dem man nicht gelacht hat.
– *Sebastien Chamfort*

Eingangs wurde erläutert, dass unsere Lebensqualität mitunter von Faktoren außerhalb unseres Einflusses bestimmt wird. *Schicksalsschläge*, wie der meines Freundes, der seit einem Unfall auf den Rollstuhl angewiesen ist, gehören dazu, aber lassen sich mit dem richtigen Ansatz besser meistern. Gehen Sie mit leidvollen Ereignissen gut um, so können Sie trotzdessen so glücklich werden wie andere Menschen, welche von betrübenden Schicksalsschlägen verschont bleiben. Es gibt viele

Möglichkeiten ein tolles und glückliches Leben zu führen und die Wege dorthin sind zahlreich. Sie müssen sich diesen Situationen jedoch stellen und Verantwortung in die Hand nehmen, um so gute Entscheidungen zu fällen – anstatt sich über *Schicksalsschläge* und *Lebensumfelder*, welche außerhalb Ihres Einflussbereichs liegen, zu beklagen (unbewusst legen Sie so die Basis für persönliches Unglück). Es liegt ganz in Ihrer Hand, welche Einstellung Sie zum Leben haben, welche Ziele Sie verfolgen und welchen Weg Sie einschlagen werden. Das Leben geht ziemlich schnell vorüber. Wenn Sie nicht ab und zu anhalten und sich umschauen, könnten Sie es verpassen. Das Beste, was Sie tun können, ist jedoch nicht die ganze Zeit über diese Hindernisse nachzudenken und sie trotzdem zu überwinden. Denken Sie an meinen gesundheitlich eingeschränkten Freund: Sie könnten mit dem, was Sie letztendlich nicht können, einverstanden sein, weil Sie so viel tun können, was Sie können. Leute stellen meinen Freund manchmal Fragen wie: *Ist es nicht schwer, mit dieser schweren Erkrankung zu leben?* oder *Wie machst du das, ich könnte so nicht leben?* und *Welchen täglichen Herausforderungen hast du dich mit deiner Krankheit zu stellen?* Seine Reaktion darauf ist immer dieselbe, wonach er, obwohl er die meiste Zeit mit seiner Krankheit auf Hindernisse stößt, an Dinge denkt, die überhaupt nichts mit seiner Krankheit zu tun haben. Das bedeutet nicht, dass mein Freund die negativen Aspekte der Hindernisse ignoriert, welche seine Gebrechen mit sich bringen. Wenn er etwas nicht tun kann, wie eine lange Strecke laufen oder an einer intensiven Motorradfahrt teilnehmen, weiß er natürlich, was ihm entgeht. Stattdessen entscheidet er sich für Aktivitäten, die er tun kann und leidenschaftlich mag – das Lesen von Büchern, seine Lieblingssportmannschaft, Dokumentationen und die Natur.

Trotz seiner Einschränkung zeigt er mir, dass ein Gebrechen kein Hindernis sein muss und er einer der glücklichsten und optimistischsten

Menschen dieser Erde sein kann. Er sagte zu mir: *„Es sind Beine, bloß Beine. Früher oder später müssen wir alles hinter uns lassen. Es liegt auf der Hand, dass es besser ist Beine zu haben als keine zu haben. Aber mein geistig-seelischer Zustand ist vollkommen in Ordnung und erklärt auch meinen Optimismus, meinen Tatendrang und meine Dankbarkeit."* Er teilte mir mit, dass er immer wieder während Krankenhausaufenthalten deprimierte Menschen sah, die geradewegs auf Niederlagen zusteuerten – und das trotz der Tatsache, dass weder Ärzte noch sie selber wussten, was ihnen organisch fehlte. Sein scharfer Geist und seine gewiefte Auffassungsgabe verwunderten mich immer wieder aufs Neue. So vertrat er die Ansicht, dass bei all unserem Tun der richtige Ansatz und die richtige Einstellung zum Leben, entscheidend für die Verbesserung unserer Umstände seien. Dementsprechend konnte er viel erfolgreicher und glücklicher werden als viele Menschen ohne Gebrechen – jedoch mit der falschen Einstellung zum Leben. Die Einschränkung des Bewegungsapparats ist kein Hindernis für ihn. Er bewegt sich immer weiter, nur anders und er hat auch immer etwas, auf das er sich freuen kann, etwas, nach dem er streben muss, um sein Leben reicher zu machen. Es muss nicht groß sein. Es kann alles Mögliche sein. Für ihn ist es sich auf die nächste spannende Dokumentation zu freuen, seine besten Freunde zu sehen oder an einer Feier für einen besonderen Freund teilzunehmen.

All diese Dinge halten Sie fokussiert und gleichzeitig wissen Sie, dass eine glänzende Zukunft vor Ihnen liegt – auch wenn Sie durch einige schwierige Zeiten geführt werden oder diese möglicherweise noch durchmachen müssen. Zu dieser Mentalität gehört, in einem vorausschauenden Geisteszustand zu bleiben (dabei jedoch nicht zu vergessen im „*Jetzt*" zu leben). Bemühen Sie sich keine Energie zu verschwenden, um sich schlecht zu fühlen. Denn wenn Sie das tun, stecken Sie in einer Spirale fest, in der es keinen Raum für

Glücksempfinden, Liebe, Wohlbefinden oder andere Emotionen gibt. Sicherlich können Sie negative Gemütsregungen nicht vollkommen ignorieren, wenn Sie sich schlecht fühlen. Akzeptieren Sie, dass diese irgendwie da sind, aber lassen Sie sie nur soweit herein, damit Sie anerkennen können, dass Sie da sind und um daran vorbeizukommen. Dazu gehören ebenso die schlimmen Umstände, welche meinem Freund widerfuhren. Diese sind nicht einfach zu bewältigen. Während seiner Zeit im Krankenhaus erzählte er mir, dass er von allen Aspekten seines Lebens abgeschieden war – solchen von denen er glaubte, dass sie ihn zu dem machten was er ist. Diese Art von Abgeschiedenheit kann einem schnell seiner Identität berauben. Aber zu wissen, dass es ihm bald besser gehen würde und sich auf eine Zeit zu freuen, in der er sich wieder gut fühlen würde, half ihm, weiter voranzukommen. Manchmal musste er mutig sein und das war nicht immer einfach – Schmerzen, und Einsamkeit machten sich bemerkbar. Dann und wann geriet er ins strauchlen, haderte mit seinem Schicksal, hatte schlechte Tage und er erkannte, dass es nicht einfach sein sollte, mutig zu sein. Für ihn ist das letztlich der Schlüssel, um weiter voranzukommen. Dabei hätte er allen Grund gehabt den Mut zu verlieren. Er verbrachte mehrere Monate immer wieder im Krankenhaus. Er trug einen riesigen Gipsverband und war zwischen zwei Matratzen eingeklemmt, die regelmäßig gedreht werden konnten, um die Position zu ändern. Er lebt mit ständigen Schmerzen – etwas, das ich nur weiß, weil ich ihn danach gefragt habe. Mit der Zeit kam er zur Auffassung, dass es nicht die Beine sind, die uns bewegen, sondern unser denken. Er beschwert sich nie über seine Schmerzen, noch nimmt er Schmerzmittel dagegen, weil er nicht mag, wie er sich dabei fühlt. Mein Freund sagt immer, dass es ihm hilft, sich mit Menschen zu umgeben, mit denen er zusammen sein möchte. Er hat das große Glück, eine großartige Familie zu haben, die ihn sein ganzes Leben lang unterstützt hat. Und er hat auch das große Glück, eine relativ enge Gruppe von Freunden in seiner näheren Umgebung zu haben. Sie freuen sich über die gegenseitige Gesellschaft und sie helfen sich gegenseitig, wann immer das möglich ist. Er fühlt sich am glücklichsten, wenn er mit den Menschen zusammen ist, die ihn jeden Tag umgeben. Sie liefern die wirklich positiven Einflüsse in seinem Leben und er hofft, dass er auch in ihrem Leben einen positiven Einfluss haben kann. Das Wesentliche ist für die Augen nicht sichtbar, sondern nur für das Herz – seine Freunde sehen ihn so, wie er im Inneren ist. Das Fazit ist also, dass ich hoffe, damit Sie Ihre Freunde, Ihre Familie, Verwandten und Bekannten schätzen und lieben und Ihre Mentoren und die Gemeinschaft anerkennen, weil sie ein realer Teil Ihres täglichen Lebens sind.

Menschen, die mit gesundheitlichen Beschwerden gut zurechtkommen, stemmen sich gegen den natürlichen Drang, über ihre angeschlagene Gesundheit zu erzählen. Genauso wenig wie hasten und hetzen Ihrer Gesundheit dienlich sind, führt ständiges jammern und klagen ebenso zu nichts. Sie mögen damit Mitleid erregen, aber Sie ernten weder Achtung noch die Zuneigung Ihrer Mitmenschen. Sie sollten folglich Ihre Gesundheit und Ihr Leiden nicht an die offene Wand malen – oder besser noch, Sie sprechen erst gar nicht darüber. Das erspart Ihnen, dass eine einfache Erkrankung schlimmere Auswüchse annimmt. Es ist wie mit dem Saatgut einer Pflanze – das Sprechen über die Gesundheit wirkt wie Dünger und kann alles nur noch schlimmer machen. Menschen sind sich viel zu selten im Klaren darüber, dass Sie aufrichtig dankbar dafür sein sollten, wie Ihre Gesundheit ist. Statt zu klagen, zu jammern und die Gesundheit ständig schlecht zu reden, empfiehlt es sich dankbar zu sein, dass man ziemlich gesund ist und die Gesundheit so ist, wie sie ist. Bereits die ehrliche Dankbarkeit und Freude für Ihr Wohlbefinden wirken wie ein kräftiges Medikament gegen wirkliche Beschwerden – dies alles half meinem Freund trotz seiner häufig einschneidenden gesundheitlichen Erkrankungen. Alles in allem verschwendet er trotz seiner Umstände keine Energie darauf sich ständig zu beklagen, über sich selbst schlecht zu denken und sich fortlaufend schlecht zu fühlen. Er umgibt sich stattdessen mit Menschen, mit denen er zusammen sein möchte und bewegt sich so weiter vorwärts.

Unterstützung bietet ebenso, wenn Sie den echten Wunsch verspüren, selbst anderen Menschen zu helfen. Dies hilft Ihnen, Schwierigkeiten besser zu bewältigen. Erkennen wir die Problemstellungen anderer Menschen, dann nimmt uns dies die eigene Angst und führt dazu, besser mit eigenen Hindernissen und Problemen klar zu kommen. Sich weniger mit sich selbst und mehr mit anderen Zeitgenossen zu beschäftigen, erweist sich immer wieder als geeignetes Mittel, Ängste und Probleme zu überwinden. Sie müssen dazu jedoch das innige Anliegen verspüren, anderen zu helfen und nicht lediglich zum Ziel haben, nur Ihr eigenes Leid aus der Welt zu schaffen. Wir tun jedoch immer so, als wären wir die einzigen Kranken auf dieser Welt, anstatt uns vor Augen zu führen, dass unzählige andere Menschen noch sehr viel mehr leiden als wir selbst das tun. Wenn, wie bei meinem Freund, die Beine gelähmt sind, sagen Sie sich, dass die Beine Sie nicht mehr tragen, aber Sie immer noch Ihre Arme haben. Sie verfügen immer noch über Fortbewegungshilfen und dieser einfache Gedankengang kann schon Unterstützung bieten. Ist ein Arzneistoff vorhanden, mit welchen Gedanken sollte man sich dann noch herumschlagen? Gibt es keinen Arzneistoff, wozu dann jammern und sich Sorgen bereiten? Dies würde alles nur verschlechtern und wäre Ihrem Heilungsverlauf nicht dienlich. Es gibt immer eine Möglichkeit auf Grundlage Ihres geistig-seelischen *Seins* einen Weg zu finden, um erfahrenes Leid zu lindern. Wenn Sie von Ängsten, mangelndem Selbstvertrauen, Eifersucht und Zorn geplagt werden, so versuchen Sie die wahren Gründe herauszufinden und in Angriff zu nehmen. Sie werden zumeist keinen nennenswerten Grund dafür finden, da das Problem in Ihren Gedankengängen und Ihrer Art zu denken liegt – und nicht, weil Sie unfähig sind es besser auf die Reihe zu bekommen. Mit dieser Philosophie können Sie sicher sein, dass Sie, unabhängig von Ihren Umständen, Hindernissen, Einschränkungen und Gebrechen, auch ein sehr glückliches Leben führen werden.

Ein (kurzfristiges) glückliches Leben leben

Im Leben gibt es etwas Schlimmeres als keinen Erfolg zu haben: Das ist, nichts unternommen zu haben.

– Franklin D. Roosevelt

In unserer Gesellschaft werden die Menschen nicht dazu ermutigt, sich Gedanken zu machen, die letztendlich wirklich zählen – bis das Ende für sie naht. Tag ein Tag aus mühen wir uns ab – mit den Zahlungen unserer Kredite, beruflichem Vorankommen, Dinge zu erwerben oder auf die neusten Trends aufzuspringen. Wir sind mit tausenden Kleinigkeiten beschäftigt, nur um zu vergessen, dass unser Leben an uns vorüberzieht. Deshalb kann es sinnvoll sein, Abstand zu gewinnen, einen Schritt zurück zu gehen und einen Blick auf unser Leben zu werfen. Ist das, was ich gerade tue, wirklich was ich will? Gibt es noch mehr? Vergessen Sie dabei nicht: Einen Schritt zurück zu gehen, kann auch bedeuten Anlauf zu nehmen. Das Leben ist dazu da, dass Sie es genießen. Vergeuden Sie es nicht mit täglichem Kleinkram, ohne über wichtigere Dinge nachzudenken. Versäumen Sie nicht das Leben zu leben, das Sie wirklich wollen!

Wir alle haben bis zum letztendlichen Tod, der uns unweigerlich trifft, enttäuschte Erwartungen, Verluste, Ungerechtigkeiten, Frustrationen, Einsamkeit sowie auch unvermeidliche Alterung zu erfahren. In meinen mehrjährigen sozialen Tätigkeiten, in Krankenhäusern und anderen wohltätigen Einrichtungen, bin ich vielen einsamen Patienten begegnet. Es mangelte ihnen vor allem an Gesellschaft, Wohlbefinden und Zuwendung. Ein guter Teil dieser Patienten war begütert, doch dieser vergängliche Besitz verschaffte ihnen weder innere Genügsamkeit noch Mitgefühl und seelisch-geistige Freude. Andere Menschen hingegen zogen viel Kraft aus der Einsamkeit und aus der mangelnden Zuwendung. Es gab viele erfolgreiche Menschen und schildernde Persönlichkeiten, welche gerade durch die Einsamkeit zu neuen Höhen aufschwangen. *Isaac Newton*, gerade 24 Jahre alt, hatte am *Trinity College* eben erst den Bachelor-Abschluss erlangt, als die Universität 1665 wegen einer nahenden Pestepidemie den Lehrbetrieb einstellte. Zurückgezogen und einsam begab er sich selbst in Quarantäne. In dieser Zeit entwickelte er bahnbrechende Theorien in Physik und Mathematik, die ihn später bekannt machen sollten. Auch *Harry S. Truman* suchte auf einem abgeschiedenen Bauernhof häufig die gezielte Einsamkeit. Oder denken wir an *Wladimir Iljitsch Lenin*, der im Zuge seines Exils in der Schweiz die schöpferische Kraft entwickelte, welche ihm dazu verhalf, die Führung der russischen Revolution in die Hand zu nehmen. Auch hier gilt wie überall: Man kann aus allem Kraft schöpfen und damit Leid besiegen – zur rechten Zeit, am rechten Ort und unter entsprechenden Bedingungen.

Ein Grundprinzip des Erfolgs besagt, dass Sie die Unterstützung anderer Menschen benötigen, wollen Sie vorankommen und selbst Erfolg haben. Viele erfolgreiche Menschen haben keine gute Ausbildung erhalten. Das bedeutet jedoch nicht, dass Sie erfolgreich sein können, wenn Sie nicht laufend lernen. Was immer Sie an Wissen gewinnen, kann eines Tages von Wert für Sie sein. Wir leben in sozialen gesellschaftlichen Beziehungen und im Umgang mit diesen braucht es nicht lediglich Wissen, sondern es braucht enge zwischenmenschliche Beziehungen und Interaktionen, um die Erreichung Ihrer Ziele zu gewährleisten. Dabei ist es nicht wichtig, woher man kommt oder wo man gerade steht, sondern wohin man will. Der Wunsch ein gewisses Einkommen zu generieren, ist da etwas ganz natürliches. Geld verleiht Ihnen Freiheiten, ermöglicht ein erfülltes Leben und kann auch anderen Menschen helfen. Leider konzentrieren sich jedoch Menschen, die alles haben, häufig auf das was sie nicht haben, anstatt auf das, was sie bereits haben. Das ist auch ein Grund, warum Menschen, die im Überfluss leben, zu Drogen, Alkohol und anderen Betäubungsmitteln greifen. Sie fokussieren sich rein auf das, was sie nicht haben und schaffen sich so ihr eigenes Unheil. Andere Menschen, welchen ich im Laufe meines Lebens begegnete, hatten hingegen nur das Nötigste. Sie lebten in überaus bescheidenen Verhältnissen, waren jedoch stets froh und glücklich. Dieser augenscheinliche Gegensatz resultiert aufgrund der Tatsache, dass sich diese Menschen auf das konzentrieren, was sie haben und nicht auf das, was sie nicht besitzen. Diese Menschen sind es, die ihr Glas als halb voll betrachten und leben damit auch glücklicher und zufriedener als Menschen, die ihr Glas als halb leer ansehen. Dazu die folgende kleine *Geschichte*:

Ein Lehrer begann den Anfang seiner Lehrveranstaltung, indem er ein Glas mit etwas Wasser hochhielt. Er hielt es für alle sichtbar und fragte die Schüler: *„Wie viel wiegt dieses Glas wohl?"* „*50 g!"* .... „*100g!"* ..... „*125g"*, antworteten die Schüler. *„Ich weiß es wirklich nicht, solange ich es nicht wiege"*, sagte der Lehrer. *„Aber meine andere Frage ist: Was*

würde passieren, wenn ich es ein paar Minuten so halten würde?"
„Nichts" .... sagten die Schüler.
„Ok, was würde passieren, wenn ich es eine Stunde lang so halten würde?", fragte der Lehrer. *„Ihr Arm würde anfangen zu schmerzen"*, sagte einer der Schüler. *„Du hast recht. Was würde jetzt passieren, wenn ich es einen Tag lang halten würde?"* *„Ihr Arm könnte taub werden, Sie könnten starke Muskelzerrungen und Lähmungen haben und müssten auf jeden Fall ins Krankenhaus!"* ... wagte ein anderer der Schüler zu sagen und die gesamte Klasse begann zu lachen... *„Sehr gut, aber hat sich während all dem das Gewicht des Glases geändert?"*, fragte der Lehrer. *„Nein"* .... War die Antwort.
„Was verursachte dann den Armschmerz und die Muskelzerrungen?" Die Schüler waren verwirrt. *„Was soll ich jetzt tun, um aus den Schmerzen wieder herauszukommen?"*, fragte der Lehrer erneut. <u>*Stellen Sie einfach das Glas ab!*</u>", sagte einer der Schüler. *„Genau!"*, sagte der Lehrer.

<u>Die Probleme des Lebens verhalten sich auf die gleiche Weise.</u> Behalten Sie diese für ein paar Minuten in Ihrem Kopf und sie scheinen in Ordnung zu sein. Denken Sie lange an sie und sie beginnen zu schmerzen. Halten Sie die Probleme noch länger in Ihrem Kopf und sie beginnen Sie zu *lähmen*. Sie werden nichts tun können. Es ist wichtig, an die Herausforderungen oder Probleme in Ihrem Leben zu denken. Aber noch wichtiger ist es Ihre Probleme einfach *„loszulassen und hinzulegen"* – vor allem am Ende eines jeden Tages, bevor Sie schlafen gehen. Auf diese Weise sind Sie nicht gestresst, Sie wachen jeden Tag frisch und stark auf und können jedes Problem bewältigen, jede Herausforderung, die Ihnen in den Weg kommt! Also, wenn Sie heute Ihre Tätigkeiten beenden oder Ihr Unternehmen verlassen, erinnern Sie sich an diese kleine Geschichte und *„Stellen Sie einfach das Glas ab"*, legen Sie alles hin und lassen Sie einfach los.

Menschen die ihr Glas (= „*Leben*") als halb voll betrachten, leben damit glücklicher, zufriedener und empfinden mehr Freude als Menschen, die ihr Glas als halb leer ansehen. Jeder Mensch zieht ein anderes Los in seinem Leben, aber machen Sie sich nichts vor und seien Sie sich bewusst, dass Besitztümer wie Autos, Immobilien und andere Dinge, entgegen langläufigen Annahmen, für Ihr Glück irrelevant sind. Allein Ihre Einstellung (wie das eben erläuterte halb leere oder halb volle Glas) bestimmt, wie erfolgreich und glücklich Sie sind. Egal, was Ihnen in Ihrem Leben widerfährt, es gibt viele Wege zum Glück, aber Sie werden eher Erfolg und Glück haben, wenn Sie eine entsprechende Einstellung an den Tag legen und Verantwortung für Ihre Entscheidungen übernehmen – beklagen Sie sich folglich nicht über Umstände, welche außerhalb Ihres Einflussbereichs liegen. Was soll das konkret heißen: Für Ihr Glück ist nicht so wichtig, wie hart Sie das Leben trifft, viel wichtiger ist Ihre Einstellung zum Leben. Ihre Einstellung zum Leben bestimmt, ob Sie Ihr Glück finden. Wir brauchen folglich nicht ein größeres Auto, ein neues Haus oder die neusten Modetrends, sondern müssen einzig und allein unsere Einstellung ändern – und dafür auch Verantwortung übernehmen. Um das zu erreichen, achten Sie auf die Art und Weise, wie Sie etwas beurteilen, auf Ihre Prinzipien, Grundsätze und Worte, aber erwarten Sie nicht, dass andere dies tun. Sie können gut zu Menschen sein, aber gehen Sie nicht davon aus, dass Menschen gut zu Ihnen sind. Wenn Sie dies verstehen, werden Sie keine unnötigen Probleme haben. Das Leben ist kurz. Wenn Sie heute Ihr Leben verschwenden, werden Sie morgen feststellen, dass das Leben Sie verlässt. Je früher Sie Ihr Leben schätzen, desto intensiver genießen Sie das Leben. Egal wie viel Zeit Sie mit Ihren Freunden, Ihrer Familie oder anderen Menschen haben, schätzen Sie die Zeit, die Sie zusammen sind. Sie wissen nicht, ob Sie sie in Ihrem nächsten Leben wiedersehen werden.

Entspannt glückliches Leben und von jedem lernen

Menschen, die in der Gegenwart leben, haben immer Zeit für die wichtigste Zeit, den Augenblick.

– Ernst Ferstl

Glück – je mehr wir versuchen, daraus eine Formel zu machen, desto weiter sind wir vom *wahren Glück* entfernt. Wir alle geben dem Glück die unterschiedlichsten Bedeutungen. Freude, Verlobung und Heirat, Lebenszufriedenheit, Bewegung, Religion und Spiritualität. Es zeigt sich jedoch ganz allgemein, dass niedrige Erwartungen Ihr Glück erhöhen. Glück hängt nicht unmittelbar mit Wohlstand zusammen, weil die Erwartungen der Menschen mit ihrem Einkommen steigen. Mit dem Alter verhält es sich ähnlich. Ich war immer der Auffassung, dass man von jedem lernen kann. Wie man es machen soll oder auch nicht machen soll – so auch von Kindern. Unsere Fähigkeit, von einfachen Dingen beeindruckt zu sein, erreicht ihren Höhepunkt im Alter von etwa sieben Jahren. Einjährige haben nicht viel von der Welt gesehen, daher sind ihre Erwartungen sehr niedrig – das bedeutet, dass sie einen Großteil ihrer Tage damit verbringen, sich in einem Zustand purer Glückseligkeit um den Verstand zu bringen. So würde das Betätigen der Toilettenspülung einem Kleinkind ein solch hohes Maß an Glück einbringen, wie es ein durchschnittlicher Erwachsener wahrscheinlich einmal im Jahr erlebt. Wie kann man Kinder nicht beneiden? Alles ist viel erstaunlicher, wenn Sie sehr wenig erwarten. Kleinkinder kommunizieren sehr früh. Sie mögen noch nicht einmal sprechen können, dennoch kommunizieren sie effektiver als viele Führungskräfte. Sie reden auch nicht um den heißen Brei herum. Wenn sie etwas wollen, sagen sie es Ihnen – laut und sofort. Wenn sie unglücklich sind, lassen sie es Sie wissen. Wenn sie mit etwas fertig sind, lassen sie es fallen und gehen weg. Zu viele Gespräche mit Erwachsenen ziehen sich über Wochen oder Monate hin, bevor eine Person wirklich sagt, was sie will. Wünsche, Gefühle und Vorhaben verlaufen so häufig im Sand. Kinder können ebenso den ganzen Tag damit verbringen zu experimentieren und etwas Neues auszuprobieren, weil sie unempfindlich gegen Verlegenheit sind. Es ist ihnen egal, ob sie lächerlich aussehen. Es macht ihnen nichts aus, wenn sie von anderen weniger gut beurteilt werden. Sie haben keine Angst vor dem Scheitern. Tausend Menschen könnten sehen, wie ein Kind ohne Kleidung ausrutscht und dennoch würde es nicht in Verlegenheit geraten. Es ist schwer vorstellbar, dies als Vorteil anzusehen – keine Angst zu haben, „*dumm*" auszusehen. Wenn Sie kontinuierlich lernen möchten, ist es dennoch von Vorteil. Wenige Menschen können das – Kleinkinder bekommen das jedoch hin. Genauso wie Kleinkinder alles Mögliche verärgern kann, erholen sie sich davon erstaunlich schnell wieder und machen dann dort weiter, wo sie aufgehört haben. Erwachsene hingegen leben jahrelang in verfahrenen Situationen, oft aus keinem anderen Grund als ihren eigenen Unsicherheiten. Kleinkinder hegen keinen Groll. Sie vergeben, vergessen und vor allem sorgen sie sich um nichts. Es ist somit anzuraten hinter sich zu lassen, was war und dort fortzufahren wo man ist – ohne Sorgen, Groll und Zorn. Bedenken Sie, dass Sie nicht ändern können, was passiert ist. So können Sie einfacher bewerkstelligen, das Leben ziemlich sorgenfrei zu gestalten. Manche Menschen lernen es auf dem harten Weg: Wenn Sie nichts gegen eine Situation unternehmen können, werden auch Sorgen nichts daran ändern. Wenn Sie keine Zeit für Sorgen haben und zu beschäftigt sind, um sich Sorgen zu machen, werden diese schnell die Lust verlieren und von sich aus verschwinden. Kinder sind erstaunlich gut darin, beschäftigt zu sein und sich nicht zu sorgen. Kinder sind faszinierend und Elternschaft kann eine demütigende und gleichzeitig inspirierende Erfahrung sein.

Kinder sind frei von sozialem Druck und Vorurteilen, die Erwachsene dazu bringen, auf seltsame, unproduktive Weise zu denken, welche sie davon abhält zu wissen, was sie eigentlich wollen.

Die unterschiedlichen Bedeutungen (u.a. Freude, Verlobung und Heirat, Lebenszufriedenheit und Religion usw.), welche wir dem Glück beimessen, werden in der Wissenschaft als „*subjektives Wohlbefinden*" bezeichnet. Dazu können Lebensbereiche wie Arbeit, Familie, Freunde, spirituelle Zufriedenheit und Kontrolle über das Leben gehören. Individuell können Sie folglich zu einem gewissen Grad sagen, was Glück für Sie bedeutet. Dennoch gibt es einen breiten wissenschaftlichen *Konsens* vom *Glück* und dieser bringt einige nützliche Lektionen mit sich. Es zeigt sich, dass viele unterschiedliche Faktoren auf unser Glücksempfinden einwirken. *Erstens* zählen Ihre Lebensentscheidungen und Verhaltensweisen zu diesen Faktoren. *Zweitens* sind persönliche Lebensumstände – Dinge wie die Deckung Ihrer Bedürfnisse und Gesundheit – von Bedeutung. *Drittens* spielen Ihr Temperament und Ihre Persönlichkeit eine Rolle. Der erste Punkt – Lebensentscheidungen und Verhaltensweisen – ist der wichtigste Faktor. Der zweite Punkt – persönliche Lebensumstände – ist der unwichtigste Faktor für Ihr individuelles Glücksempfinden. Sicherlich würde die Befreiung der Menschen aus der Armut hin zu weniger Mittellosigkeit das Wohlbefinden nachhaltig, langfristig steigern. Aber die meisten Menschen denken, wenn ich nur dieses neue Haus, Auto oder sonstige Ding hätte, wäre ich so viel glücklicher. Dem ungeachtet zeigen Untersuchungen, dass es lediglich einen kurzfristigen glücklichen „Schub" mit einem neuen Auto, einem neuen Haus oder einem neuen liebevollen Partner gibt.

Die Träume von einem segensreicheren Leben sind es, welche die Menschen an Kummer, Leid und Elend fesseln. Was das bedeutet können wir im täglichen Leben beobachten. Sie kennen sicher einige Bekannte,

Verwandte, Kollegen und Freunde, welche sich nach ihrer Ausbildung und einigen Jahren Berufserfahrung zum Ziel setzten, ordentlich Ersparnisse anzusammeln, um danach nicht mehr im Hamsterrad gefangen zu sein und so ihren wirklichen Leidenschaften und Lebenszielen nachgehen zu können. Nur um dann zu sehen, dass die Jahre verstreichen und sie weitere Jahre anhängen, um sich gediegene Ausbildungen für die Kinder, Karossen und Eigenheime leisten zu können. Anstatt sich den eigentlichen Interessen zu widmen, schuften sich die Menschen von einem Karriereschritt zum nächsten und verlieren dabei ihre eigentlichen Bestrebungen aus den Augen. Diesen Kreislauf zu durchbrechen und sich vom „*Joch*" des geglaubten „*segensreichen*" Leben zu befreien fällt schwer, da es sich immer wieder zeigt, dass es nahezu unveränderlich ist von einer gewohnten (kostspieligen) Lebensführung, wieder auf den „*normalen*" Pfad zu gelangen. Einmal gewählte Anschaffungen werden schneller zur Notwendigkeit als man denken mag und schaffen wiederum Zwänge, die zur Selbstverständlichkeit für die Menschen werden. Nach einiger Zeit wird das Neue zur Norm und unser Glücksempfinden fällt auf das zurück, was es ursprünglich war. Man spricht dann von der „*Hedonistischen Tretmühle*". Beobachtungen glücklicher Menschen zeigen immer wieder, dass Glück nicht dadurch entsteht, dass wir etwas bekommen, was wir nicht haben, sondern dass wir erkennen und zu schätzen wissen, was wir bereits haben. Anders formuliert: Glück wird am besten mit Hilfe der Art und Weise verfolgt, indem man das Möglichste aus der Gegenwart herausholt, bevor man seine Aufmerksamkeit auf die Zukunft richtet. Einige würden dies Achtsamkeit oder im „*Flow*" (im Moment) zu leben nennen.

Etwas anders verhält es sich mit den bereits erläuterten Verhaltensweisen und Lebensentscheidungen (erster Faktor für das Glücksempfinden). Das Gute an diesen ist, dass sie größtenteils unter unserer Kontrolle stehen und sich überschneiden. Spontanität, Dankbarkeit ausdrücken, Vergeben,

Spiritualität und Religion, Sport, Freundlichkeit, zwischenmenschliche Beziehungen, Dinge für andere tun, Mitgefühl, sich gänzlich einer Aufgabe zu widmen. Sie können durch solch eine Herangehensweise Fallstricke Ihres eigenen Denkens, wodurch wir uns schlecht fühlen, verhindern. Das Aufzählen und Auflisten Ihrer erfahrenen glücklichen Umstände und wofür Sie dankbar sind kann ebenso helfen. Studien zeigen, wenn Sie das einmal pro Woche tun, dies zu einem höheren Glücksempfinden beitragen kann – machen Sie es jedoch noch häufiger, etwa zwei oder dreimal pro Woche, erreichen Sie damit auch nicht mehr für Ihr Wohlbefinden. Sehen Sie es so: Wenn Sie etwas Ihrer Meinung nach Schönes kaufen wollen, dann entscheiden Sie sich dafür. Es könnte Ihnen sogar kurzfristig zu einem glücklichen „*Schub*" verhelfen. Aber vielleicht sollten Sie auch in ein paar Dinge „*investieren*", die längerfristiger wirken. Sie haben vielleicht einen vorgegebenen zu erreichenden Sollwert für Ihr Glücksempfinden, aber genau wie Ihr Risiko für chronische und altersbedingte Erkrankungen können Sie diesen Wert stark ändern, indem Sie die Dinge anders machen – beispielsweise sich weniger über die Fehler anderer Menschen ärgern. So heißt es in *Kohelet 7,3*: „*Besser sich ärgern als lachen; denn bei einem vergrämten Gesicht wird das Herz heiter.*" Dies soll darauf hinweisen, an bessere vergangene als auch zukünftige Tage zu denken. Gleichzeitig kann in den „*Raum*" gestellt werden, dass sich ärgern bedeutet, für die Fehler anderer Menschen zu leiden. Der Begründer des Buddhismus, *Siddhartha Gautama* (allgemein als Buddha bezeichnet), war der Ansicht, dass Groll, Ärger und Zorn zu hegen und daran festzuhalten in etwa so sei, als würde jemand Gift trinken in der Hoffnung, dass der andere stirbt. Bedenken Sie dies, denn das kann Sie vor viel Ärger und negativen Gefühlen schützen. Versäumnisse, Fehler und Risiken Ihrer Zeitgenossen sollten Sie so sehr interessieren wie ein leerer Schiffscontainer auf dem Weg von China nach

Neuengland, der auf halber Fahrt kehrtmacht – nämlich gar nicht. Parallel dazu führen Sie sich vor Augen, dass Sie Fehler, Risiken, schwierige Aufgabenstellungen und Herausforderungen in Ihrem Leben verdienen, da diese Sie der Wertung bzw. dem Urteil Ihrer Handlungsweisen, Gefühle und Worte näherbringen. Die schwierigen Umstände des Lebens sind es, welche zur Umkehr bewegen, um „*Jetzt*" das zu tun, was Sie sonst erst in ferner Zukunft bewerkstelligen würden.

Seien Sie Sie selbst und leben Sie Ihr Leben – nicht das Leben der anderen

Mich hat noch nie gekümmert, was die Leute sagen. Denn vor schnellen Urteilen muss man sich immer in Acht nehmen.

– Lotte Tobisch

Es gibt eine wesentliche Fähigkeit *sich selbst treu zu sein* von der viele gar nicht wissen. Demnach sind wir entweder unseren Werten, Gefühlen und unserem *innersten Wesen treu* und im Einklang mit uns selbst oder aber wir sind wie *Wellen im Meer* – haltlos, hin- und weggerissen und versuchen ständig zu beeindrucken. Ein *Opportunist*, der seine Überzeugungen schnell ändert, wenn er dadurch einen Vorteil erringt (ähnlich dem eines gesellschaftlichen „*Chamäleons*"), würde nicht nach seinen innersten moralischen Werten handeln und sich folglich selbst „*übergehen*". Besitzt man jedoch die Fähigkeit seiner selbst zu sein und nach seinen Überzeugungen zu handeln, so kann es schon mal notwendig sein, *Menschen reinen Wein einzuschenken*. Sprechen Sie aus, was Sie denken, dadurch gewinnen Sie an Klarheit und entziehen Gerüchten ihren Boden. Zu direkte Worte, die Ihre Mitmenschen verletzen, sind jedoch ebenso nicht angebracht, wenn Ihre Worte mit den besten Absichten verletzen und Ihre Zeitgenossen nicht weiterbringen. Dann haben Sie über Ihr Ziel hinausgeschossen, denn diese Person würde mitunter eine kleine Unwahrheit gebrauchen. Andere Menschen herabzuwürdigen oder zu verletzen sollte vermieden werden, um nicht Leid über sie zu bringen und kein negatives Klima über zwischenmenschliche Beziehungen herbeizuführen. Im Normalfall ist die Wahrheit jedoch wohltuend, wenngleich man diese auch mal in direkte Worte fassen muss.

Dennoch schweigen wir zumeist und übersehen dabei, dass wir uns unbewusst Chancen verbauen. Ganz egal aus welchen Gründen wir auch immer Belastendes nicht zur Sprache bringen, wenn wir nicht fragen, haben wir als Antwort unvermeidlich ein „Nein". Manchmal müssen Sie nur fragen und es kann dazu führen, dass all Ihre Träume wahr werden. Wir denken meist zu viel, auf falsche Weise und machen uns viel zu viele Gedanken, was nicht alles passieren könnte, wenn wir offen mit unserem Gegenüber reden. Dabei kommt es zumeist anders, als man denkt und unsere Mitmenschen sind uns dankbar, wenn wir uns Ihnen gegenüber mitteilen. Das bedeutet: Geben Sie nicht klein bei und verbiegen Sie sich nicht. Seien Sie vielmehr davon überzeugt, dass Sie als Mensch so richtig sind, wie Sie nun mal sind – wenngleich Sie über einige Laster, Mängel, Fehler und Eigentümlichkeiten verfügen. Es braucht Ihnen keinen Anlass zur Sorge bereiten, dass andere ein schlechtes Bild von Ihnen zeichnen oder Sie eben nicht im strahlend positiven Lichte sehen. Sagen Sie sich dann einfach: Was andere von mir denken, ist ihr Problem und nicht meines. Also: Kein Trübsal blasen, denn es ist weithin bekannt, dass Menschen mit einem hohen Glauben an sich selbst und in ihre Fähigkeiten, über mehr Zufriedenheit, Erfolg und Ausdauer verfügen.

Schon häufig hörte ich Menschen sagen: *„Der Unterschied zwischen Menschen, die es zu etwas bringen und anderen ist, dass die, die es zu* *etwas bringen zu fast allem Nein sagen.*" Nun, dies unterstellt einen gewissen Eigennutz und soweit zu gehen, das bleibt nun jedem selber überlassen. Gutgläubige Menschen möchten es jedoch vielen recht machen und haben damit Schwierigkeiten *Nein* zu sagen. Häufig ist dies mit ständigen Hilfestellungen und einer hohen Hilfsbereitschaft verbunden – um von möglichst vielen gemocht zu werden. Das macht jedoch den anderen Menschen glaubhaft, dass sie ihre Probleme nicht eigenständig lösen müssen – und schnell füllt sich jemand ausgenutzt.

Es allen recht machen zu wollen, hat noch weitere in uns verwurzelte Gründe. Ein *niedriges Selbstwertgefühl* ist Hauptverursacher dafür, wenn wir glauben nicht wertvoll genug für andere zu sein – und wir uns selbst für andere vernachlässigen. Häufig steht das in Verbindung mit einem negativen Bild von uns selbst, welches uns dazu verleitet die Anerkennung anderer zu suchen. Tief in uns steckt das evolutionäre Bedürfnis nach dieser *Anerkennung* – und *gegen Ausgrenzung*. Unsere Verhaltensweisen werden so ständig an Erwartungen anderer angepasst, obwohl wir das erst gar nicht wollen. Wir entscheiden uns für bestimmte Projekte, Berufe oder Freizeitaktivitäten, ob wir das wirklich möchten oder nicht – wir wollen aber anderen entsprechen und dazugehören. Unsere tiefe innere Prägung ist vielmehr von unserem direkten Umfeld, wie Eltern und anderen Verwandten abhängig, als vom allgemeinen gesellschaftlichen Umfeld. Diese direkte Abhängigkeit von unseren Eltern, die Zuneigung und Fürsorge auf die wir im Kindesalter angewiesen sind, führt dazu unsere Eltern immer in den Vordergrund zu stellen und alles zu tun, um diese zufriedenzustellen. So übernehmen wir von diesen Glaubensansätze (wie: „*Ich bin nur liebenswürdig, wenn ich dauerhafte Hilfsbereitschaft anbiete*"), ohne dass uns dies bewusst ist – das alles ist jedoch auch auf unsere *Erziehung* zurückzuführen und viele Menschen richten sich danach noch heute. Ohne Frage sind

Hilfsbereitschaft, Liebenswürdigkeit und Freundlichkeit edle Eigenschaften eines Menschen, welche eben in sozialen Gemeinschaften und Beziehungen erforderlich sind, um gut mit anderen in unserer Gesellschaft zurechtzukommen. Partnerschaften und Freundschaften erfordern Kompromisse und die Notwendigkeit andere in Lösungsmöglichkeiten einzubeziehen. Einmal nicht seine eigene Meinung stur durchsetzen und die Freundin entscheiden lassen, wie wir den Tag verbringen, ist nicht verkehrt. Aber wenn wir unsere eigenen Bedürfnisse immer hinten anstellen und ständig auf eigene Kosten handeln, dann kann einen dies teuer zu stehen kommen. Daraus resultieren *mangelnder Respekt* gegenüber der eigenen Person und ein *negatives Selbstbild*, welches ohnehin in den meisten Fällen bereits angekratzt sein dürfte. Nicht nur leidet das eigene Selbstbildnis unter diesen Verhaltensweisen, sondern Sie lassen zu, dass Ihr Umfeld sich darauf einstellen wird, Dinge auf Sie „*abzuwälzen*". Wenn man sich selbstlos aufopfert, immer „*Ja*" sagt und alles für alle und jeden tut, merken Menschen das geringe Selbstwertgefühl, die Unsicherheit der Person und die Angst vor Ausgrenzung und Ablehnung – es ist ähnlich wie mit den eingangs erläuterten sozialen „*Chamäleons*", welche nur selten „*reinen Tisch*" machen. Hinzu kommen *Stress* und *Erschöpfung*, wenn unsere Seele und unser Körper nicht mehr mitspielen. Nach außen hin läuft alles wie geschmiert, unsere innere Fassade glänzt jedoch nicht mehr wie es scheint und so geben wir vor Dinge zu mögen, die wir nicht wirklich mögen. Daraus resultiert *Unzufriedenheit*, an welcher der perfide Umstand anhaftet, dass wir, so sehr wir es auch versuchen mögen, es ohnehin nie allen recht machen können. Man tut so viel man kann und wickelt den Kollegen zu liebe einen weiteren Auftrag ab, nur um festzustellen, dass Freunde davon nicht begeistert sind, da man für diese dann nicht die gewünschte Zeit zur Verfügung hat. Die Fassade möglichst lange aufrechtzuerhalten und eigene Bedürfnisse nach hinten zu stellen, ist heute weiter verbreitet, als so manch einer glauben möchte. Unzufriedenheit und ein negatives Selbstbild sind vorprogrammiert und führen neben erfahrenem Leid dazu, dass man selbst zu kurz kommt. Dies ist jedoch nicht mit mangelnder Nächstenliebe gleichzusetzen, sondern mit ungenügender Fürsorge für sich selbst. Anderen zu helfen, ist ohne Frage wichtig, man sollte es jedoch nicht überstrapazieren. Das gilt sowohl dem eigenen Schutz, als auch der Person, welcher geholfen wird. Häufig verleitet dies Personen, welche Hilfe erfahren, zu glauben, sich immer auf andere verlassen zu können und ihre eigenen Probleme nicht selbst lösen zu müssen. Sich für andere Menschen aufzuopfern, um ein gutes Herz zu zeigen, heißt sich selbst nicht zu respektieren. Kümmern Sie sich deshalb mehr um sich selbst, Ihre Zufriedenheit, Ihre Ziele, Ihr Selbstbewusstsein und Ihr Glück. Dadurch können Sie all das Gute, das Ihnen widerfährt, mit Menschen teilen, welche Ihnen nahestehen, am Herzen liegen und auch selbst wiederum zu Ihrem Glück beitragen. So geben Sie nicht lediglich etwas Gutes an diese Menschen weiter, sondern Sie entwickeln sich selbst zu einem besseren Menschen.

Leider leben wir jedoch in einer Gesellschaft, in welcher immer mehr Menschen mit sich selbst nicht zufrieden sind. Viele Menschen sind tief in ihrem Inneren „*zerrissen*" und mögen sich selbst nicht. Die logische Konsequenz daraus ist, dass sie auch mit ihrem Leben und mit anderen Menschen in ihrer Umgebung nicht zufrieden sind. ‚Ich bin zu alt', ‚zu hässlich', ‚zu dick', ‚zu dünn' – wenn das Ihre „*Mantras*" sind, so werden Sie nicht mit Ihrem Leben zufrieden sein. Aber wie am besten eine bessere Einstellung zum Leben gewinnen? Zum einen sollten Sie sich darüber im Klaren sein, dies alleine zu lösen. Der größte Fehler, den Sie machen können, ist sich mit anderen Menschen auf die Suche zu begeben, wer oder was man wirklich ist. Sie müssen das schon selber herausfinden, denn jeder trägt seine eigenen Vorurteile mit sich herum – auch Ihr engster Kreis an Mitmenschen. Zum anderen können Sie sich der *Affirmation* bedienen. Die Affirmation ist eine wertende Eigenschaft mit der Bejahungen, Zustimmungen, positive Charakteristika oder Zuordnungen beschrieben werden können. Vereinfacht ausgedrückt bedeutet dies, dass eine Aussage, Handlung oder Situation positiv bewertet wird. So kann eine positive Affirmation beispielsweise sein: „*Es geht mir jeden Tag besser, da ich ein glücklicher, intelligenter und herzerfüllter Mensch bin.*" Da Sie das nun wissen, erkennen Sie auch, dass sich unsere negativen Überzeugungen genauso entwickeln. Leider bemerken dies die meisten Menschen erst gar nicht, finden sich in einer „*Abwärtsspirale*" wieder und sagen sich diese negativen Dinge so lange, bis sie diese selbst glauben – auch wenn sie erst gar nicht zutreffen.

Selbsterkenntnis ist eines der edelsten Güter, welches Menschen erreichen können. Grenzen, Einschränkungen, Hindernisse und andere Dinge, welche Menschen uns in den Weg legen, all das zählt nicht, wenn Sie sich selbst erkannt haben – dann haben Sie eine Freiheit erlangt, welche nur sehr wenige Menschen jemals erreichen. Glauben Sie, Sie würden mit 70 Jahren noch einen Marathon laufen oder eine andere neue Sportart beginnen, würden Sie auf andere Menschen hören? Mitnichten. Wenn ich in meinem Leben immer nur auf andere Menschen gehört hätte, so hätte ich längst das Zeitliche gesegnet. Deshalb sollten Sie sich immer in Erinnerung rufen, wenn Menschen Sie in Ihrem Vorankommen einschüchtern oder „*decken*" möchten, so tun als wären sie Ihre Freunde aber es in Wirklichkeit nicht sind oder Ihnen gefühllos, geringschätzend oder abweisend entgegentreten, so zeigt das lediglich die gepeinigten Geister derjenigen, welche diese Abfälligkeiten von sich geben.

Verzeihen ist deshalb so wichtig, da es hilft mit Feindseligkeiten, Grausamkeiten und Kränkungen, die einem widerfahren, besser zurechtzukommen. Menschen verurteilen sich für ihre Vergehen zumeist selbst und ihr „*innerer Richter*" bestraft sie dafür härter als jedes weltliche Gericht. Die beste Art sich in Vergeltung zu üben ist daher, es dem Beleidiger oder Verursacher unheilvoller Taten nicht gleichzutun. Wenn wir dem Zorn nachgeben, schaden wir uns ganz sicher selbst. Wir tun damit unserem Gemütszustand nichts Gutes, schlafen schlecht und setzen uns dadurch einen grimmigen Blick auf. Nicht nur, dass unser innerer Frieden deshalb leidet, entfremden wir uns so immer mehr von Freunden und Besuchern und wir machen das Leben für unsere Mitmenschen nicht einfacher. Zornig und wütend zu sein, hat folglich keinen *Sinn* für Sie. Wenn Sie daran festhalten, dass jeder einmal für seine Übel- und Schandtaten zur Rechenschaft gezogen wird – in diesem oder im nächsten Leben – fällt es Ihnen leichter Zorn, Groll und Hass nicht länger mit sich tragen zu müssen. Dieses Gesetz von *Ursache* und *Wirkung* ist so alt wie die Menschheit und es existiert in allen 5 Weltreligionen. Sie mögen nicht immer sofort recht behalten und rasche Befriedigung daraus ziehen, aber es hilft Ihnen und Sie werden dadurch mehr Glück und Freude erfahren.

Erfolg(-reich), Ruhm und Ehre

Unglück macht Menschen. Wohlstand macht Ungeheuer.

– *Victor Hugo*

Was nur ist es für die Menschen, was sie erlangen möchten, worin sie ihr Glück finden und wonach es sich zu streben lohnt? Sind es *Ruhm* und *Ehre*, um unvergessen zu bleiben? Denken wir an einst geniale oder auch abscheuliche Gestalten, welchen Namen wie *François de Sade*, *Cato* oder *Carl Ludwig Johann* zugeordnet werden können. So wie diese und andere Namen gibt es eine nicht enden wollende Anzahl an Wörtern und Dingen, die einst gebraucht wurden, nun jedoch in Vergessenheit gerieten. Legenden, Mythen, Sagen – sie alle haben eines gemeinsam, nämlich dass sie im „*Nichts*" versinken. Viel robuster als *Ruhm* und *Ehre* ist da schon ein geistig-seelischer Zustand, der alles was Ihnen widerfährt, als notwendiges Gut erachtet, welches einer Naht entspringt, die nicht mehr zu finden ist. Dazu gehört auch im Einklang mit seinen wahren Überzeugungen und Gefühlen zu stehen und ein Leben nicht lediglich für sich zu leben, sondern auch jenes anderer Menschen zu verbessern. Dies soll Sie daran erinnern, ein Leben in Fülle zu leben und nicht nach Ruhm und Ehre zu streben. Ruhm und Ehre sind leere Floskeln, da das Andenken an die Menschen, deren Antlitz einst so hell leuchtete und als „*unverwundbar*" galt, doch wieder in Vergessenheit geriet. Unvergessenheit mag ein Ziel oder ein Zustand sein, für den es sich auf den ersten Blick zu kämpfen lohnt. Aber sobald sie tot sind, erlischt das Licht, als wären sie nie da gewesen, als wären sie nie unter uns verweilt.

Warum dann das Streben nach gesetzten Zielen, nach Erfolg, Anerkennung und Achtung? Von *Marie von Ebner-Eschenbach* entstammt das Zitat, nach welchem „*der sich nicht arm nennen soll, dessen Träume nicht in Erfüllung gegangen sind. Wirklich arm ist nur, wer nie geträumt hat."* Sie verweist auf die Wichtigkeit von „*Träumen*", auch wenn diese erst gar nicht eintreten müssen. Dennoch sind hierzu Ziele und ein geplantes Vorgehen erforderlich. Jeder Mensch hat andere Ziele, Träume und Wünsche nach wahrem Glück und Erfolg. Wir haben diesbezüglich nicht nur unterschiedliche Auffassungen, sondern auch andere Ansprüche daran und stellen uns darunter ebenso etwas anderes vor. So unterschiedlich die Herangehensweisen und das Verständnis dieser Begrifflichkeiten auch sein mögen, wir suchen die Wege dorthin auf verschiedene Art und Weise. Ob wir nun versuchen Vorbildern nachzuahmen, um einmal in denselben „*Schuhen*" wie diese zu stecken oder wir Dinge immer wieder probieren, bis sie letztlich funktionieren oder wir nur von Wünschen getrieben werden, ohne diese je in die Realität umzusetzen. Menschen, welche letztere Vorgehensweise wählen, warten zumeist ihr Leben lang auf das wahre Glück in der Hoffnung, dass es ihnen eines Tages in den „*Schoß*" fallen mag. Eine sehr wichtige Entscheidung, welche Sie in Ihrem Leben deshalb treffen können und mit der Sie Ihr Glück langfristig sichern, ist, dass zu tun was Sie lieben. Häufig ist es das einzige, was Sie am Laufen hält. Finden Sie das, was Sie lieben und machen Sie sich alles zunutze, was Ihnen Ihr Leben derzeit bietet. Ihre Arbeit wird einen großen Teil Ihres Lebens ausfüllen und der einzige Weg, wirklich zufrieden damit zu sein, besteht darin, das zu tun, was Sie für hervorragende Arbeit halten, Erfolg dabei zu haben und glücklich dadurch zu sein. Wenn Sie dies noch nicht gefunden haben, suchen Sie weiter und geben Sie sich nicht mit weniger zufrieden. Wenn Sie sich an die folgenden *6 Schritte* halten und diese immer wieder anwenden, wird Ihnen dies besser gelingen:

(1) Zunächst müssen Sie (mutige) Ziele haben und diese entwickeln – klar entscheiden was Sie wirklich erreichen wollen. Wenn Sie es noch nicht

wissen, dann probieren Sie einfach. *(II)* Sie müssen gewillt sein, tatkräftig die notwendigen Maßnahmen zu ergreifen und sich darüber bewusst sein, welche Methoden sich als wirksam und welche sich als unwirksam erweisen. *(III)* Wenn Sie Ihre Ziele verfolgen, werden Sie auf Misserfolge und Fehler stoßen – folglich gilt es diese zu identifizieren und Sie dürfen diese nicht dulden. *(IV)* Die Grundursachen der Fehler und Misserfolge müssen diagnostiziert werden – Schwächen können bei Ihnen oder auch bei jedem anderen liegen. *(V)* Sobald Sie Fehler, Risiken und Schwächen identifiziert haben, entwerfen Sie Problemlösungsansätze, um dagegen vorzugehen. *(VI)* Bedienen Sie sich aller Hilfsmittel, welche das Leben Ihnen auf Ihrem Weg bietet, um die gewünschten Ergebnisse durchzusetzen.

Jeder, der seine Ziele, Träume und Wünsche nach wahrem Glück und Erfolg langfristig gesichert hat, hat diese _6 Schritte_ eingeleitet. Wenn Sie das immer und immer wieder tun, werden Sie unweigerlich das erreichen, was auch immer Sie zuwege bringen wollen. Sie benötigen dazu ein Maß an Entschlossenheit, denn wenn Sie sich an diese Schritte halten, werden Sie auf Probleme stoßen und Sie müssen lernen damit zurechtzukommen. Tun Sie das immer wieder und mit der nötigen Entschlossenheit, werden Sie unweigerlich Ihre Ziele, Träume und Wünsche erreichen.

Sie können das Ergebnis Ihres Ziels bzw. Vorhabens nicht kontrollieren, jedoch können Sie für die jeweilig anstehende Aufgabe, die Hingabe, den Aufwand und das Geben von 100 Prozent von sich selbst kontrollieren. Und was dann auch immer passieren möge, das passiert dann auch. Setzen Sie einen Fuß vor den anderen. Das hilft Ihnen und kann so Ihr ganzes Leben leiten. *Michael Jordan* sagte einmal: „*Ich habe in meinem Leben immer wieder versagt, und deshalb habe ich Erfolg.*" Als Student hatte er es nicht in sein College-Basketballteam geschafft, jedoch nutze er dann seinen Fleiß und seine überdurchschnittliche Arbeitsmoral und Willenskraft, um der erfolgreichste Basketballspieler aller Zeiten zu werden. Dabei gilt es stets die eigene Integrität und Loyalität im Auge zu behalten. Nachhaltiger, langfristiger Erfolg beruht auf ehrenwerten Verhaltensweisen. Nicht zuletzt deshalb, da die Menschen dann eher gewillt sind einander zu vertrauen. Karrieren, welche auf Einschüchterung, Prahlen und unaufrichtigen Verhaltensweisen gebaut sind, stehen auf wackeligen Fundamenten und finden früher oder später ein jähes Ende. Es kann schon eine Weile dauern, aber letztendlich kommt dies zum Vorschein. Menschen von tiefer Integrität sind jene Menschen, welche langfristig Erfolg haben, ihren Weg gehen und auch in unsicheren Zeiten Halt finden.

Nun, Sie müssen schon handeln und Ihre Pläne und Vorhaben in die Realität umsetzen. Wir denken jedoch zumeist zu viel, auf falsche Weise, zögern und haben Angst davor Fehler oder Risiken zu begehen. Wir warten auf die beste Gelegenheit, in der Hoffnung sie ohne großes Zutun zu erhalten – während unser Leben und mit diesem die sich bietenden Gelegenheiten an uns vorbeiziehen. Das langfristige Glück, Ihre Ziele und Träume verwirklichen sich, wenn Sie Ihr Augenmerk auf die langfristige Perspektive ausrichten. Was heißt das konkret? Viele Probleme werden verkannt und nicht richtig gelöst, weil Menschen sich kurzfristigem Denken verschreiben: Zigarettenkonsum, üppiges Essen, Alkohol und mangelnder Sport mögen <u>kurzfristig</u> angenehmer sein (1. Konsequenz: Zeitersparnis, Genuss, weniger Schmerzen), aber <u>langfristig</u> führt es zu weniger wünschenswerten Begleiterscheinungen (2. Konsequenz: unzureichende Fitness, mangelnde Gesundheit, entsprechendes Erscheinungsbild). Menschen, die wählen, was sie wirklich wollen, sind sich dessen bewusst (sie denken in Entscheidungen 1., 2. oder 3. Ordnung), halten sich von Versuchungen fern und überwinden Hindernisse, welche sie von ihren Zielen abhalten.

Ihre Ziele, Träume und Ihr berufliches Vorankommen werden sich nicht immer gleich einstellen oder so entwickeln, wie Sie dies gerne hätten. Erfolg und Misserfolg ereilen Sie nicht über Nacht, aber es sind die kleinen Entscheidungen, die Ihnen entlang des Weges unterkommen und welche es mit Beharrlichkeit zu meistern gilt. Es ist jedoch nie zu spät und Sie werden immer die Möglichkeit haben, einen Neuanfang zu machen. Ihre Kunden, Kollegen, Freunde, Verwandte, Bekannte oder Geschäftspartner mögen abtrünnig geworden sein, zweierlei haben Sie jedoch niemals eingebüßt bzw. werden Sie erfahren: *(I)* Wer immer strebend sich bemüht (nach Goethes „*Faust*") wird früher oder später die Früchte seiner *Saat* ernten und *(II)* Sie sind um eine Erkenntnis reicher, die dafür Sorge trägt, dass Sie zukünftige Fehler und Risiken vermeiden. *Chester Barnard* beschreibt es so, dass einen Versuch zu wagen und dabei zu scheitern zumindest einen Gewinn an Wissen und Erfahrung einbringt. Nichts riskieren bedeutet hingegen einen nicht abschätzbaren Verlust auf sich zu nehmen – den Verlust des Gewinns, den das Wagnis möglicherweise eingebracht hätte. Betrachten Sie den Augenblick Ihrer Niederlage als großes Geschenk (auch wenn es im Augenblick nicht so aussehen mag). Er schafft die nötige Gewissheit dafür, dass Sie zwei Dinge keinesfalls verlieren können: *(I)* Ihr geistiges Bewusstsein, welches immer frei ist und *(II)* dass Sie über die Kraft verfügen, dieses nach eigenem Ermessen, Gespür und Bedarf einzusetzen. Bei all den Zielen, Erfolgen, Misserfolgen und Träumen vergessen Sie eins nicht: Jeder Tag kann als verloren angesehen werden, an dessen Ende Sie rückblicken und feststellen, dass Sie an diesem Tag keine gute Tat erbracht haben. Eines der wohlwollendsten Dinge, die Sie für einen Menschen tun können, ist ihm Ihre Zeit, Achtung und Aufmerksamkeit zu schenken. Bereiten Sie jemanden Freude, sei es durch ein freundliches Wort, eine gute Tat oder ein kleines Geschenk. Das bewirkt in der überwiegenden Anzahl der

Fälle, dass Ihre Tat und Sie nicht einfach vergessen werden – und vor allem *Dankbarkeit*. Jeder, der sich dies zum Grundsatz gemacht hat, weiß, dass man durch eine gute vollbrachte Tat genauso profitiert, wie derjenige, der den ursprünglichen „*Vorteil*" daraus zieht.

Entspannter, gelassener und unbekümmerter leben – der Schlüssel zum Glück

Herr, gib mir die Kraft, die Dinge zu ändern, die ich ändern kann, die Gelassenheit, das Unabänderliche zu ertragen und die Weisheit, zwischen diesen beiden Dingen die rechte Unterscheidung zu treffen.

– Franz von Assisi

Auch wenn wir uns darüber nicht immer bewusst sind, so verfügt jeder von uns über die Gabe weit vorauszudenken. Jedoch weiß niemand von uns, was in den nächsten Stunden, Tagen oder Wochen sicher passieren wird und das bereitet den Menschen Unsicherheit und Sorgen. Die Lösung könnte so einfach sein, wenn wir nur mehr im *Hier* und *Jetzt* leben würden. Das heißt nicht, sich dann und wann nicht auch einmal in Selbstreflexion zu üben – aber nur in Maßen, denn Sie wissen: Man kann einmal Widerfahrenes nicht wieder rückgängig machen. Deshalb zählt der Augenblick und nicht, dass Sie an bedrückende oder belastende Dinge oder Situationen denken. Und wenn Sie diese doch ereilen sollten: Sie können an jeder noch so misslichen oder festgefahrenen Lage etwas Gutes für sich erkennen. Es gibt nichts Schlechtes, in dem nicht auch ein Körnchen Gutes steckt. Mit dieser Einstellung kommen Sie mit alltäglichen Situationen besser zurecht und Sie wissen, dass nichts im Leben umsonst geschieht. Seien Sie entspannter, unbekümmerter und gelassener und sagen Sie sich, dass es nur langweilig wäre, bereits im Vorfeld über den Ausgang des eigenen Lebens Bescheid zu wissen. Alles was Ihnen in Ihrem Leben widerfährt, kommt Ihnen früher oder später wieder zugute – auch wenn Sie nicht immer sofort den *Sinn* dahinter verstehen. Es ist nicht immer einfach, die Schicksalsschläge und Geschehnisse miteinander zu verbinden, wenn sich diese gerade ereignen, aber es wird Jahre später sehr viel klarer sein – nämlich wenn Sie darauf zurückblicken.

Deshalb sollten Sie sich nicht im *Jetzt* um die *Zukunft* sorgen. Das hilft Ihnen weniger eingebildete Probleme zu haben, weniger ernst und mehr gelassen zu sein. Der Weg zu einem unbekümmerten Leben, frei von Sorgen und der Angst Fehler zu machen, liegt im Müßiggang und der Fähigkeit gelassener gegenüber sich und seinen Mitmenschen zu sein. Es mag den Anschein einer abgebrühten *Floskel* erwecken, aber die Menschen sind sich selbst nicht darüber im Klaren, dass jeder von uns nur dieses eine Leben auf dieser Welt hat und über besondere Bedürfnisse, Eigenschaften und Fähigkeiten verfügt. So verwundert es nicht, dass es keinen „*Heiligen Gral*" zu mehr *Gelassenheit* und *Muße* gibt. Dessen ungeachtet können sich einige Erfahrungen auch für Sie als nützlich erweisen. Dazu gehört: *(I)* Sich an alltäglichen Kleinigkeiten und Nebensächlichkeiten zu erfreuen und die kleinen Dinge im Alltag mit mehr Beschaulichkeit und Gelassenheit zu sehen, *(II)* großzügiger zu sein, *(III)* zu verstehen, dass manche Dinge im Leben einfach passieren, *(IV)* sich der positiven (als auch negativen) Wirkung der selbsterfüllenden Prophezeiung bewusst zu sein und positiv über sich selbst zu denken, *(V)* Ihre freudvollen Momente schriftlich niederzuschreiben, *(VI)* häufiger zu lachen und *(VII)* die Gemeinschaft gelassener Menschen zu suchen, denn Sie können dann selbst mehr entspannen. Dennoch sollten Sie Ihr Leben bewusst und mit allen *Sinnen* gestalten. Es hilft darauf zu vertrauen, dass Ihr Tun und Handeln richtig war und sich nicht mit anderen zu vergleichen – das führt zumeist nur zu Enttäuschungen. Manche Dinge obliegen dabei mehr dem Zufall und weniger der Beeinflussung, sodass Sie verstehen dort zu gestalten, wo Sie können und sich weniger ernst zu nehmen, wo Sie über geringere Einflussmöglichkeiten verfügen. Das Wissen um die eigene Bedeutungslosigkeit ist es auch, das hilft, damit Sie nicht nur leichter durchs Leben kommen, sondern Sie nehmen sich dadurch selbst weniger wichtig. Menschen mit großem Ego mag dies schwer fallen – aber es tut ihnen gut! So können Sie stets jeder Sache die positive Seite abgewinnen und Sie fallen auf die lustigere Hälfte des Lebens.

Das soll nicht heißen, dass Sie von allem Unheil verschont bleiben werden. Belastende Situationen, Fehler, Risiken und Probleme sind enorm wichtig, denn sie erfordern ein Umdenken und das bringt Sie weiter voran und zeigt neue Perspektiven auf. Wenn Sie Schwierigkeiten stets vermeiden, Sie diese niemals direkt angehen, dann treten Sie auf der Stelle und kleine Probleme können sich sehr schnell zu größeren „*mausern*". Je mehr Sie dabei an sich glauben und von sich überzeugt sind, desto besser können Sie dies meistern. Menschen mit einem starken Glauben an sich selbst, sind resilienter und verfügen über mehr Geduld und Beharrlichkeit. Lachen, Humor und stets die entspannte Seite des Lebens zu betrachten, sind allgemein sehr gute Mittel um mit den täglichen Strapazen des Lebens besser zurechtzukommen. Diejenigen, die lächeln sind es, die dem „*wahren Leben*" tatsächlich näher sind – dadurch stellt sich auch ein höheres Glücksempfinden ein. Wenn Sie zu hart mit sich selbst ins Gericht gehen und sich erst dann erlauben, glücklich zu sein, wenn Sie alle Fehler ausgemerzt und Probleme gelöst haben, werden Sie niemals wirklich glücklich sein. Die meisten Menschen hindert am Erreichen des Gefühls des Glücklichseins, dass sie sich die „*rosigste*" Zukunft ausmalen, aber gar nicht so richtig wissen, wie es nun mal ist, in der Gegenwart zu leben. Anstatt ihr Leben in der Gegenwart zu verbringen und es dort voll auszukosten, geben sie sich dem Gedankengang „*Wenn-Dann*" hin. Sie widmen sich unrealistischen Zukunftsvorstellungen, verabsäumen das „*Jetzt*" und merken erst viel später, dass sich die „*Wenn-Dann*" Projektionen nicht so entwickeln, wie sie hätten sollen. Es ist so ähnlich wie wenn Sie auf Ihrem Sterbebett liegen – es kann schon zu spät sein, aber das, was andere über Sie denken, ist bereits weit von Ihrem Verstand entfernt. Furcht und Ärger aufgrund von Versäumnissen sind häufig bei sterbenden Menschen zu vernehmen, so auch dieses „*Wenn-Dann*". Schieben Sie deshalb Ihre Träume nicht auf und setzen Sie Ihre Ziele und Ihre Wünsche um, denn der beste Zeitpunkt ist immer: „*Jetzt!*" So hilft es Ihnen, sich vorzunehmen, die Anzahl der Dinge zu minimieren, welche Sie bereuen würden. Wenn Sie mit 60, 70 oder 80 Jahren bereuen würden, ein Vorhaben versucht zu haben (mitunter etwas was vielleicht eine „*große Sache*" werden könnte), so sollten Sie dieses auch umsetzen. Zu wissen etwas nicht zu bereuen, wenn Sie auch versagen würden, aber auch zu wissen, dass Sie es möglicherweise bereuen würden, es jemals versucht zu haben, ist eine gute Basis Dinge in ferner Zukunft nicht zu bereuen.

Sicherlich ist es nicht leicht im Vorfeld zu wissen, was Sie denn einmal bereuen würden, da wir häufig nicht einmal selbst wissen, warum wir in einer Weise handeln wie wir nun mal handeln (oder auch Vorhaben nicht umsetzen oder Dinge unterlassen). Bei unseren Mitmenschen hingegen sind wir uns jedoch immer absolut sicher, deren Motive, Hinter- und Beweggründe zu kennen. Wir reagieren gereizt, da wir anderen Mutmaßungen anlasten, ohne konkret zu wissen, warum Mitmenschen bestimmte Dinge so tun, wie sie diese nun mal erledigen. *Also*: Nehmen Sie harsche und verletzende Worte und Handlungen nicht persönlich – denn Sie wissen nicht wirklich, was dahintersteckt. Halten Sie inne und fragen Sie sich: Was muss ihm denn Böses widerfahren sein, dass er auf mich so reagiert?

Wenn Sie stets Ihr Augenmerk nur auf das richten, was schlecht und negativ behaftet ist, was oder wer Ihnen nicht wohl bekommen ist, dann werden wir dies mit ziemlicher Sicherheit auch finden, aber übersehen all das Positive um uns herum und die „*Blumen*" auf unseren Wegen. Und sollten Sie wirklich einmal nicht mehr weiter wissen und Ihre Lage so misslich sein, dass Sie starke Zweifel an sich und der Welt haben, so „*spulen*" sie gedanklich einfach vor und wenden Sie sich danach wieder Ihrem gewohnten Tun zu. In einem Jahr bzw. 365 Tagen werden Sie ohnehin kaum mehr Gedanken oder Erinnerungen daran verschwenden – entweder weil sich die Dinge ohnehin geklärt haben oder aber Sie haben gelernt, damit zurechtzukommen.

Wege um (un-)glücklich zu werden

Der Zufall ist das Pseudonym, das der liebe Gott wählt, wenn er inkognito bleiben will.

– Albert Schweitzer

So wie es viele Wege zum Unglücklichsein gibt, gibt es ebenso viele um glücklich zu sein. Beide sollen näher beleuchtet werden, da das Leben nun einmal kostbar, zerbrechlich und unberechenbar ist. Jeder Tag ist ein Geschenk, deshalb sollten die Menschen aufhören, sich so viele Gedanken über die bedeutungslosen und kleinen Strapazen des Lebens zu machen. Es gilt sich vielmehr in Erinnerung zu rufen, dass uns allen früher oder später das gleiche Schicksal ereilt. Also sollten wir alles tun, was wir können, damit sich unsere Zeit mit viel Liebe und Glück ausfüllt, sodass sie sich großartig anfühlt. In den Momenten, in welchen Sie über unbedeutende Dinge klagen (etwas, das uns immer erst dann auffällt, wenn wir wahre Probleme haben), denken Sie einfach an jemanden, der mit wirklichen Schwierigkeiten zu kämpfen hat. Das hilft Ihnen dankbar für Ihr kleines Problem zu sein, einfacher darüber hinwegzukommen und Sie beeinflussen andere Menschen damit nicht negativ. Sie stecken vielleicht im Stau, können aufgrund Ihres Kleinkindes schlecht schlafen, sind zu groß, zu klein, zu dick zu dünn oder was auch immer – wenn es wirklich ernst wird und Sie an der Reihe sind, zählt das alles nicht. Seien Sie deshalb dankbar für jeden Tag, an dem Sie keine Schmerzen oder andere Einschränkungen haben. Aber auch die Tage, an denen Sie sich mit Husten, einem verstauchten Knöchel oder sonstigen Beschwerden unwohl fühlen, können Sie als mühselig akzeptieren, jedoch gleichzeitig dankbar sein, dass sie nicht lebensbedrohlich oder gar tödlich verlaufend sind.

Deshalb am besten weniger jammern und mehr einander helfen. Es ist wahr, dass Sie dann mehr Glück empfinden, wenn Sie mehr Dinge für andere tun, als für sich selbst. Jemandem zum Geburtstag gratulieren, aufrichtige Wertschätzung vermitteln oder ein einfühlsames Kompliment führt nicht nur bei Ihrem Gegenüber zu Dankesworten und positiven Empfindungen, sondern dies gibt auch Ihnen ein gutes Gefühl – einfach nur, weil Sie für einen anderen Menschen etwas tun und das muss erst gar nicht viel sein. Es gehört zu den ureigensten Naturgesetzen: Je mehr Sie geben, desto mehr bekommen Sie auch. Es ist wie wenn Sie jemanden anlächeln – er wird auch Sie anlächeln. Glück gleicht einem Bumerang, einmal weggegeben kommt es unweigerlich auf mitunter auch unverhoffte Art und Weise wieder zurück. Für Menschen ist es häufig eigenartig zu wissen, dass das wonach sie streben (beispielsweise Glück), einfach zu erhalten ist und sie noch mehr davon bekommen, indem sie es aus freien

Stücken verschenken. Es gibt kein größeres Glück, als anderen Mitmenschen Freude zu schenken und ihnen helfen zu können. Um Freude und Glück selbst zu erfahren, brauchen Sie beides ganz einfach nur anderen Menschen schenken. Das hat den angenehmen Nebeneffekt, dass es von den eigenen Sorgen ablenkt. Es kann Ihnen ebenso ein besseres Gefühl geben, lieber Ihren Freunden etwas zu kaufen, anstatt selbst Schmuck, Mode und andere Accessoires Ihr Eigen zu nennen. Freunde, Verwandte und Bekannte zum Kochen oder Essen einladen, ihnen Blumen oder eine Kerze geben und ihnen sagen, was sie Ihnen bedeuten, wenn Sie es ihnen schenken, wird auch Ihnen schöne und glückliche Momente bescheren. Viele Zeitgenossen mögen aus Scham und anderen „*Hirngespinsten*" davor zurückschrecken anderen Menschen etwas zu geben oder zu helfen. Sagen Sie sich einfach, dass knapp 8 Milliarden Menschen auf dem Planeten Erde leben. Wenn ein paar Ihrer Zeitgenossen Sie aufgrund Ihres gewählten Verhaltens nicht akzeptieren, bedeutet das getrost nicht, dass Sie einsam und verlassen auf dieser Welt dahin schwelgen werden. Leider handelt das Verschenken häufig von materialistischen Dingen und dem Druck des Einkaufens. Aber es reicht bereits sich die Mühe zu machen, etwas Nettes füreinander zu schreiben. Worte und einfach geschriebene Karten bedeuten mehr als jedes impulsive „*Kaufgelage*" (wenn Sie keine Grußkarte haben, dann basteln Sie sich eben eine; ein Stück Papier, wenn auch aus dem Papierkorb, kann da schon seinen Zweck erfüllen; Geschenke müssen nicht teuer sein). Wohlgemerkt wird ein kleines Kind dafür weniger Verständnis aufbringen, dennoch soll es bedeuten, dass „*bestechende*" Geschenke für sinnvolle Festivitäten nicht nötig sind.

Das Streben nach Glück ist so alt wie die moderne Zivilisation. *Bücher, Elixiere, Religionen* und *Philosophien* widmen sich diesem Thema. Glück ist eine Suche, eine Besessenheit und ein universelles Streben, das die

Menschheit seit jeher verfolgt. Dabei reichen schon ein paar kleine allgemeine positive Lebenseinstellungen und Verhaltensweisen, wie früh aufzustehen und dem Vogelgezwitscher zu lauschen oder den Sonnenauf- oder -untergang zu beobachten, um seinem Glücksempfinden nachzuhelfen. Für den einen mag das Hören bzw. Machen von Musik Therapie sein, für den anderen wieder das Kuscheln mit einem Hund. Zwischenmenschliche Beziehungen, das Reden mit Freunden, die Natur und frische Luft tun uns dessen ungeachtet zumeist allen gut. Sagen Sie jedoch „Nein!" zu Dingen, die Sie wirklich nicht tun wollen. Tun Sie deshalb vielmehr, was Sie glücklich macht. Reisen Sie, wenn es denn Ihr Wunsch ist, lassen Sie es, wenn es nicht Ihr Wunsch ist. Und essen Sie die Torte oder den Kuchen ohne Schuldgefühle zu verspüren. Fühlen Sie sich allerdings nicht unter Druck gesetzt das zu tun, was andere Zeitgenossen für ein glückliches, erfülltes Leben halten. Vielleicht möchten Sie ein bescheidenes, weniger aufregendes oder mittelmäßiges Leben und das ist auch in Ordnung so.

All das ist jedoch vollkommen unbedeutend, wenn Sie das Leben als Gesamtheit einzelner erlebter Momente betrachten. Nur eines nicht: Ihre Mitmenschen und Liebsten. Erzählen Sie ihnen deshalb, dass Sie sie lieben, wenn Sie die Chance dazu haben und lieben Sie mit allem, was Sie haben. Wie oft hört man Menschen, welche sich über die schreckliche Arbeit oder die unzumutbaren Kollegen beklagen, oder wie schwer es ist sich zum Sport zu überwinden – dabei könnten wir ebenso dankbar sein, dass wir gesundheitlich und körperlich dazu überhaupt in der Lage sind. Körperliche Aktivitäten, Beruf und all die anderen trivialen Dinge mögen selbstverständlich klingen, bis der Tag kommt, an dem wir erinnert werden, nicht mehr so zu können, wie wir können wollen. Zu versuchen ein gesundes Leben zu führen, seinen Körper und geistig-seelischen Zustand zu schätzen wissen, das mag in Ordnung sein – jedoch soll man es auch nicht übertreiben. Der funktionierende physische Körper ist das eine, aber nicht zu vergessen an seinem geistigen und emotionalen Glück zu arbeiten das andere. So können medial aufbereitete Versuchungen und Schönheitsideale einfacher und schneller in Vergessenheit geraten. Nicht zuletzt tragen die heutigen sozialen Medien dazu bei, sich schlecht zu fühlen. Denken Sie ebenso daran, was auch immer Sie betrübt oder unglücklich macht, Sie haben die Kraft es zu ändern. Sei dies in der Liebe, in Ihrem Beruf oder wo auch immer Sie mit Herausforderungen umzugehen haben. Der Mut zur Veränderung ist gerade deshalb so wichtig, da wir nicht wissen, wie viel Zeit uns noch gegeben ist und diese daher nicht mit etwas verschwenden sollten, das uns unglücklich macht.

Wenn wir uns so umsehen, ist zumeist vom Glück die Rede, aber was braucht es, um unglücklich zu sein? In mancher Hinsicht ist dies einfacher als das Glück selbst finden zu wollen. Die Praxis und viel Lebenserfahrung bieten ein *einfaches Rezept* für *echte Unzufriedenheit*: ***(I)*** So brauchen Sie sich lediglich mit anderen zu *vergleichen*. Die Liebe zum Vergleich ist die Wurzel vielen Elends. Beurteilen Sie Ihren Erfolg oder Wert daher anhand anderer Personen, insbesondere derer mit einem anderen Hintergrund als Sie. Tun Sie dies kontinuierlich und suchen Sie immer nach einem neuen Konkurrenten, in dem Ihr ideales Unglück steckt. ***(II)*** Haben Sie *keine Freude* an Ihrer *Reise* durch das Leben. Konzentrieren Sie sich nur auf das Ziel, ohne die Fahrt dorthin zu schätzen. Feiern Sie keine kleinen Erfolge und vergessen Sie, darüber nachzudenken, wie weit Sie gekommen sind. ***(III)*** Weigern Sie sich, sich selbst *herauszufordern*. Nehmen Sie es ohne wenn und aber hin und kommen Sie zu einer Routine. Glauben Sie, dass jeder Stress schlecht ist und versuchen Sie, sich keine Ziele oder sonst etwas zu setzen. ***(IV)*** *Jammern* und beschweren Sie sich bei jedem der zuhört. Erklären Sie, wie ungerecht die Welt ist und wie Sie die Dinge anders machen würden, wenn Sie das Sagen hätten.

Auch wenn sich die Menschen dieser unglücklichen Verhaltensweisen bewusst sind, so ist das nicht alles und beantwortet nicht gänzlich, warum sie so unzufrieden mit sich selbst sind. Menschen fragen folglich nach weiteren Gründen, welche für ihr Unglück verantwortlich sind. Dabei vergessen sie, dass es wichtig ist ein liebevolles, lebendiges und ehrliches Verhältnis zu sich selbst herzustellen. Wenn Sie dies verabsäumen, werden Sie Gründe für Unglücklichsein kaum identifizieren und sich einsam, im Stich gelassen und missverstanden fühlen. Menschen denken zumeist kaum liebevoll über sich selbst, da wir in einem Umfeld groß geworden sind, wo es galt, sich selbst zu kritisieren oder niederzumachen – sprich nicht gut genug zu sein. Durch diese innerliche Ablehnung, und in weiterer Folge Zerrissenheit, kommen Unfrieden, Unordnung, Wut, Zorn, Groll, Angst, Schuld- und Minderwertigkeitsgefühle und andere negative Emotionen in uns hoch. Die folgenden negativen Gedanken sollen Ihnen zeigen, wie unser Denken dazu beiträgt, uns selbst nicht zu lieben. Menschen, welche kein aufrichtiges und liebevolles Verhältnis gegenüber sich selbst aufbauen, dürfen dann nicht erwarten, dass andere sie lieben können. Daran kommen wir schlichtweg nicht herum und es zeigt sich, dass nicht wertschätzende und nicht liebevolle Gedanken dazu führen, dass Erwartungen sich nicht erfüllen, sondern vielmehr Enttäuschungen daraus resultieren. Prüfen und denken Sie die folgenden negativen Gedanken durch und überlegen Sie, ob Sie damit bereits Ihre Erfahrungen gemacht haben:

- Ich kann mit anderen nicht mithalten.
- Ich habe mich selbst nicht gern.
- Ich bin nicht schön genug.

- Ich bin nicht klug.
- Ich bin erfolglos.
- Meine Leistungen sind unzureichend.
- Meine Leistung ist nicht zufriedenstellend.
- Was sollen andere davon halten.
- Ich bin nicht wertschätzend.
- Ich bin viel zu unordentlich.
- Ich bin eine Zumutung für andere.
- Ich bin zu große Risiken eingegangen.
- Ich hätte das nicht tun sollen.
- Ich habe unnötige Fehler gemacht.
- Ich habe mich zu wenig angestrengt.
- Ich sollte mehr erreicht haben.
- Ich bin nicht gut genug.
- Ich muss mehr für meinen Körper tun.
- Ich bin zu dick.
- Ich bin zu dünn.
- Ich muss abnehmen.
- Ich muss zunehmen.
- Meine Ansichten passen nicht in das Bild anderer Menschen.
- Ich sollte mich schämen.
- Ich bin mir nicht sicher.

Diese negativen Einstellungen und Gedanken gegenüber uns selbst führen zu einem abwertenden Denken und prägen unsere innere (zerrissene) Beziehung. Unausweichlich nehmen unsere Mitmenschen unser (negatives) Denken über uns selbst wahr bzw. *„hören"* es, auch wenn wir nicht mit ihnen darüber sprechen. Unser Wesen und unsere Ausstrahlung sind als Spiegel geistiger und seelischer Vorgänge zu verstehen und als Möglichkeit, die Empfindungen und Einstellungen des anderen „*abzulesen*" – und das tun wir, wenngleich auch unbewusst. So *hören* unsere Zeitgenossen diese (negativen) Gedanken, auch wenn wir diese nicht aktiv ihnen gegenüber kommunizieren.

Diese glücklichen bzw. weniger glücklichen Wege zeigen, dass Glück mehr als markante Zitate und ein gutes Schlaf- oder Musikverständnis erfordert (ganz allgemein ist es nicht möglich Musik als solche verstehen zu wollen; so auch Glück), Unglück jedoch besser zu skizzieren und ziemlich einfach zu erreichen ist.

Leben um nichts zu bereuen

Keine Zukunft vermag gut zu machen, was du in der Gegenwart versäumst.
– Albert Schweitzer

Wie möchten Sie Ihren Liebsten, Ihrer Familie, Freunden, Bekannten und Verwandten in Erinnerung bleiben? Als jemand mit viel Besitz oder jemand der anderen zur Seite steht? Es zählt gar nicht so sehr, *wie lange* wir leben, sondern auf welche Weise wir den Weg durch unser Leben beschreiten. Genießen Sie jeden Tag Ihres Lebens, denn es ist kostbar und nehmen Sie sich und Ihr Leben dabei nicht zu ernst. Auf die Frage: *„Wie hätten Sie Ihr Leben anders gelebt, wenn Sie eine neuerliche Chance gehabt hätten?"* antwortete eine 85-jährige Dame, *Nadine Stair*, die auf Ihr Leben zurückblickte mit diesen poetischen Worten:

> Wenn ich mein Leben noch einmal von vorne beginnen könnte, dann würde ich beim nächsten Mal riskieren, mehr Fehler zu machen. Ich wür-

de die Reise entspannter, flexibler und unbekümmerter antreten. Ich würde weniger Dinge ernst nehmen. Ich würde mehr Chancen ergreifen, mehr Reisen unternehmen, mehr Berge besteigen und mehr Flüsse durchschwimmen. Ich würde mehr Eis essen und weniger Bohnen. Ich hätte vielleicht mehr echte Probleme, aber weniger eingebildete. Sie sehen, ich gehöre zu jenen Menschen, die vernünftig und besonnen sind, Stunde um Stunde, Tag um Tag.

Oh, in meinem Leben gab es auch Augenblicke, die zählten. Wenn ich nochmals von vorne anfangen könnte, dann hätte ich gerne mehr davon. Ich würde sogar versuchen, nichts anderes zu erleben – nur Augenblicke, einen nach den anderen, statt jeden Tag so viele Jahre im Voraus zu leben. Ich gehöre zu den Leuten, die nirgendwo hingehen ohne Thermometer, Wärmeflasche, Regenmantel und Fallschirm. Wenn ich noch einmal die Wahl hätte, dann würde ich mit leichterem Gebäck reisen.

Wenn ich mein Leben noch einmal von vorne beginnen könnte, dann würde ich im Frühling früher Barfuß gehen und im Herbst erst später die Schuhe hervorholen. Ich würde mehr Tanzveranstaltungen besuchen, mit mehr Karussells fahren, mehr Gänseblümchen pflücken.

Ich habe viele Jahre im sozialen Bereich mit kranken und sterbenden Menschen gearbeitet. Dabei erfuhr ich unglaublich viel über diese Patienten und das Leben. Menschen wachsen sehr, wenn sie mit ihren eigenen Schwächen und ihrer Endlichkeit konfrontiert sind und ich habe gelernt, die Wachstumsfähigkeit eines Menschen nie zu unterschätzen. Bei der Frage nach dem Bedauern oder allem, was sie anders machen würden, tauchten immer wieder gemeinsame Themen auf.

So zum Beispiel, dass sich diese Menschen wünschten, den Mut gehabt zu haben, Ihre <u>Gefühle auszudrücken</u>. Viele Menschen unterdrückten ihre Gefühle, um mit anderen Frieden zu halten. Infolgedessen entschieden sie sich für eine mittelmäßige Existenz und wurden nie zu dem, wozu sie wirklich fähig gewesen wären. Viele entwickelten Krankheiten im Zusammenhang mit der Bitterkeit, der inneren Zerrissenheit und dem Groll, den sie infolgedessen forttrugen. Wir können die Reaktionen anderer nicht kontrollieren und wir wissen nicht wie die Leute anfänglich darauf reagieren werden. Wenn Sie Ihre Art zu sprechen ändern, indem Sie ehrlich und aufrichtig Ihre Emotionen kommunizieren, erhöht dies letztendlich die Beziehung auf ein ganz neues und gesünderes Niveau. Entweder das oder es befreit die ungesunde Beziehung aus Ihrem Leben. In jedem Fall gewinnen Sie.

Ebenso bereuen diese Menschen, den <u>Kontakt mit ihren Freunden verloren zu haben.</u> Oft erkannten sie erst in den letzten Tagen und Wochen den vollen Nutzen alter Freunde und es war nicht immer möglich, sie aufzuspüren. Viele waren so sehr in ihr eigenes Leben verwickelt, dass sie im Laufe der Jahre innige Freundschaften verloren hatten. Es gab viel tiefes Bedauern darüber, Freundschaften nicht die Zeit und Mühe gegeben zu haben, die sie verdient hätten. Jeder Mensch vermisst seine Freunde, wenn er stirbt. Es ist nicht unüblich, dass jemand mit einem geschäftigen Lebensstil Freundschaften fallen lässt. Aber wenn Sie vor Ihrem nahenden Tod stehen, fallen die physischen Details des Lebens weg. Die Leute wollen, wenn möglich, ihre finanziellen Angelegenheiten in Ordnung bringen. Aber es sind nicht Geld oder Status, die für sie die wahre Bedeutung haben. Sie wollen vielmehr die Dinge zum Wohle derer in Ordnung bringen, die sie lieben. Normalerweise sind sie dann jedoch zu krank und müde, um diese Aufgabe jemals zu bewältigen. Am Ende kommt es auf Liebe und bedeutende zwischenmenschliche Beziehungen an. Das ist alles, was in den letzten Wochen übrig bleibt, nämlich Liebe und zwischenmenschliche Beziehungen.

Diese Menschen hätten ebenso viel früher darauf geachtet, <u>sich selbst viel glücklicher zu machen.</u> Viele erkannten bis zum Ende nicht, dass Glück eine Wahl ist. Sie waren in alten Mustern und Gewohnheiten gefangen geblieben. Die allgegenwärtige Vertrautheit floss in den „*Venen*" ihrer Emotionen sowie in ihr physisches Leben ein. Aus Angst vor Veränderungen gaben sie anderen und sich selbst vor zufrieden zu sein. Wenn sie jedoch tief in sich waren, sehnten sie sich danach, in richtiger „*geistiger Armut*" zu verfallen, Albernheiten in ihr Leben zu lassen und viel zu lächeln.

Wenn es zu Dingen wie der Arbeit kommt, gibt es jene Menschen, welche das Leben genießen oder diejenigen, welche etwas erreichen wollen. *Wenn das Ende naht, wünschen sich viele Menschen, sie hätten nicht so hart gearbeitet.* Die eigene Jugend oder die Ihrer Kinder kann man nicht mehr wiederholen. Kinder haben auch nur die eine Elternschaft und wenn Vater und Mutter wenig Zeit haben, vermissen Kinder das. Da die meisten Menschen aus einer älteren Generation stammten, waren viele der Frauen nicht mit dem Arbeitsleben beschäftigt und keine Ernährerinnen gewesen – ein Umstand der sich über die Jahre änderte. Männer bedauern jedoch zutiefst, so viel Zeit ihres Lebens auf dem Laufband des Arbeitslebens verbracht zu haben. Wenn Sie mehr Raum für Ihr Leben schaffen, werden Sie glücklicher und offener für neue Möglichkeiten, die besser zu Ihrem gewünschten Lebensstil passen.

Den Mut zu haben, sich im Leben selbst treu zu sein und sich nicht einem Leben hinzugeben, das andere von ihnen erwartet haben – auch das hört man von Menschen, die ihren letzten Weg beschreiten. Wenn Menschen erfassen, dass sich ihr Leben dem Ende zuneigt und klar darauf zurückblicken, ist es leicht zu erkennen, wie viele ihrer Träume unerfüllt geblieben sind. Die meisten Menschen hatten kaum die Hälfte ihrer Ziele und Träume erfüllt, lagen im Sterben. Sie wussten, dass dies auf Entscheidungen zurückzuführen war, die sie selbst getroffen oder nicht getroffen hatten. Es ist wichtig, zumindest einige Ihrer Träume auf Ihrem

Weg oder auch im Rückblick zu ehren – niemand kann sich alle seine Träume erfüllen. Halten Sie sich jedoch immer vor Augen, ab dem Moment, in dem Sie Ihre Gesundheit verlieren, ist es zu spät. Gesundheit bringt eine Freiheit, die nur wenige zur rechten Zeit erkennen – bis die Menschen sie nicht mehr besitzen. Setzen Sie sich Ziele, haben Sie Träume und streben Sie das an, was Sie wirklich wollen – aber genießen Sie auch mit einer Gelassenheit, welche Ihnen das Leben erleichtert. Denn an Ihrem *Sterbebett* ist das, was andere über Sie denken, weit von Ihnen entfernt – es zählte damals nicht und nun noch viel weniger. Dennoch existiert so etwas wie *Karma*. Das Prinzip von *Ursache* und *Wirkung* (= Karma) bezieht sich auf Absichten und Handlungen eines Individuums (*Ursache*), welche die Zukunft dieses Individuums (*Wirkung*) beeinflussen. Gute Absichten und gute Taten tragen zu einem guten Karma und glücklichen Leben bei, während schlechte Absichten und schlechte Taten zu einem schlechten Karma und schlechten Leben beitragen. Es tritt vielleicht nicht so augenblicklich ein, wie es sich so mancher vorstellen mag, aber es passiert. Es kann lange dauern, ist möglicherweise nicht leicht zu erkennen und mitunter nur für Sie, den Betroffenen sichtbar, aber es ist real.

Generell bedeutet Besitz weniger, wenn Sie älter werden und das ist auch gut so, denn Sie können diesen ohnehin nicht mitnehmen. Darüber hinaus entwickelt sich unsere Gesellschaft zunehmend zu einer, in welcher wir auf Besitztümer nicht zwingend angewiesen sind. Eine Gemeinschaft, in der Sie Fahrten, private Unterkünfte und viele andere Dinge mieten können. Erfahrungen, Freude, Freunde und Erinnerungen bedeuten jedoch immer mehr. Deshalb machen Sie etwas was Ihnen Spaß macht und mit jemand anderen. Motorradfahrern, Sport, Musikinstrumente spielen, sich zum Abendessen verabreden oder auf ein Konzert gehen. Es ist alles besser, wenn man mit einem Begleiter unterwegs ist und dies genießt.

Wenn Sie Fotos machen, können Sie auf diese Weise lustige Momente erneut betrachten und ein wenig mehr Glück aus diesen „*herauspressen*". Seien Sie aber immer *Sie selbst*. Wir sind alle Individuen und das zieht andere an – unsere Einzigartigkeit. Versuchen Sie nicht, jemand anderen zwanghaft nachzuahmen, konzentrieren Sie sich auf Ihre Stärken und steigern Sie diese. Jeder kann nicht alles. Versuchen Sie nicht, Ihr *quadratisches „Ich"* in ein *rundes Loch* zu stecken. Aber Ihr *Dreieck* wird andere ansprechen, wenn Sie es einfach leuchten lassen. Das bedeutet nicht auf Biegen und Brechen Ihren Willen durchzusetzen. Leute wissen es mehr zu schätzen, wenn Sie nett sind, wenngleich Sie manchmal zurückzustoßen haben. Sie können eben nicht allen gefallen. Seien Sie dankbar, dass Sie Ihre Freunde, Familie und Kollegen haben. Es gibt diejenigen, die Sie schätzen würden, aber noch nie getroffen haben. Fokussieren Sie sich auf diese Menschen und darauf sie zu treffen, nicht auf diejenigen, die sich nicht darum kümmern. Denn die Zeit beginnt sich irgendwann in Ihren späten Vierzigern oder Fünfzigern zu beschleunigen. Wenn Sie nicht aufpassen, wenn Sie nicht steuern, werden Sie wahrscheinlich nicht dorthin gelangen, wo Sie hinwollen. *Bildung* und *Lernen* bedeuten auf Ihrem Weg alles und dies ist lebenslang zu tun. Bildung muss sich dabei nicht in der Schule zutragen. Aber zu diesem späten Zeitpunkt können wir verstehen, warum Lesen, Schreiben und Rechnen so wichtig sind. Ja, im Internet-Zeitalter sind Lesen und Schreiben sehr wichtig. Und was Mathe betrifft: Sie können *keinen Deal* machen, ohne die Zahlen zu kennen – und die meisten Menschen wollen zumindest einen *fairen Deal* machen. Lernen beschäftigt Sie lebenslang. Sie bekommen dadurch immer wieder Einsichten und letztendlich sterben Sie dann. Das Leben ist ein Puzzle, bei dem Sie ständig neue Teile erhalten. Und Sie können einige Dinge erst herausfinden, wenn Sie diese neuen

Informationen bekommen. Deshalb ist Alter gleich Weisheit und die Jungen mögen ihre Jugend haben, aber die Alten haben das ganze *Glück*. Wie jeder andere auch, bin ich in meinem Leben immer wieder auf sehr erfolgreiche und auf den ersten Blick außergewöhnliche Menschen gestoßen – auch diese besaßen ein gesundes Maß an Bildung oder eine gewisse Bauernschläue. Blickt man etwas hinter deren Fassade, so sind Sie gewöhnliche Menschen, wie Sie und ich. Sie machen Fehler, setzen sich unnötigen Risiken aus und sagen von sich selbst, weder besonders großartig zu sein, noch über keine Schwächen zu verfügen. Sie gehen auf derselben „*Meile*" wie wir alle und haben nicht mehr Glück oder mit weniger Problemen zu kämpfen. Diese Menschen haben häufig die komplette Bandbreite von ganz unten bis nach ganz oben und manchmal wieder zurück erlebt. Das *perfide* an der Sache ist, je mehr man sich anstrengt an die Spitze zu kommen und immer wieder versucht die nächste Etappe dorthin zu erklimmen – der Zusatznutzen dort „*oben*" ist nicht annähernd so hoch, wie viele glauben oder das gerne hätten. Es stimmt, wenn man niemals unten ist, kann man auch nie wissen, wie es sich anfühlt oben zu sein. Aber am wichtigsten ist immer noch zu wissen, was mit zusätzlichem Besitz nicht besser wird: Zwischenmenschliche Beziehungen, Schlaf, Liebe, Essen und Trinken, Freundschaften, das Anhören von Musik. Diese Grundlagen werden nicht besser (aber auch nicht schlechter) mit mehr Besitz. Sie müssen wissen was Sie wollen, denn ein Leben voller Erfolg bedeutet auch beträchtliche Belastungen und erheblich mehr Opfer als „*genussvolle Entspannung*".

✓ 1 – Prinzip des Glücks

Willst Du glücklich leben, hasse niemanden und überlasse die Zukunft Gott.

– Johann Wolfgang von Goethe

Unsere Lebensqualität wird von Faktoren außerhalb unseres Einflusses bestimmt. *Schicksalsschläge*, wie ein schwerer Unfall, gehören dazu, aber lassen sich mit dem richtigen Ansatz besser meistern. Gehen Sie mit leidvollen Ereignissen gut um, so können Sie trotzdessen so glücklich werden wie andere Menschen, welche von betrübenden Schicksalsschlägen verschont bleiben. Meine späteren Jahre waren viel einfacher, weil ich gelernt habe, dankbar für das zu sein, was ich habe und nicht mehr zu beklagen, was ich nicht habe oder nicht kann. Wenn ich „*Danke*" sage, erinnere ich mich an all die segensreichen Dinge, welche mir widerfuhren. Blicke ich auf mein Leben zurück, sind die wichtigsten Dinge, die ich gelernt habe viele, am wichtigsten sind jedoch *(I)* das sich frei machen von Sorgen und *(II)* ein Leben mit Optimismus, Humor und Lächeln. Es ist überflüssig sich um etwas Sorgen zu machen, das noch nicht eingetreten ist – hinzu kommt, dass Sie dies der Konzentration beraubt, welche Sie für wichtigere Dinge benötigen. Der Grund, warum viele Menschen nicht der Gegenwart die volle Aufmerksamkeit schenken, ist, dass Sie sich über die Vergangenheit den Kopf zerbrechen und sich Sorgen über die Zukunft machen. Für mich persönlich ist eine der wichtigen Lektionen, die ich im Laufe der Jahre gelernt habe, zu wissen, nicht ändern zu können, was passiert ist. Durch dieses Bewusstsein können Sie das Leben ziemlich sorgenfrei leben und genießen. Wenn ich nichts gegen eine Situation unternehmen kann, so werden Sorgen auch nichts daran ändern. Dazu eine Geschichte, die *Andrew Carnegie's* Leben veränderte. Sie handelt von einem alten Mann, der ein Leben mit vielen tragischen Ereignissen geführt hatte. Die Leute in der Stadt hatten Mitleid mit ihm, aber der alte Mann sagte: *„Ja, meine Freunde, alles, was Sie sagen, ist wahr. Ich hatte ein langes Leben voller Probleme. Aber es gibt eine merkwürdige Tatsache an ihnen – <u>neun Zehntel</u> von ihnen sind nie passiert."* Carnegie hat aus dieser Geschichte gelernt, dass die meisten Probleme und Hirngespinste, wie *„Was wäre wenn"*, die wir uns vorstellen, fast nie eintreten. Unser Gehirn hat die Tendenz, sich *Worst-Case*-Szenarien auszudenken und entsprechend zu handeln – doch die meisten davon passieren nahezu nie. Und selbst wenn sie auftreten, sind sie zumeist nicht so schlimm, wie wir es uns vorstellen. Indem sich *Carnegie* an die *„neun Zehntel"* Regel erinnerte, befreite er sich von der Angst des Unbekannten und konnte das Risiko eingehen, das er brauchte, um seinen Lebensweg fortlaufend zu beschreiten. Seien Sie ehrlich zu sich selbst: Lassen Sie sich auf dieses *„Was wäre wenn"* ein? Wäre Ihr Leben besser, wenn Sie die *„neun Zehntel"* Regel befolgen und sich daran erinnern würden, dass die meisten dieser Probleme tatsächlich nicht eintreten werden? Es würde Ihnen helfen mehr im Augenblick zu leben – einen Augenblick gefolgt von einem anderen Augenblick – und keinen Platz für die Angst vor der Zukunft oder das Bedauern über die Vergangenheit zu lassen. So zu leben ist eine der besten Einstellungen, um Sorgen und Ängste hinter sich zu lassen. Humor hilft dabei. Einer der wichtigsten Aspekte des Lebens ist die Fähigkeit, Ärger zu verlieren und durch das Leben zu lachen. Ein Leben mit Optimismus, Humor und Lächeln führt zu mehr Lebensfreude, Glücksgefühlen und mindert Stress. Generell ist Humor eines der einfachsten Mittel des Lebens, um leichter durch die Welt zu gehen und um alltägliche Schwierigkeiten besser zu bewältigen. Das Leben durch eine Linse der Bestimmtheit mit etwas Heiterkeit zu sehen, ist viel mehr wert, als einige Besitztümer mehr anzuhäufen. Lachen hilft darüber hinaus uns besser zu konzentrieren, aufmerksamer zu sein und mit Problemen besser zurechtzukommen. Wenn man immer auf der Suche nach der sonderbaren, lustigen Perspektive ist, so wird Ihnen diese auch zuteilwerden. Sagen Sie sich nicht: „*Was ist jetzt schon wieder Schlimmes passiert?*", sondern besser „*Was ist die lustige Perspektive an dieser Sache*". Menschen sollten wissen, dass dies kultiviert werden kann. Der Geist kann wie der Körper aus dem *Schatten* in den *Sonnenschein* versetzt werden. Und das hilft nicht nur in zwischenmenschlichen Beziehungen, sondern kann Sie auch beruflich weiterbringen. Indem Sie kein düsteres Bild der Sache zeichnen und sich nicht von negativen Dingen belasten lassen, können Sie sich weiterhin auf das Positive konzentrieren, sich schneller von Fehlern und Risiken erholen und Chancen erkennen, bei denen andere Menschen nicht wussten, dass sie existieren. Gerade weil optimistische, humorvolle und lächelnde Menschen um ihren wahren Stellenwert wissen, nehmen sie sich selbst nicht so wichtig und die Dinge mit Humor. Sie können über sich selbst lachen und andere zum Lachen bringen, weil sie dem Ernst des Lebens stets auch eine lustige Seite abgewinnen. Dabei steigt die Glaubwürdigkeit in dem Maß, in dem man über sich selbst spottet. *Albert Einstein* hat das so ausgedrückt: Wer über sich selbst lachen kann, wird am ehesten ernst genommen. Worauf ich hinaus will: Nehmen Sie Kleinigkeiten nicht zum Anlass sich aufzuregen und bedenken Sie stets dabei, dass das Leben zumeist aus Kleinigkeiten besteht, welche sich auch in Ihrem Leben ereignen. Das Glück kommt zu denen, die lachen.

√ LIEBE

Die Kunst zu lieben

Die wichtigste Stunde ist immer die Gegenwart, der bedeutendste Mensch immer der, der dir gerade gegenübersteht, und das notwendigste Werk ist die Liebe.

– *Eckehart von Hochheim*

Die Freuden, die Schönheit und der erlesene Glanz der Verliebten und des Verliebtseins – wer möchte es nicht ständig erleben, spüren, in sich dauerhaft aufnehmen. Es ist ein wahrlich erhebendes Gefühl, aber gleichwohl sollte es nicht zum höchsten Ziel erhoben werden. Verliebtsein ist ein Gefühl, so edel es auch sein mag, welches wie jede andere Gefühlsregung die innewohnende Eigenschaft hat, dass man sich nie darauf verlassen kann, dass es in der vorgefundenen Intensität weiter besteht oder auch gänzlich verblasst. Emotionen und Gefühle sind vorhanden – aber eben nicht von Dauer. *Prinzipien* sind langlebig und von Bestand, genauso wie gewohnte *Lebens-* und *Ausdrucksweisen* (*Gewohnheiten*). Aber der „*Duft*" der Verliebtheit ist zumeist nicht von Dauer. Die beständige Liebe zueinander können Sie hingegen selbst dann noch haben, wenn Sie sich gerade nicht sehr mögen. Denn Liebe – im Gegensatz zur *Verliebtheit* – ist ein dauerhaftes Gefühl. Die Trennungsgeschichten, Scheidungen und betrübten Gesichter einst liebender Personen zeigen, wie schnell die damalige Liebe entschwinden kann. Die Suche nach etwas Besserem, der neuen Liebe, des neuen Hochgefühls ist da nicht weit. Wir lernen eine kluge, liebevolle, attraktive Person kennen. Wir finden sie sympathisch, nett und Liebesgefühle keimen auf. Aber es sind immer noch wir, die dann entscheiden, ob daraus eine „*Verliebtheit*" entsteht. Auf der Suche und in Erwartung neuer *Hochgefühle* denken wir den neuen *Sinn* zu finden, loslassen zu können. Aber wenn Sie ständig auf der Suche nach diesen neuen Reizen, Anziehungskräften und diesem *Hochgefühl* sind, so werden sie merken, dass die Welt dies nicht zu bieten vermag. Wenn Sie von diesen Gefühlen immer mehr „*erhaschen*" wollen, es unnatürlich hinauszögern und verlängern wollen, dann werden Sie mit der Zeit an die eintönig, uninteressante Welt erinnert werden und ernüchternd in Enttäuschungen verweilen. Denken wir an all die „*verlorenen*" Frauen und Männer in ihrer zweiten Lebenshälfte, welche nicht begreifen, dass sich neue Horizonte lediglich dem Anschein nach auftun und der Glanz einer neuen Liebe ebenso entschwindet, wie der der vorhergehenden. Und all das nur, weil sich die meisten Menschen nicht eingestehen können, dass auch mit der „*richtigen*" Person das Gefühl der *Verliebtheit* mit der Zeit getrübter wird. Aber gerade dann sollten Sie es loslassen und auf ruhigere Verlangen, Interessen und Gewohnheiten stoßen, welche folgen werden – dies wird Ihnen helfen, sich bewusst zu machen, dass Sie dadurch immer noch Reize entdecken werden, welche immerzu neu entflammt werden können.

Die Menschen wählen jedoch zumeist einen anderen Weg. Da gibt es den von *aufgeklärter* Erkenntnis handelnden Zeitgenossen, der hochfliegende Ziele hatte, welcher sich im Lauf seines Lebens jedoch immer mehr „*zurückschraubt*" und sich sagt: „*Bloß nicht mehr zu viel vom Leben verlangen.*" Oder aber der Mensch geht den *unaufgeklärten* Weg des mangelnden Verständnisses seines Tuns. Enttäuschungen werden dabei am laufenden Band produziert, da diese Menschen ständig auf der Suche nach dem Neuen sind, welches es erst noch zu erhaschen gilt. Dann, ja dann wird mein Verlangen gestillt werden. Die nächste gute Partnerin oder der nächste gute Partner, wo es so richtig „*prickelt*". Berufliche und private Dinge müssen genauso gelingen, wie man es sich wünscht. Häufig verbirgt sich hinter deren Fassade jedoch ein gelangweiltes Gesicht, welches voller Frustration nur so strotzt. Hochtrabende Charaktere, wohlhabende Menschen und unfähige Erben gehören diesem Typus nicht selten an. Am besten kommen Sie jedoch Ihrem Verlangen bzw. fehlgeleiteten Verlangen nach, indem Sie sich sagen, dass es für jedes Verlangen eines jeden Menschen keine Befriedigung gibt. Wenn Ihr „Hunger" durch keine der weltlichen *Freuden* oder *Dinge* gestillt werden kann, so waren diese erst gar nicht dafür gedacht Ihr Verlangen zu befriedigen. Begreifen Sie es in der Art und Weise, dass dadurch Ihr Verlangen erst geweckt und auf etwas anderes, viel tiefsinnigeres hingewiesen wird – die zuvor erläuterten geistig-seelischen Aspekte des Lebens.

Die meisten Religionen und Glaubensansätze stellen die gesellschaftlichen Strukturen auf den Kopf, wonach die Großen über die Kleinen herrschen. Apostel Paulus drückte das so aus: *„Durch die Liebe diene einer dem anderen."* Liebe ist mehr als lediglich jemanden attraktiv zu finden. Liebe und sich verlieben ist ein Gefühl, jedoch auch eine Entscheidung. Wenn Sie sich dafür entscheiden, so kostet dies etwas, aber Sie gewinnen dadurch auch unendlich viel. Menschen lieben, was wunderbar und bereits angenehm ist. Sie verachten und lachen jedoch über Unschönes und Hässliches. Wirft man einen Blick auf Propheten, Religionsführer und Herrscher des Altertums so suchten diese nicht die Erfolgreichen, sondern die Gescheiterten und auch nicht die Gerechten, sondern die Sünder. Wahrhaftige Liebe hat mit Opferbereitschaft, Verzicht und Hingabe zu tun. Das soll nicht heißen alles zu tun, was der andere will, sondern vielmehr zu tun, was dem anderen hilft, freut und gut tut. Dies bedeutet jedoch nicht in Knechtschaft und Demütigung zu schlittern – das sind Zeichen zerrütteter Beziehungen. Abhängigkeit und ständige Dienstbarkeit führen zu Wut, Zorn und Ärger und bringen durch Leid geschundene Herzen hervor. Wir alle haben Sehnsüchte, Träume, Wünsche, Emotionen, Gedanken und Gefühle. Kein Mensch verdient es zum Fußabtreter der Nation und von oben herab behandelt zu werden. Wenn Sie es dennoch dulden von anderen ausgenutzt zu werden, tun Sie sich und den anderen nichts Gutes, da durch das Zulassen solcher Manipulationen nicht aus Liebe gehandelt wird und daraus im weitesten *Sinne* auch Verrat entsteht. Durch das Tolerieren dieser unlauteren Handlungen signalisieren Sie zuzulassen, dass aus dem anderen erst ein Unhold wird. Liebe lässt sich jedoch nicht ausnutzen oder in die Irre führen. Deshalb sollten Sie klare Trennlinien ziehen: „*Meine Liebe zu dir ist so wertvoll, sodass ich es nicht dulde, meine Gefühle oder Gedanken zu verletzen. Deine Handlungen schaden sowohl dir als auch mir.*" Demnach können Menschen die Welt durch zwei unterschiedliche Brillen betrachten. Die *negative* Brille, welche durch ihre getrübte Linse ununterbrochen darauf aus ist, das Perfekte und Vollkommene zu erhaschen. Dies zieht nach sich immer höhere Empfindungen und Begehrlichkeiten wecken zu wollen. Oder wir schätzen mit einem ungetrübten Blick durch die *positive* Brille erstrebenswert, was bereits vorhanden ist. Ersteres führt zur Vereinsamung, Sucht und unkontrollierten Verhaltensweisen, zweiteres hingegen lehrt im „*Jetzt*" zu leben und dankbar für das zu sein, was uns bereits gegeben wurde.

Männer suchen häufig aus einer Vielzahl von Frauen, die eine einzigartige Frau. Dabei entgeht ihnen in der einen Frau die Vielzahl der Frauen zu finden. Frauen sind hingegen dafür prädestiniert gefördert, umworben und in ihrer ganzen Identität betrachtet zu werden. Sie wollen sich dabei auch so fühlen, dass sie wissen geliebt zu werden. Wahrhaftige Liebe ist demzufolge nicht an Bedingungen geknüpft. Denken wir an eine selbstlos, sich aufopfernde Mutter für ihr Baby. Ohne Liebe würde das Baby sterben. Aber auch wir erwachsene Menschen brauchen Liebe. Das hört sich einfacher an als es ist. Denn wenn dies nicht vom festen Willen getragen ist, auch in schwierigen Zeiten selbstlose Liebe zu leben, wird es in der Praxis kaum möglich sein eine Person wahrlich und durch und durch zu lieben. Liebe heißt dabei auch zu schenken, helfen, nette Worte, Körperkontakt und gemeinsam Zeit zu verbringen. Das muss alles nicht teuer sein, oft reicht schon für ein kleines Geschenk ein altes, weggeworfenes Stück Papier hervorzuholen und Liebesgrüße darauf niederzuschreiben.

Sie sehen, es braucht nicht viel für zwischenmenschliche Aufmerksamkeiten, welche die Liebe füreinander ausdrücken können. Eine Beziehung zwischen zwei Menschen, welche hingegen von sexueller Anziehung getrieben wird, kann nur von Dauer sein, wenn diese nicht lediglich auf physischer Anziehung beruht, sondern aus Vertrauen und Einfühlsamkeit erwächst und auf gediegenen Respekt füreinander fußt. Unterscheiden wir deshalb zwischen der reinsten Form der Liebe und Anhaften. Anhaften stellt nicht das Selbstlose in den Mittelpunkt, zielt jedoch auf die Umstände und Ereignisse ab, mit welchen sich Gefühle ändern können. Die reinste Form der Liebe erhofft sich hingegen keine Gegenleistung und Umstände spielen nur insofern eine Rolle, als die Liebe dadurch nur noch weiter wachsen kann. Versuchungen werden immer wieder zutage treten und wir stellen uns vor, wie es wohl wäre ganz neu anzufangen. Doch die Wahrscheinlichkeit ist groß, dieselben Probleme weiterhin zu haben, da wir uns selbst mitnehmen und so auch all unsere Probleme. Wir werden niemals jemanden finden, der uns perfekt lieben wird. Das bedeutet auch zu verstehen, dass der andere uns niemals vollkommen erkennen und begreifen kann und wir unweigerlich verletzt werden. Das hat nichts damit zu tun, sich benutzten zu lassen. Liebe in seiner reinsten Form zeigt sich so, dass Partner ihrer „*besseren*

Hälfte" erst gar nicht mehr danken können, da er bzw. sie schwer erkrankt und auf Pflege angewiesen ist – sie/ er jedoch trotzdem für ihn/ sie da ist. Selbstlose Liebe bedeutet zu lieben, auch wenn man nichts dafür bekommt. Dennoch bleiben wir von gescheiterten Beziehungen, Unmut und Unheil nicht verschont. Wenn Sie von einem für Sie bedrückenden Erlebnis getroffen werden, so sagen Sie sich, dass Ihre Sorgen und Ihre innere Zerrissenheit nur zusätzliches Leid und Unruhe darstellen, welches erst gar nicht nötig wäre. Versuchen Sie sich positiveren Dingen zu widmen, welche Ihnen Spaß und Freude bereiten und vor allem: Sprechen Sie mit jemanden über vorgefallene Ereignisse und haben Sie keine Scheu davor etwas zu erzählen. Sagen Sie sich von diesen Erlebnissen los und seien Sie sich darüber bewusst, dass diese der Vergangenheit angehören. Menschen die anderen Unheil zufügen, werden von Unkenntnis, Begierde, Gier, Groll und Hass getrieben und haben keinerlei Herrschaft über Ihre geistig-seelische Verfassung. Dennoch bedeutet das nicht, dass nicht auch ein Verbrecher Kontrolle über sich selbst erringt und negativen Gefühlen abschwört. Deshalb ist es auch nicht angebracht über jemanden ein letztendliches Urteil zu fällen, denn jeder kann immer noch ein guter Mensch werden. Würden die aufgezählten negativen charakterlichen Eigenschaften überhand über uns gewinnen, wären wir alle zu Dingen fähig, die abscheuliche Taten miteinschließen. Dessen ungeachtet sitzen die Ursachen des eigenen Leids und Unglücks nicht in anderen Menschen und ebenso nicht in äußeren Umständen, sondern vielmehr in den eigenen Urteilen und Meinungen. Halten Sie gescheiterte Beziehungen und Liebe und das was Ihnen widerfährt nicht für ein Unheil und Sie werden sehen, dass es sich so unbeschwerter lebt. Bedenken Sie, dass sich alles ständig bewegt und im Fluss ist – Empfindungen wie „*schön*", „*schwierig*" und „*unangenehm*" sind sinnliche Wahrnehmungen und körperliche Gefühle unseres Geistes. Wenn Sie nur die „*Quellen*" kennen würden, aus welchen die menschlichen Interessen, Urteile, Emotionen, Wünsche und Entscheidungen entspringen, so würden Sie sich nicht länger um Lob, Ruhm, Anerkennung, Ansehen, Genugtuung und Applaus bemühen.

Erfüllte Liebe finden

Die Liebe ist eine kleine Droge, die hilft, durch dieses Leben zu reisen.
– Marcello Mastroianni

Viele Menschen wollen zwar heiraten und es gibt erhebliche Hinweise darauf, dass die Ehe für Frau und Mann eine Vielzahl von Vorteilen hat, aber allzu oft wird die Freude, die mit der Hochzeitsfeier einhergeht, mürrisch und fast die Hälfte der Paare, die in hoffnungsvoller Aufregung vor dem Altar stehen, beginnen nach dem Trauma der Scheidung von vorne. Experten sind sich uneins darüber, was eine Ehe so lange andauern lässt, bis „*der Tod uns scheidet*", während eine andere sich in Luft auflöst. Es gibt eine Reihe von Theorien, aber es fehlen klare forschungsbasierte Evidenzen. In der Tat enthüllt die hohe Scheidungsrate selbst, wie wenig gute Anleitungen es für einen gelungenen Ausgang gibt. Dennoch zeigen Forschungsergebnisse eine Tendenz, dass Ehen, die in Bezug auf Alter, wirtschaftlichen Hintergrund und Religion homogene Charakteristika aufweisen, auch am stabilsten und glücklichsten sind. Es wurde ebenso festgestellt, dass das Teilen von Grundwerten die Stabilität und das Glück der Ehe fördert. Das bedeutet, dass sich die Experten im wissenschaftlichen Konsens darüber bewegen, wenn sie Sie auffordern, einen Partner zu suchen, der Ihnen in wichtigen Punkten des Lebens ähnlich ist. Nach Dingen in Ihrem sozialen Umfeld zu suchen, für die sie dankbar sein können und eine Kultur geprägt von Respekt und Wertschätzung ist hierbei nicht abkömmlich. Dagegen erweist sich die Suche nach Fehlern und Lastern des Partners in der jeweiligen sozialen Umgebung als nachteilig. Geringschätzung ist einer der wichtigsten Trennungsgründe. Menschen, die darauf fokussiert sind ihren Partner zu kritisieren, übersehen die Mehrheit der positiven Dinge, die ihr Partner tut und nehmen negative Eigenschaften wahr, selbst wenn diese erst gar nicht da sind. Güte hingegen schweißt Paare zusammen. Forscher haben bewiesen, dass Güte und emotionale Ausgeglichenheit die wichtigsten Gründe für Zufriedenheit und Stabilität in einer Ehe sind. Durch Güte fühlt sich jeder Partner verstanden, umsorgt und wertgeschätzt – sprich geliebt. Es zeigt sich auch, dass jene Paare nach vielen Jahren der Zusammengehörigkeit immer noch gemeinsam glücklich sind, welche sich miteinander verbunden und entspannt fühlen. Aber auch wenn es zum Streit dieser Paare kommt, gehen sie liebevoll und freundlich miteinander um. Wer eine lange, gesunde Liebesbeziehung führen möchte, muss sich frühzeitig in Güte üben. Mit Güte werden oft kleine Aufmerksamkeiten verbunden, kleine Geschenke, Überraschungen oder spontane Streicheleinheiten und Massagen. Ein letzter Hinweis aus der wissenschaftlichen Community: Wir haben gesehen, dass anzunehmen ist, damit eine Ehe ohne Ähnlichkeiten zwischen den Partnern wahrscheinlich nicht von Dauer ist. Aber wie wäre es mit einem Vertrauensvorsprung unter der Annahme, dass Sie Ihren Partner nach Ihrer Heirat ändern können? Die Experten sind sich dieses Szenarios so klar wie nur irgendwo möglich: Vergessen Sie das. Ihnen zufolge ist das Eingehen einer Ehe mit dem Ziel den Partner zu verbessern oder zu verändern ein *Kasperltheater*, das die Ehe zum Scheitern verurteilt, bevor sie noch begonnen hat.

Dennoch kann es trotz aller zwischenmenschlicher Differenzen manchmal sinnvoll sein, dass zwei Menschen zusammenbleiben, auch wenn intensive Liebesgefühle bereits verflogen sind. Kindern kann es dadurch erst ermöglicht werden, ein Zuhause zu haben und um die Frau, welche durch Kinder häufig berufliche Kompromisse und Einbußen hinnimmt, davor zu bewahren, von ihrem Partner zu sehr abhängig zu sein. Meine pädagogische Tätigkeit führte mir ebenso wiederholt vor Augen, dass es vor allem Scheidungs-, Waisen- und Integrationskinder waren, deren Entwicklung sich verzögerte, die viel Aufmerksamkeit benötigten und mit Lernschwierigkeiten zu kämpfen hatten. Wenn wir in unserer näheren Umgebung bereit sind Gefühle zu zeigen, zu lernen und zuzuhören, dann bereichert das ganz allgemein unsere familiären und gesellschaftlichen Beziehungen. Frauen sollen nicht verurteilt werden, aus welchen Gründen auch immer, Kinder in eine frühkindliche Betreuung abzugeben. Dennoch ist die frühe emotionale Präsenz der leiblichen Mutter von unfassbar großem Wert für das Kind und durch nichts zu ersetzen.

Mit sich selbst liebe-, verständnis- und respektvoll umzugehen, sich gut zu sprechen und auf sich bauen, sich Fehler verzeihen und sich vor schwierigen Aufgaben Mut machen. Die meisten Menschen vergessen das: Um sich selbst zu kümmern und sich selbst innig zu lieben! Aber anstatt dessen bekritteln wir andere, die uns erst gar nicht nahestehen. Manche Menschen sind mit *Moralaposteln* gleichzusetzen, weil sie ständig Mitmenschen beurteilen und kritisieren. Ihr Verhalten und Ihre Einstellung gegenüber anderen sollten Sie jedoch nicht Ihren Mitmenschen angleichen, sondern Sie sollten sich selbst darin bestärken Ihren eigenen Weg zu gehen. Der eine Zeitgenosse hat diese Ansichten und glaubt mit dieser Handlung am besten zu fahren, aber Sie sehen das anders und machen es eben anders. Jeder ist individuell und hat seine eigene Gangart, wie er Dinge in Angriff nimmt. Dabei ist es als völlig normal zu erachten, dass im Leben immer wieder Schönes, weniger Schönes sowie Unangenehmes passiert. Dazu die folgende kleine Anekdote:

Es war einmal ein alter Mann, der jeden Morgen einen Spaziergang am Meeresstrand machte. Eines Tages sah er einen Jungen, der vorsichtig etwas aufhob und ins Meer warf. Er rief: *„Guten Morgen, was machst du da?"* Der Junge richtete sich auf und antwortete: *„Ich werfe Seesterne ins Meer zurück. Es ist Ebbe und die Sonne brennt herunter, wenn ich das nicht tue, sterben sie."* *„Aber, junger Mann, ist dir eigentlich klar, dass hier Kilometer um Kilometer Strand ist. Und überall liegen Seesterne. Die kannst du unmöglich alle retten, das macht doch keinen Sinn."* Der Junge hörte höflich zu, bückte sich, nahm einen anderen Seestern auf und warf ihn ins Meer, lächelte und sagte: *„Aber für diesen macht es Sinn."*

Sicherlich ist es nicht schön, nicht alle retten zu können, aber es kann einem schon helfen, ein paar Seesterne oder andere Kleinigkeiten zu retten. Das Leben ist ähnlich wie ein Strand, wo schöne Dinge ans Meer gespült werden, wo es tolle und perfekte Momente gibt, aber es werden auch weniger schöne Dinge und viel Abfall angespült.

Die zwischenmenschliche Liebe kommt nicht aus dem Nichts, wir bauen diese vielmehr auf. Die Liebe kann dabei zu einem Teil aus körperlicher Anziehung erwachsen, jedoch ist die wahre Liebe niemals nur auf körperliche Aspekte bezogen. Es geht um mehr, wie den Menschen zu verstehen, zu kennen und ehrlich und respektvoll miteinander umzugehen – sprich aufrichtig an seinem Wohlergehen interessiert zu sein. In einer Liebesbeziehung entscheiden sich zumeist zwei Menschen füreinander, die vom *„Haben wollen"* und nicht vom *„Geben wollen"* getrieben sind. Wie zwei Knausrige, die sich gegenseitig in die Tasche greifen und erst später merken, dass dies nicht dazu führt, von dem mehr zu bekommen, was sie tatsächlich wollen. Man hört dann immer wieder, das Leben und zwischenmenschliche Beziehungen seien ein *Geben* und *Nehmen*. Von Menschen, die innerlich zufrieden und glücklich sind, entnehmen wir kaum solche Dinge. Diese Geben und Teilen vielmehr und das gerne, da sie empfangen, indem sie sich dem anderen gänzlich hingeben. Aber anstatt dessen liefern wir uns der Hoffnung aus, den anderen zu lieben, jedoch meinen wir damit vielmehr, wir brauchen diese Person. Diese Menschen geben nicht und werden dann nie satt (auch wenn sie das denken) – wie zwei hungrige *Mäuler*, die sich ansehen und denken: *„Warum ist da nichts drinnen."* Daraus resultieren Zorn, Wut, Groll und als letzte Konsequenz die Trennung. Einige Menschen entscheiden sich deshalb bewusst gegen die Liebe, weil sie den tiefen Schmerz fürchten, welcher Verlust und Trennung mit sich bringt. Ebenfalls hält Menschen von Beziehungen häufig ab, dass sie denken, sie seien nicht gut genug. Man lernt jemanden kennen, den man sympathisch, attraktiv oder liebevoll findet und schon denkt man: *„Bin ich überhaupt gut genug"* oder *„da kann ich sowieso nicht mit."* Mangelndes Selbstvertrauen ist dafür meist verantwortlich und führt dazu, überzeugt davon zu sein, damit das mit uns ohnehin nichts wird, wir die jeweilige Person nicht ansprechen oder wir sich gar gänzlich von ihr fernhalten. Aber selbst wenn uns diese Person anspricht, so würde das zu Verwirrung führen (*„was will denn der/ die von mir, ich würde den/ die sowieso nie bekommen"*). Die damit einhergehenden negativen Gedankengänge bewirken lediglich, dass die von uns begehrte Person irgendwann das Interesse an uns verliert. Wir müssen jedoch daran glauben, dass wir gut genug sind und den anderen Menschen die Chance geben uns kennenzulernen. Manche Menschen denken auch, dass sie nichts Gutes verdient hätten oder nichts zu bieten haben. So ist häufig von Menschen zu vernehmen, welchen es an erfüllten Beziehungen mangelt: *„Ich bin nicht attraktiv genug."* Es geht in Beziehungen jedoch nicht darum der tollste, schönste, aufregendste oder intelligenteste Typ zu sein, sondern jemanden zu finden, der zu Ihnen passt. Egal wie Sie sind, Sie sind für einen Menschen da draußen garantiert der perfekte Partner. Wir liegen mit unseren Vorstellungen sehr oft daneben, was ebenso darin begründet liegt, dass Attraktivität etwas sehr subjektives ist. Das was wir in unseren Köpfen haben, trifft manchmal jedoch überhaupt nicht zu. Verliebtheit und guter Sex sind längst keine Liebe, da sie nur im Zeitraum der „*rosaroten Wolken*" präsent sind. Liebe kommt erst dann ins Spiel, wenn sich diese Wolken verziehen und Gewitter langsam aber doch zum Vorschein gelangen. Das vergessen die meisten zu Beginn der Beziehung und auch, dass es kein „*Aufreißen*" oder „*lesen sie diesen Flirt-Ratgeber und alles wird gut*" gibt. Jemand, der kein Interesse an jemand anderem hat oder sich nicht zu jemand anderem hingezogen fühlt, den kann man mit keinem Gerede der Welt oder irgendwelchen Verhaltensweisen dazu bringen, einen doch interessant zu finden. Es gibt nur ein „*Abtasten*", wonach mehr oder weniger Interesse bekundet wird.

Spricht man mit den Menschen, wie ein Partner sein soll, so hört man vor allem er sollte über Intelligenz, Charme und Humor verfügen. Aber auch liebevoll, aufmerksam, interessiert nachfragend und verständnisvoll sollte er sein – das Gesamtverhalten ist, was zählt. Manchen Menschen sind dabei Dinge wie soziale Intelligenz wichtig und dann und wann vernimmt man auch (zumeist von Frauen) der Duft des Partners sei wesentlich für sie. Für Menschen ist ebenso eine innere Kraft wichtig, die spüren lässt, eine positive Haltung zum Leben zu haben, sehr viel Durchsetzungsfähigkeit und Rückgrat und gleichzeitig Ruhe und Bodenständigkeit. Und: Eine Prise „*Kamikaze-Gen*" schadet zumeist nie. All das ist natürlich sehr selten in dieser Kombination zu finden. Sich dann zu verlieben, passiert am ehesten, wenn man unbeschwert und lebensfroh rüberkommt. Im realen Leben ist es auch oft so, dass man entweder an denjenigen schon Interesse hat und dann reichen bereits kleine, jedoch deutliche Signale. Aber kein gewollt weibliches oder männliches Verhalten wird plötzlich die Gefühle eines Menschen umstimmen. Wenn Sie einen romantischen Vorstoß machen und Ihr Schwarm ausweicht, wissen Sie immerhin Bescheid. Dann kann man sich auch nicht vorwerfen, es nicht versucht zu haben. Wenn Sie Liebe erfahren möchten, so müssen Sie die Bereitschaft mitbringen, bedingungslos zu lieben, ohne eine Gegenleistung einzufordern. Ein Geschenk ist kein Geschenk, wenn daran Bedingungen geknüpft sind, so wie Liebe keine Liebe ist, wird sie nicht freiwillig gegeben. Wollen Sie die wahre Liebe finden, sollten Sie immer auch nach einem wahren Freund suchen. Wenn wir uns nach einer Liebe sehnen, welche das ganze Leben lang andauern soll, müssen wir nicht nur nach einem äußeren Erscheinungsbild Ausschau halten, sondern dahinter blicken und auf die freundschaftliche Ebene achten. Der französische Philosoph *Michel de Montaigne* meinte dazu: *„Von der Freundschaft hingegen, von der ich spreche, verschmelzen zwei Seelen und gehen derart ineinander auf, dass sie die Naht nicht mehr finden, die sie einte."* Das knüpfen von Freundschaften kann sich als vorteilhaft erweisen, jedoch birgt es auch Tücken in sich. Menschen hängen jahrelang an Frauen/ Männern, in die sie sehr verliebt sind, die in ihnen aber immer nur ihren besten Freund sehen. Viel Leid für sie und das meist über einen sehr langen Zeitraum – und (natürlich) kein *„Happy End"*. Man kann nicht Freundschaft und Liebesbeziehung haben (jedoch Freundschaft als Grundlage für eine Liebesbeziehung). Wenn Sie die Freundschaft nicht riskieren wollen, gibt es keine Liebesbeziehung. Die schlechteste Vorgehensweise ist sich in die *„Warteschleife"* zu begeben. Freundschaft in der Hoffnung zu pflegen, dass sich irgendwann Gefühle in der anderen Person regen bzw. ändern – irgendwann. Die Chancen dafür sind sehr minimal bis null. In der sogenannten *„Freundes-Zone"* findet man sich so lange, wie man als Frau/ Mann dem anderen *„anti-körperlich"* eingestellt ist. Soll heißen: Nach häufigen Treffen, längeren Umarmungen und einigen Aktivitäten usw. kann und sollte sich schon mehr entwickeln. Es hat jedoch alles keinen Zweck und *Sinn*, wenn jemand nicht liebt. An vielen Problemen kann man arbeiten – aber daran nicht. Es mag einem anfänglich leidtun, aber besser als wenn man noch mehr Zeit gemeinsam verbracht hätte, denn das würde dann noch mehr verletzen. Meist sieht der zweifelnde Partner ohnehin, dass der andere ein toller Partner ist und es gibt nichts Offensichtliches zu bemängeln – dennoch stimmt das Gefühl nicht. Daher lässt sich daran auch nicht arbeiten. Trennungen werden dann auch schon mal künstlich hinausgezögert, weil es keinen Auslöser oder einschneidenden Anlass gibt. Was nützt eine Beziehung, in der letztendlich nicht beide Partner glücklich sind? Die Beziehung würde schnell zerbrechen. Danach wären beide Seiten umso trauriger. Wenn Ihr Partner weiterhin nicht weiß, was er will, würde ich nicht allzu sehr um ihn kämpfen. Nur um in seiner Nähe zu sein, ist es zumeist nicht klug, mit ihm länger befreundet zu sein. Auf die Dauer bedrückt dies lediglich die Seele und betrübt den Geist. Falls Ihr Partner mehr für Sie empfindet, wird er sich melden – andernfalls hat man sein Leiden dann zumindest beendet. Wenn man sich zu lange an jemanden klammert, der einen lediglich als Option behält, verpasst man den Menschen, der einen als Priorität behandelt.

Unterschiedliche Menschen finden verschiedene Dinge attraktiv und anziehend. Ausstrahlung, Charakter, Humor, Persönlichkeit – all diese Faktoren zählen und machen einen Menschen auch aus. Aussehen kann Türen öffnen, aber es macht in keinster Weise glücklich, jemanden nur wegen seines äußeren Erscheinungsbilds zu wollen. Denken wir an Paare die auf den ersten Blick erst gar nicht zusammenpassen, aber dennoch sehr glücklich sind (große/ kleine, dicke/ dünne, knochige/ kurvige, schmallippige/ schmollmundige, weiße/ farbige). Oder denken wir an *Nick Vujicic*, der ohne Arme und Beine geboren wurde. Was ist das

Besondere an diesem Mann, der trotz seiner Behinderung so toll mit seinem Leben zurechtkommt? Es ist seine Ausstrahlung und sein unendlich erscheinender Optimismus – trotz seiner Handicaps. Er arbeitet als christlicher Prediger, gibt ebenso Vorträge und publiziert Bücher über Lebenshilfe und Motivation. Wenn man *Nick Vujicic* reden hört, vergisst man sein Aussehen und seine Behinderung. Das zeigt, dass die Liebe eine „*verzwickte*" Angelegenheit sein kann. Manche Paare streiten viel, dennoch werden sie sich immer lieben, auf ewig, auch wenn es nicht „*funktioniert*". Deshalb wird es immer romantisch sein. Weil es eben nie ganz und gar vollkommen sein kann. Es ist wie mit einer fehlenden Zutat, wie eine Tönung, die eine Farbe auf der „*Leinwand*" des Lebens erst wahrlich schön werden lässt – dennoch ist die Liebe da, wenn auch nicht perfekt. Um Liebe zu spüren, zu leben und sie zu bekommen, müssen wir deshalb unsere Sorgen und Ängste loslassen und Gefühlen ihren Freiraum lassen, den sie brauchen.

Wir leben heute in einer Welt voller Schnelligkeit und Ungeduld, was sich nicht zuletzt in seelisch-geistigen Auswirkungen niederschlägt. Man sieht, erfährt, erlebt und leistet mehr, dennoch haben wir das Gefühl ausgebrannt zu sein und weniger zu sehen, zu erfahren und zu leisten. Überzeugungen, Modetrends, Wohnsitze und Beziehungen – alles nicht mehr so langlebig wie es einmal war. Partner als auch Freunde wechseln schneller als so manch einem lieb ist und zwischenmenschliche Beziehungen werden im Handumdrehen bei Problemen, Streit und anderen Hindernissen beendet – anstatt füreinander Verständnis aufzubringen. Dies alles geht auf Kosten der Zweisamkeit, Geborgenheit und Gelassenheit. Tiefgehende Freundschaften und Liebesbeziehungen verkommen so zu leeren Floskeln, welche nicht zuletzt dieser Beschleunigung – „*Fast Food*", „*Speed Dating*", „*Life Style*" „*Multi Tasking*"– zum Opfer fallen. Menschen und zwischenmenschliche Beziehungen brechen an dieser Beschleunigung, da die Quantität stets vor die Qualität gestellt wird. Unzufriedenheit, innere Spannung, Hektik – all das ist das Resultat des *Wie viels* (*Quantität*). Gerade das gilt es jedoch hinter sich zu lassen und sich stattdessen mehr dem *Wie* (*Qualität*) zu widmen, um so zu neuen Einsichten zu gelangen, ein tiefempfundenes Leben zu spüren und mehr Liebe, Glück und Wohlbefinden zu erfahren.

Ewige Liebe oder doch nur leere Floskeln

Bedenke, dass die menschlichen Verhältnisse insgesamt unbeständig sind, dann wirst Du im Glück nicht zu fröhlich und im Unglück nicht zu traurig sein.

– Sokrates

Angesichts hoher Scheidungsraten scheint die Ehe der Triumph des Glaubens über die Vernunft zu sein. Hinzu kommt, dass technologische Neuerungen (beispielsweise *Online-Dating*) den Anschein erwecken, das Kennenlernen von Menschen einfacher zu machen, tatsächlich aber einer langfristigen Beziehung nicht immer dienlich sind. Die Gezwungenheit, Oberflächlichkeiten, unromantische Verhaltensweisen und das nicht in Kontakt mit seinen Gefühlen zu sein, erschweren die Online-Partnersuche noch mehr, als so mancher denkt. Zumeist mangelt es an Tiefgang und Äußerlichkeiten wird der Vorrang eingeräumt. Das Bewusstsein darüber kann schon helfen, diese neuen Technologien bei der Partnersuche sinnvoller zu nutzen, da sich immer wieder auch zeigt, dass für eine glückliche Ehe und Beziehung die emotionale Bindung entscheidend ist und nicht die körperliche Anziehung. Niemand möchte auf sein Aussehen reduziert oder aufgrund seiner Herkunft oder Hautfarbe geliebt werden.

Menschen schlagen dennoch gerade an diesen Abzweigungen andere Wege ein. Sehen Sie sich die Statistiken an: An die 55 Prozent der Ehen enden mit einer Scheidung (die Scheidungsrate bei ersten Ehen liegt etwas unter 50 Prozent; mit jeder nachfolgenden Ehe steigt die Scheidungsrate, daher die Gesamtzahl von über 50 Prozent). Nehmen wir an, dass weitere 7 Prozent der Paare um des Kindes willen zusammenbleiben (der Prozentsatz dürfte erheblich höher sein, aber verbleiben wir bei 7 Prozent). Gehen wir davon aus, dass weitere 2 Prozent aufgrund religiöser Gründe ihr gemeinsames Dasein fristen. Weitere 5 Prozent bleiben zusammen, da eine rein körperliche Anziehungskraft vorhanden ist oder eine Scheidung aufgrund mangelnder finanzieller Alternativen nicht möglich ist.

Das sind folglich 69 Prozent der Ehen, die entweder aufgrund von Unglück enden oder unglücklich weitergehen – also mehr als 2 von 3 Ehen, welche betroffen sind. Wenn Ihnen jemand sagen würde, dass es beim Überqueren der Straße eine Zwei-in-Drei-Chance gibt, dass Sie von einem Auto überfahren werden, würden Sie jemals das Haus verlassen? Würden Sie weitere Sicherheitsvorkehrungen treffen oder eine andere Route suchen? Angesichts der Tatsache, dass eine Scheidung den beiden Parteien und ihren Kindern fast immer großen Schaden zufügt, könnte man vernünftigerweise argumentieren, dass Heiraten ziemlich fahrlässig ist. Automobilkonzerne riefen in den vergangenen Jahren Fahrzeuge zurück, aufgrund von Ausfallraten, welche weniger als 0,005 Prozent betrugen. Die Rückrufaktionen betreffen zumeist hunderttausende von Autos, aber auch andere Produkte und bei kleinsten Auffälligkeiten werden diese als unsicher eingestuft. Bei der Ehe handelt es sich also um eine Institution, die in etwa 2 von 3 Fällen scheitert und weiterhin ihr Dasein fristet. Ein weitverbreitetes Unterfangen und eine Branche mit einem jährlichen Umsatz von mehreren Milliarden Euro, unabhängig von den massiven finanziellen und emotionalen Kosten des Scheiterns. Bei der

Entscheidung sich dauerhaft zu binden, wird dies häufig nicht berücksichtigt. Das Risiko einer „*Fehlinvestition*" (von Lebenszeit, Gefühlen u.Ä.) ist folglich verhältnismäßig groß.

Ehestreitigkeiten, welche schließlich in einer Scheidung enden, mangelt es zumeist an Bemühungen der beiden betroffenen Partner, Spannungen und Auseinandersetzungen abzubauen. Paare, die sich scheiden lassen und gesunde Ehen unterscheidet, dass die einen den Weg der Vernunft gehen und erlittene Verletzungen zu heilen wissen und die anderen den Weg der Auseinandersetzung beschreiten. Mangelnde Kenntnis folgender 2 Punkte sind dafür verantwortlich: *(I)* Bei Ehestreitigkeiten muss man am Ball, aber auch bei der Sache bleiben, *(II)* man muss dem anderen Partner Verständnis entgegenbringen, was gleichzeitig auch hilft Spannung abzubauen. Diese beiden Punkte beugen überhitzten Diskussionen zwischen Partnern vor und helfen beim eigentlichen Thema zu bleiben, ohne Gesichtsverluste auf Seiten einer Partei herbeizuführen.

Ist Glück in einer engagierten, langfristigen, nicht platonischen Beziehung möglich? Nun, lassen Sie mich zuerst sagen, dass Sie Single bleiben können, wenn Sie so glücklich sind. Und selbst wenn Sie damit nicht glücklich sind, bleibt Ihnen auch nichts anderes übrig, wenn die Liebe einfach nicht in Ihr Leben kommt. Das hat auch ein klein wenig mit Glück zu tun – wobei man seinem Glück auch nachhelfen kann. Man kann ein wunderbarer Mensch sein und gekonnt und überdurchschnittlich gut beim anderen Geschlecht ankommen, doch der „*Funke*" springt bei einem über und bei dem anderen nicht. Es zeigt sich, dass *Liebe* nicht jedem passiert und dass das nicht zwingend an einem selbst liegen muss. Sicherlich haben schwierige Menschen oder Problemcharaktere gehäuft zu kämpfen. Bei einigen „*Juwelen*" liegt es jedoch an einer unglücklichen Fügung des Schicksals. So kenne ich eine tolle Frau (angenehmes Wesen, gute Arbeitsstelle, gesichertes Einkommen, gute Ausbildung, großer Bekanntenkreis, sensibel, wunderbarer Humor, Lebensfreude, sportlich, interessante Hobbys, immer für ihre Eltern da, reise- und abenteuerlustig), bei der es mit der Liebe einfach nicht klappen möchte.

Hat man aber sein „Glück" gefunden, so ist die zuvor gestellte Frage mit *Ja* zu beantworten, dass Glück in einer engagierten, langfristigen, nicht platonischen Beziehung definitiv möglich ist. Ich möchte keineswegs, dass Sie glauben, dass die Ehe als Institution von Anfang an zum scheitern verurteilt ist. Vielmehr sollen Ihnen die angeführten Schilderungen zeigen, dass Verliebtheit und Liebe nur ein vorübergehendes Gefühl sind und dieses Gefühl mit der Zeit und der Stimmung verblassen wird. Wenn Ihr sogenannter geliebter Mensch Sie verlässt, seien Sie geduldig, die Zeit wird Ihre *Schmerzen* und Ihre *Traurigkeit* reinigen. Übertreiben Sie nicht die *Schönheit* und die *Anmut* der *Liebe* und übertreiben Sie nicht die *Traurigkeit*, die *Liebe* zu verlieren.

Glaube und Spiritualität

Lasse nie zu, dass du jemandem begegnest, der nicht nach der Begegnung mit dir glücklicher ist.
― *Mutter Teresa*

Aufgrund meiner Tätigkeiten im sozialen Bereich begegnete ich immer wieder Menschen, welche mit schweren Schicksalsschlägen zu kämpfen hatten. Krankheiten, Behinderungen, alle möglichen täglichen Einschränkungen mit denen sie zu kämpfen hatten und die unmittelbare Konfrontation mit dem Sterben. Häufig fragte ich all diese Menschen, wie sie damit umgehen und besser zurechtkommen? Wie schaffen sie es dabei locker, heiter und fröhlich zu sein? Zumeist war die Antwort, dass sie in etwas Glauben finden oder auch zum Glauben (erst) dadurch gekommen sind. Menschen, die dem Tod sehr nahe waren, verspürten vor allem den Drang an etwas zu glauben – auch wenn sie zuvor kaum oder nur wenig damit in Berührung kamen. Es ist nicht zu leugnen, dass diese Menschen manchmal auch Zweifel hegten und auch mit dem Glauben an etwas Höherem und dessen Existenz in Zwiespalt standen. Hier kann Ihnen der französische Mathematiker und Physiker *Blaise Pascal* Hilfestellung bieten. Er kommt nach rationalen Überlegungen zu vier möglichen Ergebnissen, wenn es gilt an eine höhere Macht zu glauben oder davon abzukehren:

- Man glaubt nicht an eine höhere Macht bzw. Gott und diese/ dieser existiert nicht. Stimmt diese Option, dann gewinnt man nichts – man verliert jedoch auch nichts.
- Man glaubt nicht an eine höhere Macht bzw. Gott und diese/ dieser existiert. Stimmt diese Option, dann verliert man.
- Man glaubt an eine höhere Macht bzw. Gott und diese/ dieser existiert nicht. Stimmt diese Option, dann gewinnt man nichts – man verliert jedoch auch nichts.
- Man glaubt an eine höhere Macht bzw. Gott und diese/ dieser existiert. Stimmt diese Option, dann gewinnt man.

Eine kurze Analyse dieser vier Optionen macht deutlich, dass es förderlich sein kann einen Glauben zu haben. *Issac Newton*, einer der bedeutendsten Wissenschaftler aller Zeiten und Zeitgenosse von *Pascal*, teilte die Auffassung von *Blaise Pascal*, dass man bei halbem Nachdenken an keine höhere Macht bzw. Gott glaubt, zieht man jedoch alle Optionen in Erwägung, so sollte man an etwas wie eine höhere Macht bzw. Gott glauben. Nach Rück- und Schicksalsschlägen haben Menschen zumeist keine Antworten auf brennende Fragen parat. So war ein mir befreundeter Kollege nach einem einschneidenden gesundheitlichen Ereignis nicht einmal mehr in der Lage, sich eigenhändig bei seinen Pflegern, Ärzten, Mitmenschen und wirklichen Freunden zu bedanken. Er schafft es bis heute nicht einen Stift zu halten, ein Schreibgerät zu bedienen oder mit einem Stift ein paar Sätze zu Papier zu bringen. Ich fragte ihn, wie er dies verarbeitete und warum er trotzdem so gut damit umgehen kann. Seine Antwort war schlicht: *„Mein Glaube und Beten sind meine wenigen und gleichzeitig wichtigsten Stützen."* Glück kann im Leben eines Menschen eine herausragende Rolle spielen. Blickt man auf unser gesellschaftliches Zusammenleben, so haben Künstler, Unternehmer, Politiker und viele andere Glück. Ein scharfer Verstand, Fleiß, harte Arbeit, Ausdauer und Organisationstalent sind von Vorteil, aber ein Körnchen Glück kann über den Ausgang Ihrer Vorhaben entscheiden. Menschen in verschiedensten Erdteilen nennen dies nicht unbedingt Glück, sondern vielleicht Glaube, Spiritualität, Gott, Karma oder Tao. Bislang ist es noch niemandem gelungen, dieses Karma oder Tao (oder wie immer man es auch nennen will) vollumfänglich zu definieren. Sie können diese höhere Macht für sich selbst festlegen. Halten Sie sich daran fest – nämlich im Glauben an sich und auch im Vertrauen in eine höhere Macht.

Die abendländische Auffassung der *Liebe* wird von der Dreiteilung der antiken Terminologie abgeleitet. In der Antike wurden drei unterschiedliche Begriffe verwendet, die verschiedene Formen von Liebe bezeichneten. *Éros* benennt dabei die sinnlich-erotische Liebe, das Begehren des geliebten Menschen und den Wunsch geliebt zu werden – sprich die Leidenschaft. Die genauen Bedeutungen und Schwerpunkte des Liebesbegriffs veränderten sich im Laufe der Zeit, jedoch haben diese bis heute ein geistig-seelisches Prinzip und einen Besitzwunsch inne. Gerade hier spiegelt sich der eben erläuterte Glaube an sich selbst und auch das

Vertrauen an eine höhere Macht wider. Das zeigen ebenso meine Gespräche mit liebessuchenden Menschen, wo ich immer wieder auf die Frage gestoßen bin, warum es so schwer ist diese eine besondere Person zu finden. Ich bin der Ansicht, dass diese höhere Macht es womöglich will, dass wir zunächst viele unrichtige bzw. falsche Menschen treffen, bevor wir die richtigen treffen. Treffen wir letztendlich die richtigen Menschen, so werden wir für dieses Geschenk dankbar sein. Wenn Ihre Liebe entschwindet und es den Anschein erweckt, dass sich das Tor des Glücks schließt, öffnet sich ein anderes. Wir schauen aber oft zu lange auf das geschlossene Tor, sodass wir das geöffnete nicht sehen. Es ist wahr, damit wir erst dann wissen, was wir gehabt haben, bis wir es verloren haben. Es ist aber auch wahr, dass wir nicht wissen, was wir vermissen, bis es eintrifft.

Leid, Tod und Seelenfrieden finden

Die wahre Gerechtigkeit liegt in der Hand Gottes.

– Göksel Copur

Religionen fußen auf der Grundforderung des Glaubens. Ist man nicht gewillt seine Zweifel und Skepsis hinter sich zu lassen, wird man auch nicht an die Existenz von etwas Höherem glauben. Gleichermaßen verhält es sich mit dem Glauben an sich selbst. Wenn Sie erst einmal den Grundstein für ein Fundament legen, welches eine starke Gläubigkeit für Grundsätze und Überzeugungen entwickelt, dann bietet dies Ängsten keinen Platz und Gewissheit und innere Zuversicht gehen daraus hervor. Wichtig dabei ist zu wissen, woran und warum Sie glauben – so verhindern Sie, dass die Windböen des Zweifels die Oberhand gewinnen.

Auf unserer Welt leben jedoch viele Menschen, die keinen Glauben und keine Religion haben. Nun, mit dem Glauben es ist das so eine Sache. Ein *Atheist* (eine Person, welche nicht an die Existenz von Göttern glaubt), glaubt natürlich auch an etwas – nämlich dass es keine Götter gibt. Das macht diese Menschen nicht zu schlechteren Erdenbürgern und niemand muss dies ändern – Ihr Leben können Sie so ausrichten, wie Sie wollen, das ist Ihr gutes Recht. Die weltliche Daseinsperspektive wird jedoch nicht selten an transzendentale Perspektiven geknüpft. Verglichen mit dem weltlichen Universum ist unser menschliches Dasein relativ kurz – ein *Wimpernschlag*. Es kommt auf Sie, mich und viele andere nicht wirklich an, bei mehr als 100.000.000.000 Menschen, welche bereits auf der Erde lebten. Wenn wir unseren winzigen Augenblick dann noch damit verbringen, Unheil zu stiften, so hat das *Leben* keinen *Sinn*. Das über andere gesäte Leid, werden wir früher oder später nur selbst ernten. Wenn Sie jedoch schon selbst leiden, können Sie sich als Christ sagen, dass das Leid einen *Sinn* in Ihrem Leben haben muss, da Gott es ist, der mir mit dem Leben auch sein Erbarmen schenkte. Und wenn Sie keinen Glauben haben, können Sie sich sagen, dass dieses Leid nicht lediglich Ihnen alleine widerfährt. Durch die gezielte Vorstellungskraft können ebenso Schmerzen gelindert werden (beispielsweise indem Sie sich an der schmerzenden Stelle etwas vorstellen, was Sie glücklich macht). Und wenngleich Ihre Erkrankung noch so schwerwiegend sein mag, gibt es sicher eine Arznei, um Ihrer Hoffnungslosigkeit nicht gänzlich machtlos gegenüberzustehen – und gibt es diese Arznei nicht, so führt auch Hoffnungslosigkeit zu nichts. Hoffnung bedeutet Ihrem *Leben* einen *Sinn* zu geben und tiefgründig in Ihrem *Innersten* glücklich zu sein.

Dem Tod müssen sich früher oder später sowohl ungläubige wie gläubige Menschen stellen. Das Unglück lässt dabei keine Menschengruppen verschont und vergreift sich dabei auch an geliebten Menschen, wie beispielsweise nahen Angehörigen, wenn diese sterben. Sie können dann nicht mehr viel tun oder ändern und gerade deswegen ist es wichtig zu wissen, dass Verzweiflung mehr Schaden anrichtet als Hilfestellung bietet und Ihre Schmerzen auf Ihrem bereits angekratzten Gemüt zu nur noch tieferen Kerben führen. Gerade weil Sie nichts mehr ändern können, sollten Sie sich sagen, dass auch Verzweiflung Sie nicht weiterbringt. Einen geliebten Menschen zu verlieren ist nie einfach. Aber wenn Sie diesen verlieren, so sagen Sie sich, dass das Leben mit den Jahren an einem Punkt eben zu Ende geht. Unser Dasein ist nur ein winziger Augenblick des gesamten Erdenlebens und wenn jemand stirbt, setzt unsere Seele die einmal begonnene Reise fort. Alle 5 Weltreligionen vertreten die Auffassung, dass zwar der menschliche Körper nach dem Tod verkommt, aber der Geist es ist, der fortbesteht und wir unsere geliebten Menschen wiedersehen werden. So ist der Tod nahestehender Personen weniger schmerzlich für uns, da es sich lediglich um eine vorübergehende Trennung handelt. Nichtsdestotrotz ist der Tod ein wahrlich einzigartig prüfender Augenblick und wenn möglich, macht es *Sinn* sich darauf vorzubereiten. Der Tod ist für uns weltliche Menschen unausweichlich und deshalb gehört er zum Leben: Es hat keinen *Sinn* ihm entkommen zu wollen, da das weltliche *Sein* befristet ist und sich zwischen Anfang und Ende des Lebens abspielt. Die meisten Menschen schrecken davor zurück, sich dies vorzustellen und sich mit dem Tod aktiv auseinanderzusetzen. Im Eifer des Gefechts geben wir uns den erdigen Versuchungen hin, führen Aufgabe um Aufgabe durch, häufen unzähligen Besitz und Güter an, fast so als würden wir niemals an das Morgen denken oder früher oder später *das Zeitliche segnen*. Menschen ohne Glauben können sich sagen, dass der Moment des Sterbens ein natürlicher Prozess als Teil des Lebens ist. Haben Sie einen Glauben, so macht es *Sinn* zu wissen, dass Sie am Ende angelangt und darüber traurig sein mögen, es dennoch einen tiefergehenden Grund geben muss, es gottgewollt ist, aber die näheren Hintergründe dessen ungeachtet unserem Verstand verwehrt bleiben.

Glaube schenkt Trost, Lebenssinn, Hoffnung und Mut. Damit lässt sich jedes Ihnen widerfahrene Unglück überwinden. Dabei zeigt sich immer wieder, dass der Glaube hilft, besser mit Verlusten umzugehen. Untersuchungen deuten ebenso darauf hin, dass Glaube und Spiritualität Vorteile bieten, die anderswo in dieser Intensität kaum zu finden sind. Unabhängig von Religion oder Konfession sind Menschen, die Gottesdienste besuchen glücklicher und zufriedener. Es offenbart sich ebenso, dass religiöser Besuch stark mit dem selbst erlebten und berichteten Glück zusammenhängt. Das Engagement in einer Gemeinde führt zu einer höheren Lebenszufriedenheit und darüber hinaus zeigen diese Menschen eine größere Fähigkeit mit schwierigen Lebensphasen besser umzugehen. Ein Glaubensleben fördert das Wohlbefinden und die Zugehörigkeit zu einer Religionsgemeinschaft bietet einzigartige Unterstützung in Lebenskrisen. Aber wie und was Sie verehren, das liegt ganz bei Ihnen.

Sie kennen vielleicht die Geschichte, die unter dem Namen „*Fußspuren im Sand*" weltweit bekannt geworden ist. Ein Mann hält dabei im Traum ein Zwiegespräch mit Gott. Rückblickend auf sein Leben bemerkt er, dass an manchen Stellen zwei Fußspuren zu sehen sind, an anderen dagegen nur eine. Das war immer genau in jenen Phasen seines Lebens, als es ihm am schlechtesten ging. Er beklagt sich darüber bei Gott, weil er meint, dieser habe ihn in seinen schwersten Lebenssituationen im Stich gelassen. Worauf er die Antwort bekommt: „*An diesen Stellen kannst du nur eine Fußspur sehen, denn da habe ich dich getragen!*" In der Folge die ganze Geschichte:

Eines Nachts hatte ich einen Traum. Ich ging am Meer entlang mit meinem Herrn. Vor dem dunklen Nachthimmel erstrahlten, Streiflichtern gleich, Bilder aus meinem Leben. Und jedes Mal sah ich zwei Fußspuren im Sand, meine eigene und die meines Herrn. Als das letzte Bild an meinen Augen vorübergezogen war, blickte ich zurück. Ich erschrak, als ich entdeckte, dass an vielen Stellen meines Lebensweges nur eine Spur zu sehen war. Und das waren gerade die schwersten Zeiten meines Lebens. Besorgt fragte ich den Herrn: *„Herr, als ich anfing, dir nachzufolgen, da hast du mir versprochen, auf allen Wegen bei mir zu sein. Aber jetzt entdecke ich, dass in den schwersten Zeiten meines Lebens nur eine Spur im Sand zu sehen ist. Warum hast du mich allein gelassen, als ich dich am meisten brauchte?"* Da antwortete er: *„Mein liebes Kind, ich liebe dich und werde dich nie allein lassen, erst recht nicht in Nöten und Schwierigkeiten. Dort wo du nur eine Spur gesehen hast, da habe ich dich getragen."*

Der Glaube an etwas schenkt uns nicht die Probleme, mit welchen wir auf der Welt zurechtkommen müssen. Er gibt uns vielmehr Kraft und Stärke mit diesen ein besseres Auskommen zu finden und manchmal Lösungen herbeizuführen. Woher nimmt man den Antrieb, wenn alle Kräfte bereits aufgezehrt sind? Woher die Kraft, Geduld und Hoffnung, wenn immer noch kein Ende des Leids in Sicht ist und die seelisch-geistigen Kraftquellen bereits erschöpft sind? Ein Blick hinter die Kulissen der Menschen zeigt schnell, dass kaum jemand zu finden sein wird, der zu beneiden wäre. Jeder hat sein Päckchen Leid umgeschnallt, das er zu ertragen hat. Der *Glaube* hilft dabei. Dennoch zweifeln viele Menschen am Glauben bzw. an der Existenz von etwas Höherem – das ist nicht wegzureden. Diese Zweifel werden mit der Frage nach dem Grund für das viele Leid, die Armut und die Kriege auf der Welt begründet. Warum lässt dies ein gütiger, barmherziger Gott zu? Man spricht demnach von der *Theodizee-Frage*, mit anderen Worten von der *„Gerechtigkeit Gottes"* oder „*Rechtfertigung Gottes*". Dieses Leiden hängt ferner mit den Erläuterungen des Glücks zusammen. Jeder von uns ist zu einem gewissen Grad für seine eigenen Gedanken und Handlungen verantwortlich und diese sind ebenso Ursache für Unheil und Leid. Es gibt auf unserer Welt nur einen Menschen, der es in der Hand hat, uns glücklich oder unglücklich zu machen und das ist unser innerstes „*Ich*" – wir Menschen schaffen uns dieses „*Ich*" selbst. Bemühen Sie sich also, wenn Sie *einsam* und *verlassen* sind, für sich das Beste zu finden: Ein glücklicher Mensch zu sein, der die Quelle des Glücks in sich selber findet. Dieses höhere Wesen, Gott, Tao, Dào oder wie auch immer Sie es nennen möchten, schuf uns folglich, sodass wir uns gegen oder für ihn entscheiden können. Natürlich hätte uns diese „*übersinnliche Macht*" auch so schaffen können, dass wir gezwungen sind mit ihr zu leben. Aber es ist wie mit der Liebe zwischen zwei Menschen, die sich unabhängig füreinander entscheiden, ohne Absichten an die Liebe zu heften. Denn: Gezwungene Liebe ist nichts wert. Gerade deswegen, weil wir die Entscheidung über haben, zu glauben oder nicht zu glauben, sich für oder gegen Gott zu entscheiden, sind wir in der Liebe zu dieser höheren Existenz und den Menschen so bedeutsam. Wenn uns Gott oder unser Glaube als bereits perfekte Wesen schaffen würden, die alles richtig machen und frei von Problemen sind, dann wären wir zwangsläufig nichts und niemand. Dann wären wir nicht eigenständig und von uns würde nichts abhängen. Oder aber wir sind auf uns gestellt und haben die Möglichkeit etwas zu entscheiden. Das birgt eben die Gefahr in sich, nicht zu glauben und sich gegen Gott zu entscheiden. Und dies bringt uns wieder zurück auf die Frage des guten Glaubens und Gottes. Kriege, Leid und Armut sind auf die *falschen Entscheidungen* von Menschen zurückzuführen, welche es bei einem barmherzigen, gütigen Gott dennoch auf dieser Welt gibt.

Kränkung, Ablehnung und Kummer

In Anbetracht des Todes wird vieles unwichtig. Nur eines nicht. Die Liebe, die zwei Menschen miteinander verbindet.

– Pierre Franckh

Herz, Geist, Seele, Gefühlsregungen – all das gibt man in einem von Liebe und Zuneigung gekennzeichneten Anflug, in seiner reinsten und schönsten Form, an seinen geliebten Menschen weiter. In einem Wechselbad innigster Gefühle bringt man Größe zum Ausdruck, wenn man sich nicht vereinnahmen lässt und sich voll und ganz, unabhängig der Auf- und Abschwünge des Beziehungslebens, für seinen Partner entscheidet. Nicht die flüchtige Leidenschaft, das aufregende Neue oder zu erwartende Annehmlichkeiten stehen im Vordergrund, sondern die Person selbst ist es, der man damit zu verstehen gibt: Meine Liebe ist für dich, ganz gleich was auch immer passieren mag. Liebe kann so für Menschen das schönste und wundervollste Gefühl sein, das die Welt zu bieten hat, aber gleichzeitig auch eines der schlimmsten Dinge, die einem widerfahren können – in Form gescheiterter Beziehungen. Mit Liebe ist sorgsam und bedächtig umzugehen. Die gebrochenen Herzen der Menschen, welche die Qualen des *Liebeskummers* vor sich hertragen und dies bezeugen, bringen zum Ausdruck: „*Warum nur ich und kein anderer?*" Aber nur etwas, das so stark schmerzt und die Menschen so sehr leiden lässt, hat auch einen gewissen Wert. Die großen Gefühlsregungen, die unbeschreiblichen Gefühle alles füreinander zu sein, ermöglichen erst den Schmerz, den wir beim Einbruch derart geballter „*Gebäude*" erleben. Menschen sind von Geburt an mit anderen Menschen verbunden, sie lieben, werden geliebt und geben Liebe zurück, sodass ein Verlust immer auch ein Stück weit an Leid geknüpft ist. Diesem Leiden kann man nicht entkommen.

Der Glaube verhütet oder verursacht zwar nicht Leid, gebrochene Liebesbeziehungen, Kummer oder Kränkungen, aber er hilft, dass Menschen einander zugetan sind und sich beistehen. Es ist ähnlich wie mit einem Jungen, der das erste Mal Fahrradfahren lernt, der weiß, dass er auch ohne dem Festhalten seines Vaters und seiner Stützen fahren kann. Dabei stellt sich lediglich die Frage, ob er das noch immer _glaubt_, wenn die Stützen ab sind und sein Vater ihn vollständig loslässt und gänzlich ohne Unterstützung fahren lässt. Glaubt er dann noch immer daran oder hört er auf daran zu glauben, sodass er in Stress und Hektik gerät und umfällt. Wenn jemand schwer leidet, erkrankt und stirbt ist nicht sein Glaube schuld – dies hat andere Ursachen. Aber ich habe es in meinen geleisteten sozialen Diensten während all der Jahre immer wieder erlebt, dass selbst weniger gläubige Menschen in ihren letzten Stunden, dann doch noch an etwas glauben. Der Glaube gibt Kraft, erlebtes Leid zu ertragen und jeden Tag so hinzunehmen wie er kommt. Natürlich sah ich nicht immer Wunder, aber diese Menschen fanden Kraft, tragische Ereignisse besser hinzunehmen oder auch zu überleben. _Joseph Soloveitchik_ schrieb einst, dass Leid den Menschen veredle, seine Gedanken von Oberflächlichkeiten und Stolz reinige und seinen Horizont erweitere. Das bedeutet folglich, dass Leid imstande ist die menschliche Persönlichkeit vollkommener zu machen. Glaubensprüfungen können auch so verstanden werden, wonach sie nur denjenigen zuteilwerden, die auch imstande sind, damit fertig zu werden. Sie selbst und andere Mitmenschen können so ihre seelisch-geistige Stärke und Beschaffenheit besser erkennen und festigen. Im _Talmud_ wird dies so beschrieben:

Auf dem Markt sind Töpfer zu beobachten, die umhergehen und mit dem Stock auf Töpfe schlagen, um zu zeigen wie widerstandsfähig und robust sie sind. Der kluge Töpfer schlägt jedoch nicht auf die schwächsten und zerbrechlichsten, sondern nur auf die stärksten Töpfe.

Häufig kommt es zu schweren Prüfungen für Menschen, aufgrund eines Lasters, dass fast jeder mit sich herumträgt: *Hochmut*. Die Gefährlichkeit des Hochmuts liegt darin begründet, dass sich darin keine andere gute Eigenschaft wie Redlichkeit, Freude und Zwischenmenschlichkeit verbirgt, welche bei anderen Lastern sehr wohl zu finden sind. Die Untugend des Hochmuts ist vor allem mit zwei Wörtern zu beschreiben: *Feindschaft* und *Spott*. Den Charakterzug des Hochmuts macht noch perfider, dass der Hochmütige den Hochmut bei anderen noch viel mehr verabscheut. Es geht diesen Menschen vor allem darum aufzufallen und im Mittelpunkt zu stehen – 2 Schuster und nur 1 Leiste, das geht sich nicht aus. Hochmut resultiert vor allem aufgrund des Wetteiferns zwischen den Menschen. Der oder die sind wohlhabend, schön, glücklich, gesegnet usw. Das ist natürlich immer von einem gewissen Stolz derjenigen Menschen getragen. Denn in Wirklichkeit sind die Menschen stolz darauf wohlhabender, schöner, glücklicher und gesegneter zu sein als andere Menschen. Wären alle Menschen auf einer Ebene, so würde man dem Stolz die Grundlage entziehen und Menschen hätten nichts mehr, woran sie sich messen und worauf sie stolz sein könnten. Wie viel an zeitlichen Ressourcen könnten wir sparen, würden wir nicht damit beschäftigt sein, was die anderen tun, denken oder sagen, sondern lediglich damit, selbst ein ehrlicher und aufrechter Mensch zu sein. Das hilft Ihnen ebenso dabei, so zu leben, als müssten Sie jederzeit aus dem Leben scheiden. Sie können daher die Ihnen noch verbleibende Zeit als Geschenk betrachten und sind damit weniger anfällig für die Untugend des Hochmuts. Dazu gehört als erster Schritt Leid und Kummer hinter sich zu lassen und zu erkennen hochmütig zu sein. Das fällt einfacher, wenn man sich selbst als etwas „*Winziges*" wahrnimmt oder sich gleich ganz vergisst, um so entschieden gegen Hochmut anzugehen und auch zur Demut zu gelangen. Es ist wie mit *Regen*, *Wind* oder den *Gezeiten*: Man kann sich davor schützen, sich in Sicherheit bringen, sich flach auf den Boden legen oder davonlaufen. Man wird dadurch aber nicht empfindsamer für das Wetter, bekommt kein Gespür dafür oder fühlt damit den Wetterverlauf über einen bestimmten Zeitraum hinweg in irgendeiner Weise besser. Die Kraft der Witterung spürt man eben nur dann, wenn man sich dagegen auftut. Menschen und ihre Umstände können somit auch deshalb schlecht sein, weil sie ein überbehütetes Leben führen oder stets gegen nichts angehen – sie geben nach und machen es anderen recht.

Es ist nicht sinnvoll jemanden, der eine Scheidung durchmacht, vom Unglück getroffen wurde oder großes Leid verspürt zu sagen: „*Hättest du nur anders gehandelt, würde es dir nun besser gehen.*" Wir glauben allzu leicht, dass widrige Umstände verhindert werden können, wenn wir nur anders mit der jeweiligen Situation umgehen würden. Manchmal gehen Menschen eben getrennte Wege, da beide etwas anderes erwartet haben. Manchmal sterben nahestehende Menschen, nicht wegen der misslungenen Behandlung, auf welche die Angehörigen gedrängt haben, sondern weil Menschen unheilbar erkrankt sind. Unternehmen geraten immer wieder in Schieflage – ein Großteil der Neugründungen scheitert – aufgrund einer schlechten Konjunktur, den falschen Prognosen oder der harten Konkurrenz, jedoch nicht weil man sich einer falschen Entscheidung hingegeben hat. Es ist *sinnlos* zu sagen, dass wir für jedes erfahrene Leid, Unheil oder Unglück selbst schuld seien. Denn es sind nicht immer unsere eigenen Fehler, die dafür verantwortlich gemacht werden können und nicht alles, was in der Welt vor sich geht, ist von uns beeinflussbar. Ist ein Mensch vom Unheil nicht verschont geblieben, ist es nicht immer einfach die richtigen Worte zu finden, jedoch viel einfacher zu wissen, was man nicht sagen sollte. Sie sollten diese Menschen nicht kritisieren (*„mach keine Szene, wegen all der Leute"*) oder bagatellisieren (*„das ist doch gar nichts, da kenne ich viel Schlimmeres"*). Zudem ist es nicht angebracht, denjenigen, der sich in einer misslichen Situation befindet, zu veranlassen, dass er seine Emotionen und Gefühle unterdrückt (*„Lass es wie es ist, denn Not tut gut an dir"*). Am wichtigsten ist es, überhaupt zu kommen und zuzuhören. Diese Prinzipien erweisen ebenso bei Kummer gute Hilfestellungen. Loslassen können ist sehr schwer – gerade wenn man emotional verwirrt ist. Aber es ist sehr befreiend und an den Schmerzen wachsen Sie. Probieren Sie es einfach aus. Liebeskummer überwindet man am besten, wenn man der verflossenen Liebe für einige Zeit aus dem Weg geht. Weniger an den ehemaligen Partner denken und Abstand halten. Man sollte ebenso viel mit nahestehenden Menschen über die eigenen Gefühle reden – oder darüber schreiben. Es gilt dabei sein Leben wieder in die eigene Hand zu nehmen. Wenn Sie gerade verlassen wurden, tun Sie sich etwas Gutes. Das lenkt ab, sich auf die eigenen Fehler und Schwächen zu fokussieren, die zumeist nach Trennungen im Übermaß in unseren Köpfen herumschwirren. Verlassene Partner bilden sich dann ein, nicht gut genug für den anderen zu sein. Sagen Sie sich einfach, nur weil zwei Menschen, in einer Welt mit mehreren Milliarden Erdenbürgern, nicht gut zusammenpassen, man einfach sein gewohntes Leben weiterführen sollte und noch genügend andere, besser passende Partner vorhanden sind. Eine Abfuhr tut immer weh, aber man hat wenigstens Gewissheit. Wenn jemand für einen nichts mehr empfindet (oder auch noch nie empfunden hat), dann wird sich das auch nicht ändern – das muss man akzeptieren. Leider projizieren wir in andere Menschen häufig Dinge hinein, die erst gar nicht da sind. Mit diesem Wissen fällt es Ihnen leichter loszulassen. Man will schließlich nicht mit jemandem zusammen sein, den man erst zu überzeugen hat, wie gut man nicht ist. Es sollte vielmehr so sein, dass der Partner ständig an Ihren Augen hängt und an nichts anderes als an seinen neuen Herzensmenschen denkt. Unglücklich verliebt zu sein, ist nicht einfach von der Hand zu weisen, aber fokussieren Sie sich auf die verwerflichen Eigenschaften der anderen Person, so fällt es Ihnen ebenso leichter Abstand zu gewinnen und nicht so sehr an den ehemaligen bzw. potenziellen Partner zu denken. Wenn wir erfahrene Wunden immer wieder aufs Neue aufreißen und in Selbstmitleid baden, dann finden wir uns in einer Kränkungsspirale wieder, der wir nicht entkommen. Wenn Sie sich erlittenes Leid, Kränkungen und Unheil wiederholt in Erinnerung rufen, so werden Sie ewig an Ihren „Wunden" lecken. Abhilfe schafft auch hier ein alt bewährtes Heilmittel: *Humor.* Unangenehme und ernsthafte Lebenssituationen stehen Sie mit Formen der Fröhlichkeit leichter durch. Leid und Unglück passieren überall, leider auch in der Liebe. Dies lässt sich nie ganz vermeiden, aber Sie können immer Zuversichtlichkeit schöpfen.

Besonders schmerzlich ist Ablehnung, Kränkung und Zurückweisung im Bereich der zwischenmenschlichen Beziehungen. Das Kränkungsgeschehen ist für viele bereits in der Beziehungsanbahnung zu spüren. Man kommt bei der Kontaktaufnahme in der Partnersuche zumeist nicht umhin, negative Begleiterscheinungen und Kränkungen zu erfahren. Ich denke jedoch, dass Mann oder aber auch Frau schon ein Stückchen aktiv sein muss, um Chancen und Möglichkeiten für ein Kennenlernen zumindest erst mal zu schaffen. Sagen Sie sich, dass Sie nichts, gar nichts zu verlieren haben. Jeder Mensch ist anders und folglich kann auch nicht jeder mit jedem zusammenpassen. Seien Sie mutig, denn wenn Sie es erst gar nicht versuchen, haben Sie überhaupt keine Chance. Und kommt es zu erfahrenen Kränkungen, so bestimmen Sie immer noch selbst was Ihnen seelischen Schmerz zufügt. Sie sind Herr über das „*Kränkungsgeschehen*" und da hilft es Ihnen auch zu verzeihen. Nicht nur in Liebesdingen kann Ihnen dies von Nutzen sein. Bösartige Beleidigungen und damit einhergehende Kränkungen treten häufiger auf als man denkt. Neben der erläuterten *Gelassenheit* und *Humor* hilft hier ebenso, dass der Empfänger die kränkende Botschaft *abschwächt, verniedlicht* und ihr *keinerlei Relevanz* zuschreibt. Bei all dem Kummer, Leid, der Trauer und den nicht erfüllten Begierden und verflossenen Lieben: Es mag anfangs nicht leicht zu verstehen sein, dennoch reinigt dies Ihr Herz. Der fehlende Blick über den Tellerrand und mangelndes Verständnis bewirken jedoch, anzunehmen, dass nur die eine Liebe, die ständige Suche nach der einen Liebe und Freude das Leben lebenswert machen. Sie sollten es nicht zulassen, dass jemand zu einer Priorität in Ihrem Leben wird, wenn Sie nur eine Option in seinem Leben sind. Nicht alle Stürme kommen um Ihr Leben zu erschüttern. Manche kommen um Ihren Weg freizumachen. Immer wieder zeigt sich, dass er/sie oder sie/ihn nicht mehr will. Man kann es dann ohnehin nicht mehr verhindern – wozu also all die Aufregung um nichts. Diese fatalistische Einstellung schließt Eifersucht aus und hilft darüber hinaus besser über die Trennung hinwegzukommen. Wenn es nicht sein will, dann hat es schon einen *Sinn* gehabt. Und noch eines: (zu viel) Nachdenken führt zu nichts.

Dennoch müssen wir lernen, unsere Gefühle *jetzt* und nicht erst später auszudrücken – nicht dann erst, wenn es bereits zu spät ist. Keiner von uns weiß, wann unsere Zeit gekommen ist. Deshalb sagen Sie den Menschen, dass Sie sie lieben. Sagen Sie Ihnen, dass Sie etwas für sie empfinden und sie zu schätzen wissen. Es gehört schon ein Stück Mumm und Tapferkeit dazu sich auszudrücken, aber wenngleich auch Ihre Ehrlichkeit nicht geschätzt wird und Menschen anders reagieren als erhofft, ist das nicht so wichtig. Bedeutender ist vielmehr es sich von der Seele zu reden. Es lebt sich so leichter, als Schuldgefühle vor sich hertragen zu müssen. Wer glücklich leben und lieben will, sollte seine Schuldgefühle ablegen, da Ehrlichkeit sich lohnt. Dies macht sich nicht immer sofort bemerkbar, auf die eine oder andere Weise kommen wir damit jedoch weiter. Beispielsweise in Gestalt eines höheren Selbstwerts, Menschen etwas mitzuteilen bevor sie sterben und dies nicht zu verabsäumen oder in Form von aufrichtigen Beziehungen und dem Ende von unredlichen Beziehungen. Wir können es nicht immer gleich erahnen, wie sich dieser offene Umgang mit Gefühlen auswirken wird, dennoch werden Sie danach „*freier*" leben und dies wird Ihnen helfen.

Dessen ungeachtet hindert dies nichts daran, dass Liebe manchmal zu Enttäuschungen führt. Im realen Leben ist es durchaus schon mal so, dass der Verpartnerte meint, sich einen verliebten Single als angenehme verehrende Lebensbegleitfigur zu erhalten. Denken wir an den Film „*Vom Winde verweht*". Scarlett O'Hara ist in den verheirateten *Ashley* verliebt, der wiederum nur *Melanie* liebt. Er findet zwar ebenso *Scarlett* toll, weil sie so intelligent und voller Energie ist, aber er liebt sie nicht und will nur mit *Melanie* sein Leben glücklich verbringen. Die arme *Scarlett* will es jedoch nicht wahr haben und setzt alle Hebel in Bewegung und tut viel, um ihn doch zu bekommen. Und dennoch – alles ohne Erfolg. Nachdem sie bereits alles versucht hat, muss sie schweren Herzens feststellen, dass er sie nicht will. Am Ende steht sie vor den Trümmern ihrer eigenen *Illusion*. Verliebtsein bedeutet immer auch Habenwollen. Das Nichthabenkönnen kann ein Stück weit „*schöngeredet*" werden – aber eben nur ein Stück. Jeder kennt diese Enttäuschungen, die man durchzumachen hat. Um das zu verhindern und besser damit zurechtzukommen, sollten Sie *(I)* sich auf die Menschen konzentrieren, die Sie wollen und nicht Ihre wertvolle Zeit mit verlorenen Geschichten vergeuden. *(II)* Sie können, um besser zu vergessen, vor allem bei schmerzvollen Erfahrungen, strikte innerliche Grenzen setzen und das Thema als abgeschlossen betrachten.

(III) Wenn Sie sich ganz klar immer wieder sagen, wie toll Sie sind, dass er/sie Sie nicht haben kann, Sie sich insgeheim aufzählen, was Sie alles im Leben bereits geschafft haben, wie frei Sie sind und welch angenehmes Leben Sie führen, dann bringt Sie dies in Ihrem Leben ebenso weiter nach vorne und vieles fällt leichter. Sagen Sie sich nur in eine *Illusion* verliebt zu sein (da wären wir wieder bei den Illusionen). Wären Sie mit diesem jeweiligen unglücklich verliebten Partner zusammen und hätten ihn jeden Tag um sich herum – wer weiß, wie lange Sie dann noch Gefühle für Ihr Gegenüber hegen würden. *(IV)* Werden Sie sich darüber im Klaren, dass es dann sowieso nicht die/ der Richtige sein kann. Gewinnen Sie zumindest vorerst Abstand, denn Liebe und Freundschaft schließen sich zumeist aus. Was für eine Art von Freundschaft ist es, wenn sie nur einseitig ist? Wenn die/der es nicht sein darf, dann liegt es wohl daran, dass das Schicksal noch etwas Besseres für Sie bereithält. Je mehr Sie bei sich selbst und Ihren Ansprüchen, Vorstellungen und Wünschen sind, eine neue Liebe zu finden, desto unattraktiver wird die verschmähte Liebe werden. Dabei gilt es nicht zu versuchen, es allen neuen potenziellen Partnern recht zu machen und diese zu beeindrucken. Am meisten kann man „*beeindrucken*", indem man einfach sich selbst treu ist, der zu sein, der man ist. Strahlen Sie dabei eine Souveränität und Zufriedenheit aus, dass es Sie nicht weiter beschäftigen würde, falls aus der neuen Liebe nichts weiter wird. Beim richtigen Partner können Sie ohnehin nichts falsch machen – wozu dann all die Aufregung. Denn manchmal muss man einfach dem Herzen folgen und die Dinge geschehen lassen. Früher oder später vereint das Leben was zusammen gehört und es trennt, was schadet – irgendwann. Wir sind alle Menschen und damit auch verletzlich. Das Ende von schädlichen Beziehungen bedeutet immer auch einen Neuanfang.

Lieben lernen und loslassen

Liebe macht nicht blind. Der Liebende sieht nur weit mehr als da ist.
– Oliver Hassencamp

Wenn Sie von Ihrem Partner einfordern, dass dieser Sie glücklich machen soll, entsteht ein Ungleichgewicht, welches Ihre Beziehung einschränkt und dazu führt, dass Sie nicht völlig in dieser aufgehen. Es ist, wie wenn Sie eine Beziehung beginnen und dabei nicht verliebt sind. Ich habe das mehr als einmal erlebt. Du magst jemanden und denkst: *„Wir könnten es genauso gut versuchen."* Keine gute Idee. Sie sind entweder verliebt oder nicht. Machen Sie sich nichts vor. Es ist Ihnen gegenüber nicht fair und ebenso nicht der anderen Person gegenüber. Menschen sollen nicht nur ohne Mann, Frau oder Kinder glücklich sein, sondern müssen es auch. Als bereits glückliche Frau (oder Mann), welche auf der Suche nach einem Partner ist, um Freude, Glück und Liebe zu teilen und dies nicht erst zu bekommen, werden Sie viel anziehender und interessanter auf potenzielle Partner wirken und sympathische Menschen kennenlernen, denen man auch einen Teil seines Lebens und noch mehr schenken möchte. Dazu gehört jedoch zu verstehen, dass Sie nicht von anderen Menschen abhängig sein sollten, welche Sie glücklich machen. Vielmehr gilt es Ihr Schicksal selbst in die Hand zu nehmen, was heißt, den Samen dafür zu säen und die Früchte in Form von Glück und anderen Freuden mit Ihren Mitmenschen zu teilen, sodass daraus noch mehr entsteht – sprich nicht zu Hungrigen zu werden, denen lediglich Geben und Nehmen wichtig ist. *Osho* ist ähnlicher Auffassung und steht für Folgendes ein:

»Die erste Lektion der Liebe besteht darin, nicht um Liebe zu bitten, sondern nur zu geben. Werdet zu einem Gebenden. Die Menschen machen aber genau das Gegenteil. Selbst wenn sie geben, tun sie es mit dem Hintergedanken, Liebe zurückzubekommen. Es ist ein Tauschhandel. Sie verströmen sich nicht, sie verschenken sich nicht freigiebig. Sie teilen aus, aber nicht vorbehaltlos. Aus dem Augenwinkel beobachten sie, ob es erwidert wird oder nicht. Arme Leute ... sie haben keine Ahnung von dem Naturgesetz der Liebe. Wer Liebe verströmt, zu dem wird sie zurückkommen.

Und wenn sie nicht kommt, macht euch keine Sorgen. Ein Liebender weiß, dass Lieben glücklich macht. Wenn es erwidert wird – gut, dann vervielfacht sich das Glück. Doch selbst wenn es nicht erwidert wird, macht der Akt des Liebens euch so glücklich und ekstatisch – wen kümmert es da, ob die Liebe erwidert wird?

Die Liebe hat ihre eigene, ihre innewohnende Glückseligkeit. Diese stellt sich ein, wenn man liebt. Man braucht nicht auf das Ergebnis zu warten. Fangt einfach an zu lieben und allmählich werdet ihr sehen, wie viel Liebe zu euch zurückkommt. Man kann nur erleben und erfahren, was Liebe ist, indem man liebt. Genau wie man schwimmen lernt, indem man schwimmt, so lernt man lieben, indem man liebt.

Aber die Menschen sind sehr knausrig. Sie warten auf die große Liebe – dann, ja dann werden sie lieben! Sie bleiben verschlossen und in sich gekehrt. Und sie warten. Irgendwann, irgendwo wird ihre Kleopatra auftauchen und dann werden sie ihr Herz öffnen. Lasst keine Gelegenheit vorbeigehen, um zu lieben! Selbst auf der Straße, im Vorbeigehen, kann man liebevoll sein. Selbst zu einem Bettler kann man liebevoll sein. Es ist nicht nötig, ihm etwas zu geben, aber lächeln kann man. Es kostet nichts. Doch euer Lächeln öffnet euer Herz; es bringt Leben in euer Herz. Nehmt jemanden bei der Hand – einen Freund, einen Fremden. Wartet nicht, bis erst der Richtige kommt, den ihr lieben könnt. So wird der Richtige nie kommen. Liebt einfach. Und je mehr ihr liebt, desto größer ist die Wahrscheinlichkeit, dass der Richtige zu euch findet, weil euer Herz anfängt zu blühen. Ein Herz in voller Blüte lockt viele Bienen an, viele Liebende.«[*]

„*Nehmen Sie jemanden bei der Hand.*" Das mag sich leichter anhören als es ist, wird sich so mancher denken. Man braucht nur zu jemandem gehen und seine Handflächen öffnen, den anderen bei der Hand nehmen, sodass sich beide Hände umschließen. Das kann schließlich jeder. Doch weiß man natürlich nie, wie der andere das aufnehmen wird. Er könnte Ihnen gegenüber negativ eingestellt oder abweisend reagieren. Aber gerade das können Sie zum Anlass nehmen, die von Ihren Mitmenschen künstlich geschaffenen Mauern aus dem Weg zu schaffen. Liebe erfordert in erster Linie ein Geben und Mut. Wo wären wir denn, wenn niemals jemand von sich aus den ersten Schritt macht? Sicherlich können Sie Zurückweisung und Enttäuschung erleben, aber mit etwas Zuversicht wird die Sache einen positiven Ausgang nehmen. Kümmern Sie sich nicht darum, was die Leute denken. Wir alle sterben am Ende. Glauben Sie wirklich, dass es somit wichtig ist, was die Leute über Sie denken?
Verliebtsein ist vergänglich und Partner werden auch gerne mal im Vorbeigehen ausgetauscht. Da wird dann auch ein großer Altersunterschied von 20 Jahren und mehr einfach so in Kauf genommen. Echte und wahre Liebe ist heute selten geworden, da Menschen zumeist darauf aus sind, wer welche Vorteile für sie bietet. Es wird getäuscht, „*warm gehalten*", jemand wird nur aufgrund seiner Attraktivität gewollt, Frauen die unbedingt Kinder haben wollen, Männer, die von Gefühlen und Liebe sprechen, nach dem Geschlechtsverkehr aber das Weite suchen, falsche oder nicht eingehaltene Kompromisslösungen, es werden „*besser-als-*

---

[*] Osho (2004).

nichts"-Beziehungen geführt... u.Ä.... die Liste ist sehr lange. Arbeit, Vertrauen, einfach laufen lassen – all das sind Fremdwörter heutzutage. Beziehungen sind zunehmend zu Lust- und Lebenskillern geworden. Man kann sich getrost die Frage stellen: Gibt es wirklich wahre und glückliche Beziehungen?

Schaut man sich im Bekanntenkreis um, so bemerkt man immer wieder, dass Freunde jammern, wie unglücklich sie sind und die Beibehaltung der Treue immer mehr zu einem *„Idealbild"* verkommt. Entweder er oder sie geht fremd oder man bekommt eindeutige Angebote von Menschen, die in Beziehungen sind. Warum? Wesentliche Gründe dafür sind, weil die Angst des Single-Lebens so groß ist und der Stand von vielen Menschen so verteufelt wird. Dabei vergessen Menschen, dass wir als Single geboren werden – also ist das doch kein Makel. Sich über eine Beziehung zu definieren und über diesen Weg zum Glück finden zu wollen, steht für eine große Selbstablehnung. Menschen, die andere für ihre Bestätigung brauchen, sind zumeist auch solche, die mit sich selbst nichts anfangen können. Immer wieder versuchen sie es über die berühmten *„Kompromisse"*. Eine Beziehung ist nun mal keine Garantie für Glück, da man mit einer Beziehung sogar noch viel unglücklicher werden kann als ohne. Sicher hat ein Single seine Vorteile, er ist frei und unabhängig, muss sich nicht sorgen, niemanden fragen, weder sich absprechen, noch sich die Probleme von jemand anderem anhören, er kann sein Geld ausgeben wann und wie er will und auch den Alltag nach Belieben gestalten. Paare müssen hingegen alles und jenes absprechen, besprechen und gemeinsam planen. Sie können Ihr Singleleben völlig anders bewerten und auch Geschmack daran finden. Die *Kunst* des Lebens besteht vor allem darin, immer aus allen Möglichkeiten und Gegebenheiten das Beste zu machen. Und: Niemand hat immer alles. In den meisten entwickelten Ländern gehen wir abends in unser warmes Bett, haben ein Dach über dem Kopf und müssen nicht hungern. Medizinische Hilfe kann man auf hohem Standard in Anspruch nehmen, wir müssen nicht vor Kriegen und anderen Auseinandersetzungen fliehen, haben eine gute Ausbildung und einen Beruf und finden unser Auskommen. Mehr als 90 Prozent der Weltbevölkerung haben dies nicht. Dankbarkeit hilft, wenn man sein eigenes Leben bewertet. Können Sie sich vorstellen, Sie würden Kollegen, Freunde und andere nahestehende Personen das letzte Mal sehen? Wie würde sich Ihre Beziehung zu diesen Menschen ändern? Wie dankbar wären Sie für diese Augenblicke? Viele Menschen haben keine Achtung vor ihren Beziehungen, opfern nahestehende Menschen auf Grund von Lappalien, ohne dies zu wissen und damit auch ihr Glück. Denken Sie daran, dass es schöner sein kann, jemanden zu haben, der an Urlaubserlebnissen und ähnlichen Unternehmungen teilnimmt. Jeder weiß, wie es ist, mit anderen Menschen über seine Probleme zu sprechen. Auch wenn keine wirklichen Lösungen daraus hervorgehen, so hilft Menschen schon alleine das Gespräch mit jemand anderem weiter.

Probleme können Ihnen ebenso Ängste bereiten. Doch um liebevolle zwischenmenschliche Beziehungen zu bekommen, müssen Sie von Ihren Ängsten loslassen und sich bietende Gelegenheiten ergreifen. Den meisten Menschen bieten sich diese Gelegenheiten, jedoch lassen sie diese ungenutzt verstreichen. Wir gehen häufig auf Menschen nicht zu, da wir eine Zurückweisung befürchten oder wir gehen, aufgrund von Verlustängsten, erst gar keine Beziehungen ein und sprechen nicht über unsere Gefühle, weil wir Angst haben, andere würden darüber den Kopf schütteln. Den allermeisten Menschen fällt das Lieben gar nicht so schwer, viel schwerer ist es da schon diese Liebe erst einmal mitzuteilen. Wenn wir zwischenmenschliche liebevolle Beziehungen leben möchten, so müssen wir unsere Gefühle ausdrücken. Es ist wie mit allem anderen auch. Ein Lächeln macht genauso wenig Mühe wie ein vergrämtes

Gesicht und ein entmutigendes Wort ist genauso kurz wie ein freundliches Wort. Es liegt nur an uns und so liegen die häufigsten Beziehungsprobleme darin begründet, dass einer der beiden Partner seine Gefühle, Gedanken und Probleme nicht ausdrücken kann (manchmal sind es auch beide – das macht die Sache natürlich nicht einfacher). Sprechen wir nicht über unsere Gefühle, so können wir auch keine zwischenmenschlichen Beziehungen knüpfen. Es ist schwierig eine Verabredung mit jemanden zu haben, wenn man nicht darum bittet. Wichtig dabei ist die Erkenntnis, dass Verabredungen häufig nur über eine große Zahl von Versuchen angebahnt werden können. Eine Niederlage sollte hier nicht als Korb begriffen werden, sondern als eine Chance und diese zumindest genutzt zu haben. Die Alternative wäre ständig potenzielle Partner zu sehen, welche einem gefallen und dann jedes Mal zu zögern, um später zu denken „*Hätte, würde, könnte ich nur....*" Ich bin Menschen begegnet, die manchmal 40 oder mehr Körbe nacheinander bekommen haben. Und der letzte Kandidat fand sie dann toll. Das zeigt, dass diese Menschen ihre Partner nie kennengelernt hätten, wenn sie Körbe als schlimmes oder zu vermeidendes Übel erachtet hätten. Nur die wenigsten Männer haben keine Angst vor Frauen und keine Angst vor Körben. Wer glaubt, Frauen haben es einfach, irrt sich. Folglich ist es kontraproduktiv, ein bestehendes Interesse stets zurückzuhalten, um eine Zurückweisung unbedingt zu vermeiden. Nach 50, 80 oder mehr Körben haben diese ganz einfach keinen negativen Effekt mehr. Im Gegenteil, Sie können jedes Mal stolz sein, wenn Sie jemandem zeigen, dass Sie für diese Person etwas empfinden. Man hat eben nur dann Erfolg, wenn man zeigt, wen man toll findet. Ärgern werden Sie sich wirklich nur, wenn Sie eine Chance nicht wahrgenommen haben. Wenn Sie etwa eine Frau oder einen Mann sehen, die oder den Sie toll finden, aber dann nicht ansprechen. Was passiert? An diese Momente können Sie sich sogar noch Jahre später erinnern. Angst vor mangelndem Interesse oder das Gefühl an Wert einzubüßen (Stolz), wenn das eigene Interesse nicht auf Erwiderung stößt, sind die alleinigen Gründe, warum so viele Menschen ein einsames Dasein als Single fristen und so lange alleine bleiben. Männer als auch Frauen. Sie können stolz sein, mutig zu sein und Sie werden merken, dass Sie in alltäglichen Situationen mit Kollegen, Bekannten, Freunden, Fremden und in allen möglichen sozialen Situationen sehr viel selbstsicherer werden – wenn Sie nur mutig sind. Ich kenne nur wenige Menschen, die wirklich mutig sind. Viele Menschen, die keinen Partner haben, sich jedoch einen wünschen, sind Single, weil sie einfach kaum auf Frauen bzw. Männer zugehen. Die meisten Menschen lieben authentisches und ehrliches Interesse. Sie geben diesen Menschen damit ein wundervolles Gefühl, indem Sie ihnen diese ultimative Wertschätzung (Ihr Interesse) entgegenbringen. Meiner Erfahrung nach sind lediglich die wenigsten Menschen darüber schlecht gelaunt oder reagieren extrem abweisend, wenn man sie anspricht. Bedenken Sie dabei: Das sind jedoch Ausnahmen. Wie Sie bereits richtig erkannt haben, gibt es überhaupt nichts wovor Sie Angst haben bzw. wofür Sie sich schämen müssten. Sie können stolz darauf sein, die Initiative ergriffen zu haben. Nur auf diese Weise kann man die Menschen kennenlernen, die man wirklich in seinem Leben haben will. Wenn Sie häufiger den ersten Schritt wagen, wird ebenso Ihr Selbstwertgefühl dies zunehmend nicht mehr als etwas Befremdendes, sondern als etwas Selbstverständliches und Natürliches verstehen (Menschen sind nun mal Gewohnheitstiere). Viele Menschen werden Ihre Offenheit zu schätzen wissen. Selbst, wenn diese dann kein Interesse haben, denn sie wissen, dass Sie zu einer kleinen Gruppe außergewöhnlicher Menschen gehören. Meistens haben seltsame Menschen, komische Vögel, Ausgeschlossene, Einzelgänger, Vergessene und Verlorene die schönsten Seelen. Es war stets so, dass Menschen alles lieben, das besonders, selten und spärlich gesät ist. Indem Sie Ihre Gefühle offen zeigen, gehören Sie einer besonderen und außerordentlichen Sorte von Menschen an, da die meisten Zeitgenossen viel zu viel Angst davor haben, zu offenbaren, wer sie wirklich sind. Gehen Sie diesen Weg weiter und Sie werden unweigerlich Erfolg haben. *Authentisches Verhalten* und *Mut* werden tatsächlich belohnt! Wenn wir lernen uns ehrlich und offen mitzuteilen und unsere Erfahrungen, Gefühle und Gedanken auszudrücken, dann macht das etwas mit uns und unserem Leben. Dabei vergessen die meisten Menschen, dass jemanden zu lieben auch heißt, mit dem Partner offen zu kommunizieren. Bei vielen Menschen sind Beziehungen nicht von Dauer, da sie ihr wahres *Ich* nicht offenbaren und fürchten sich festzulegen. Wenn Sie jedoch wahre Liebe leben möchten, nach einer langfristigen und liebevollen Beziehung Ausschau halten, Liebe erfahren und geliebt werden wollen, dann müssen Sie sich einem Menschen verpflichten. Auf der anderen Seite gibt es Menschen, welche sich entscheiden etwaigen Verlust, Trennung oder Schmerz nicht auf sich zu nehmen, da ihre Angst davor größer ist als das Verlangen nach liebevollen zwischenmenschlichen Beziehungen. Angst ist die größte Hürde auf dem Weg zur Liebe. Die Angst vor Verlust, Zurückweisung und sich vor anderen bloßzustellen. Wenn wir die wahre Liebe jedoch verspüren wollen, so müssen wir dem Gefühl nachgeben, sich dem Partner bedingungslos anvertrauen zu können, sich ihm verpflichten. Sie stellen ihn immer überall Ihre anderen Interessen und sind immer für ihn da. Wenn wir liebevolle Beziehungen möchten, so müssen wir unsere Ängste in die Schranken weisen und bereit sein, uns Menschen, die uns etwas bedeuten und lieb sind, voll und ganz zu verpflichten und zu widmen.

Die Glücksgefühle, welche die Verliebtheit hervorruft, können so manchen süchtig nach einem Partner machen und all die Menschen wünschen sich, die Liebe möge niemals enden. Dennoch wird in etwa die Hälfte aller Ehen geschieden. Ähnlich auch das Bild der nichtehelichen Lebensgemeinschaften, wo die Mehrheit der Partnerschaften in die Brüche geht. Das ist bedauerlich, wünschen sich die meisten dieser Paare doch für immer gemeinsam einen glücklichen Weg einzuschlagen. Neue Möglichkeiten des Kennenlernens, laufend Neues erleben zu müssen, Belanglosigkeiten, mangelnder Tiefgang und fehlender Kontakt mit seinen eigenen Gefühlen erschweren dauerhafte Beziehungen. Wer von Menschen erwartet, dass diese alleine aufgrund von ziemlichen Oberflächlichkeiten bereits Interesse bekunden, der braucht sich dann auch nicht beschweren, wenn sein Gegenüber sich später wieder leicht von Oberflächlichkeiten von Dritten wieder verleiten lässt. Man steuert eben selber mit, welche Menschen man aussiebt und welche man in sein Leben lässt. Dabei sollte nicht bereits zu Beginn um einen Partner gekämpft werden, da dann von Anfang an die Balance des gemeinsamen Interesses fehlt. Menschen, die tendenziell darauf aus sind, eine möglichst sichere Beziehung führen zu wollen und auf andere Dinge weniger Wert legen, können das natürlich tun. Andere Menschen sind eher darauf aus, etwas zu erleben. Großes Glück ist eben auch mit der Gefahr verbunden, es zu verlieren und danach sehr unglücklich zu werden.

Allgemein ist es heute um einiges leichter, potenzielle Partner kennenzulernen. Durch neue Formen der Beziehungsanbahnung, wie Online-Dating, entsteht jedoch eine Situation, wonach aufgrund der Unüberschaubarkeit potenzieller Partner viele Liebessuchende leiden. Menschen können deshalb nicht wie früher einfach sagen: *„Jetzt gebe ich mich zufrieden mit dem, welchen ich endlich gefunden habe."* Sie sind folglich nicht fröhlich darüber und sagen vielmehr: *„Da draußen gibt es noch etwas besseres, deshalb sollte ich weitersuchen. Ich muss nur noch weiter ‚fischen' im schier unbegrenzten Angebot an Möglichkeiten."* Daraus resultieren Gefühle des chronischen Unbehagens und der Beklommenheit (nicht nur in Beziehungen). Aus diesem Grund lässt sich auch vermehrt Eifersucht und die gegenseitige Kontrolle der Partner beobachten. Einst gab es bei verhängnisvollen Liebschaften keine ausufernden schockierenden Momente, wie das Auffinden ganzer Fotosammlungen oder das Durchsuchen des gesamten Chat- oder Mail-Verkehrs einer Affäre. Sicherlich wurde damals und heute gestritten, aber weniger facettenreich und es gab schon mal Eingeständnisse, welche als unbedeutende, geringfügige Angelegenheiten dargestellt und abgestempelt wurden. Heute kommen Menschen aufgrund der neuen Medien schon viel schwieriger darüber hinweg. Die Auswahlmöglichkeiten bei diesen neuen Dating-Formen sind immens und man ist nur einer von vielen potentiellen Partnern. Dies führt dazu einen guten ersten Eindruck zu schinden und diesen möglichst lange aufrechterhalten zu wollen. Die anfängliche „*Asymmetrie*" erschwert, der zu sein, wer man wirklich ist, sich mal „*gehen*" und Ruhe einkehren zu lassen. Der erste Schritt mag für viele einfacher geworden sein, jedoch hat sich bei dieser Suche nach der Liebe ebenso das Kränkungsgeschehen gesteigert, indem auf technische Optionen wie jemanden zu „*ignorieren*" oder zu „*blockieren*" zurückgegriffen wird. Ein Grund, warum sich immer mehr Menschen erst gar nicht mehr auf zwischenmenschliche Beziehungen einlassen und mittlerweile auch diese neuen Medien und Portale nicht mehr aufsuchen – zu anstrengend, zu häufig erlittene Enttäuschungen, neben den altbekannten herkömmlichen Verletzungen. Letztendlich läuft es bei der Suche *via* neuer Medien oder im alltäglichen Leben darauf hinaus, ob man sich *zufriedengeben* kann, mit dem was man hat und so zur Ruhe findet. Nicht nur für das menschliche Glück ist dies ein entscheidender Faktor, sondern es ist ebenso von elementar tragender Wichtigkeit für langfristige zwischenmenschliche Beziehungen. Gerade in der heutigen Konsumgesellschaft ist das jedoch schwer, da wir ständig von innerer Beunruhigung und ständigem Haschen und Hetzen umgeben sind. Hier braucht es als Paar einen gemeinsamen Gegenpol, eine Grenzziehung wenn man so will, welche ermutigt nicht so zu denken – nämlich es gäbe da draußen noch etwas Besseres. So findet man weder wahre Liebe noch den eigenen Frieden. Dabei sind die Menschen heutzutage nicht weniger treu als früher. Jedoch haben die Möglichkeiten für untreue Verhaltensweisen immens zugenommen. Vor 300 oder 400 Jahren lebten die Menschen in ganz Europa zumeist noch in Dörfern und Gemeinden und hatten zugleich einen massiven wirtschaftlichen Druck seinem Partner gegenüber treu zu sein. Die Heirat und darauffolgende Scheidung eines Bauern- oder Zimmermannsohnes bedeutete in der Gosse und im sozial und/ oder moralisch anrüchigen Bereich zu landen. *Zusammenbleiben* ist für viele in der heutigen Zeit weniger wichtig, da Menschen emanzipierter wurden, der wirtschaftliche Druck abnahm und die Gesellschaft als Ganzes individualisierte Freiheiten mehr achtet als früher. Die zuvor aufgezeigte Parallele der Konsumgesellschaft im Zusammenhang mit zwischenmenschlichen Beziehungen (Menschen halten Ausschau nach etwas Neuem/ Besserem, wenn sie mit etwas unzufrieden sind), lässt darauf schließen, dass Menschen der Untreue gegenüber weniger verwerfend eingestellt sind. Zusammenbleiben mag weniger wichtig bzw. notwendig sein, dennoch hat das Verlangen der Menschen nach einer zuverlässigen und stabilen zwischenmenschlichen Beziehung möglicherweise sogar noch zugenommen, da derartige Partnerschaften, aufgrund der geschilderten Konstellationen, schlichtweg schwieriger, mühevoller und seltener geworden sind.

Affären, Fremdgehen und Ähnliches sind folglich in zwischenmenschlichen Beziehungen häufig anzutreffen. Wobei Männer und Frauen aus unterschiedlichen Motiven in Partnerschaften betrügen. Männer zielen auf die Triebbefriedigung und die Bestätigung ab. Bei Frauen ist es vielmehr das „*Frausein wollen*", die Suche nach der wahren Liebe, begehrt werden, der Neuanfang, ohne das ganze Konvolut an Verletzungen und Problemen aus der vergangenen Beziehung im Schlepptau zu haben. Frauen mit einer Affäre verlieren jedoch eher den Zugang zu ihrem Partner und finden nach dem Ende der Affäre ihren Mann nicht mehr attraktiv bzw. erträglich. Umfragen zufolge gehen knapp die Hälfte aller Frauen fremd. Dabei zeigt sich, dass die Hauptauslöser dafür emotionale und sexuelle *Unzufriedenheit* sind. Demnach ist es wichtig: *(I) Zuhören zu können.* Frauen wollen vor allem, dass sie gehört werden. Es geht darum in den Schuhen ihres Gegenübers zu stecken – nicht Ratschläge für ihren Job, ihre Bekanntschaften oder sonst etwas zu erteilen. *(II) Wertschätzung zeigen.* Machen Sie Ihrer Partnerin jeden Tag Komplimente, welche aufrichtig und ehrlich gemeint sind. Wertschätzung kann aber auch durch Nachrichten, Blumen oder andere Kleinigkeiten transportiert werden. *(III) Gemeinsame Zeit.* Das tägliche Gespräch von zumindest einer halben Stunde mit Ihrer Partnerin zeigt ebenso Wirkung, da diese dann viel weniger Anlass zu untreuen Verhaltensweisen hat. Das liegt darin begründet, da Ihre Partnerin Freuden, Kummer und Sorgen mit Ihnen teilen kann und so tiefgreifende Verbundenheit geschaffen wird. Neben diesen emotionalen Komponenten ist es laut Eheberater *Gary Neumann* ebenfalls wichtig, wie häufig man miteinander Sex hat. Glückliche und zufriedene Partnerinnen schlafen durchschnittlich 10 Mal im Monat mit ihrem Partner, unglückliche Frauen hingegen weniger als 5 Mal. Diese aufgezeigten emotionalen und sexuellen Auslöser der Zufriedenheit sind für Frau und Mann gleichsam wichtig.

Da annähernd 50 Prozent der Partner den jeweilig anderen Partner betrügen und diese treulosen Verhaltensweisen den sozialen und empfindlichen Frieden eines Liebespaares erheblich beeinträchtigen, stellt sich

die Frage, wie dies am besten bereits im Vorfeld verhindern. Ist das Band der Liebe einmal durchtrennt, ist es aufgrund erheblich negativer Emotionen (Angst, Wut, Panik, Ekel, Verachtung, Schuld, Zorn, Groll) oder nicht selten gewalttätiger oder gar tödlicher Konflikte kaum mehr wieder herzustellen. Für die meisten Menschen ist die Entscheidung für einen Lebenspartner die wichtigste in ihrem Leben. Das Risiko einer *„Fehlinvestition"* (von Emotionen, Materiellem, Lebenszeit) ist immens und unvertretbar groß. Berücksichtigt man die Tatsache, dass knapp die Hälfte aller Partner fremdgehen, so ist es klug, dieses Risiko bereits im Vorfeld klein zu halten. Prädiktoren für Untreue in monogam ausgelegten Langzeitbeziehungen sind neben der bereits erläuterten Unzufriedenheit:
(I) Eine hohe Anzahl vergangener Sexualpartner, *(II)* niedriges Alter beim ersten Sexualkontakt, *(III)* Einstellung zum (Nicht-)Zusammenhang von „*Liebe*" / Ehe und Sexualität, *(IV)* Attraktivität und Verfügbarkeit von alternativen Sexualpartnern, *(V)* Extrovertiertheit, *(VI)* Narzissmus und andere verwandte Persönlichkeitsstörungen, *(VII)* Dysfunktionale Kontrolle über die eigenen Impulse, *(VIII)* Suche nach schneller Reizbefriedigung und anderen „*Kicks*", *(IX)* weitere soziokulturelle Faktoren, darunter Religiosität, welche negativ damit korreliert. Je mehr dieser Faktoren zusammenkommen, desto höher die Wahrscheinlichkeit, dass ein Partner früher oder später fremdgehen wird. Diese Risikofaktoren lassen sich mehr oder weniger vermeiden und das hat mehr mit Rationalität als mit (Sexual-)Moral oder instinktiver Abneigung zu tun. Diese intuitiven Abwehrmechanismen finden in den oben genannten Prädiktoren für Untreue ihre empirische Entsprechung.
Zu beobachten ist ebenso, dass modernen Liebesbeziehungen eine intensive symbiotische Komponente innewohnt. Folglich richten die Menschen hohe Maßstäbe an das zu erwartende Glück – vor allem soll die eigene Selbstliebe gestärkt werden. Früher waren liebevolle zwischen-

menschliche Beziehungen weniger narzisstisch geprägt, da Partnerschaften aus wirtschaftlichen Gründen geknüpft wurden und Paare deutlich weniger individualisierte zwischenmenschliche Bewertungen vornahmen. Heute sind Liebesbeziehungen eine ganz zentrale Stütze des Selbstwertgefühls – man definiert sich über den anderen und wenn etwas nicht nach den eigenen Vorstellungen klappt, so muss der Partner nur überzeugt werden. Ist die Liebe jedoch als zentrale Stütze des Selbstwertgefühls verblasst und verloren, versucht man dieser allzu oft mit vielerlei Mühe neuen Antrieb zu geben, es zu verleugnen oder sie irgendwie doch noch zurückzugewinnen.

Die *„Luft"* ist aber irgendwann raus. Nach ein paar Jahren Beziehung als Paar ist die Aufregung, die man am Anfang verspürt hat, verschwunden. Routinen schleichen sich ein und man fängt an *„nebeneinander"* zu wohnen. Paare sehen sich in ungünstigen Momenten und das kann natürlich die Leidenschaft und Romantik mildern. Um die Beziehung frisch und leidenschaftlich zu halten, ist es deshalb wichtig zu reden. Lange und *tiefsinnige Gespräche*, nicht lediglich über alltägliches Geschehen, sondern auch über familiäre Ereignisse, Wünsche, Träume und grundlegende Fragen des Lebens. In Langzeitbeziehungen vergessen Paare zumeist, was man in den jeweiligen Partner vor allem zu Beginn der Beziehung gesehen hat. Deshalb sollten sich Pärchen in *Erinnerung rufen*, was man in den anderen zu Beginn der Liebesbeziehung sah, sodass diese anfänglichen Gefühle füreinander wieder aufkeimen. Wollen Sie die frühere Leidenschaft wieder entfachen, können Sie Situationen nachspielen bei denen Leidenschaft aufkam, wie zum Beispiel im Restaurant, wo Sie sich das erste Mal getroffen haben oder im Hotel, wo Sie gemeinsam Ihre Flitterwochen verbrachten. *Verabreden* Sie sich zu einem romantischen Tag. Ein Termin einmal im Monat reicht da schon. Man nimmt sich frei, macht sich hübsch und verbringt einen gemeinsamen romantischen Abend.

Langeweile und Routine können einer Beziehung auf Dauer zu schaffen machen. Sie können Ihrer Liebesbeziehung durch spontane Überraschungen mehr Leben einhauchen, Dinge tun, die Ihren Partner zum Lächeln bringen oder nette Überraschungen aufbereiten. Das muss nicht kostspielig sein, aber ziehen Sie sich etwas Besonderes an, schenken Sie Blumen oder holen Sie ihn einfach von der Arbeit ab. Verbringen Sie mehr Zeit mit Ihrem Partner, kaufen Sie kleine Überraschungsgeschenke und interessieren Sie sich stärker für sein Leben. Sie werden sehen, auch das hält die Beziehung frisch. Damit die Leidenschaft enthusiastisch bleibt, müssen Sie etwas finden, dass Sie an Ihrem Partner interessiert oder begeistert. Anerkennung und Lob halten die Liebe frisch und helfen Ihrem Partner neues Selbstvertrauen zu tanken. Pläne für die Zukunft zu schmieden, wie eine Familie zu gründen oder eine lange Reise anzudenken, schweißen ebenso zusammen, da dies verbindet und Sie die Vorfreude zusammen genießen können. Rituale, gemeinsame Unternehmungen und Interessen helfen, dass eine eingeschlichene Langweiligkeit ihr Weites sucht. Das kann der gemeinsame monatliche Besuch bei der Familie sein oder den Tag mit all seinen positiven Aspekten Revue passieren zu lassen. Gemeinsame Unternehmungen, wie ein Kochkurs oder eine Musikrichtung, die beiden gefällt, verbinden und man hat so neuen Gesprächsstoff. Nach einiger Zeit schleicht sich eben Eintönigkeit in eine Beziehung ein. Interessen sind deshalb so wichtig, denn zusammen erlebt man mehr. Andererseits sollte jeder auch sein eigenes Hobby haben. Man will ja interessant bleiben. Helfen kann ebenso einmal wöchentlich oder monatlich für eine Stunde gemeinsam im Wald spazieren zu gehen. Dabei darf ein Partner 20-30 Minuten reden bzw. schweigen. Sie hören nur zu oder schweigen mit Ihrem Partner mit. Beim nächsten Mal sind Sie an der Reihe und Sie und Ihr Partner wechseln sich dann immer ab. Auf der anderen Seite kann auch ein wenig Abstand helfen, zu merken, was wir am anderen haben und wie sehr wir ihn vermissen. Sich an den Partner kuscheln, ihn in der Küche einfach umarmen oder er ruft von unterwegs an, ob er ein Eis mitbringen soll... Es sind einfach so viele Kleinigkeiten, die dafür sorgen, dass jemand seinen Partner liebt und vermisst. Einfach jemanden haben, der Sie berührt, der Sie einfach mal in den Arm nimmt und schöne Dinge sagt.

Weitere Ratschläge für eine erfüllte Partnerschaft können beinhalten: *(I) Dankbarkeit für die Beziehung zeigen.* Glückliche Paare sind auch in der Öffentlichkeit gerne zusammen und suchen körperlichen Kontakt. Aber nicht gekünstelt oder als Show, sondern weil sie ihr Zusammengehörigkeitsgefühl einfach leben. *(II) Vergebung und Vertrauen.* So sicher wie das Amen in der Kirche, kommt es in jeder zwischenmenschlichen Beziehung zu Auseinandersetzungen oder Streitigkeiten. Wenn es keine Lösung gibt, sollte man sich verständnisvoll zeigen. Wenn man verzeiht und dem Partner weiterhin vertraut, wird man unvermeidlich glücklicher in der Beziehung. *(III) Händchen halten.* Händchen halten wird unterschätzt, aber dennoch ist es sehr wichtig! Es ist wissenschaftlich erwiesen, dass es eine positive Wirkung auf Beziehungen hat und man empfindet damit ein gutes Gefühl füreinander, da das Wissen der Paare gefestigt wird, zusammen unterwegs zu sein. *(IV) Gemeinsam schlafen gehen.* Körperliche Nähe ist gerade kurz bevor man einschläft sehr wichtig. Wie war es, frisch verliebt gewesen zu sein? Man konnte es kaum erwarten die Nacht miteinander zu verbringen. *(V) Umarmungen.* Es mag übertrieben klingen, aber für jede stabile Beziehung ist die Umarmung bei jedem Wiedersehen sehr wichtig. Unser Gehirn verbindet die Umarmung mit unserer Haltung gegenüber der betreffenden Person. *(VI) Gelegentliche Wasserstandsmeldungen.* Glückliche Paare erkundigen sich tagsüber, wie es dem anderen geht. So ist man abends auf schlechte Stimmung vorbereitet und vermeidet unnötigen Streit. *(VII) Den Partner im besten Licht sehen.* Wenn Sie nach Mängeln, Fehlern oder Macken suchen, finden Sie immer etwas bei Ihrem Partner. Wenn Sie nach all den schönen Sachen suchen, werden Sie auch vieles finden. Es ist alles eine Frage der Perspektive und der eigenen inneren Einstellung. Sie haben die Wahl: Glücklich zu sein ist eben auch eine Frage der Entscheidung. *(VIII) „Gute Nacht!"* Am Ende eines jeden Tages zeigt ein einfaches „*Gute Nacht*": „*Du bist mir wichtig! Egal, was heute passiert ist!*" *(IX) „Ich liebe Dich!"* Nicht jeder bringt diese Worte gleich zu Beginn einer Beziehung über seinen Mund. Man möchte ja niemanden gleich verschrecken. Doch wenn Sie sich in einer Beziehung befinden, können Sie es nicht oft genug sagen oder besser noch durch Taten zeigen. Versuchen Sie einige der aufgelisteten Punkte einfach, denn jeder Mensch möchte nur eins: Aufrichtig und wirklich *geliebt* werden! Leider haben viele Menschen das Gefühl, dass sie in ihrer Beziehung verwelken und kaputtgehen. Deshalb sind auch Erinnerungen wichtig. Das kann das erste Treffen sein oder tolle Erlebnisse, wie Reisen oder der gemeinsame Hausbau. Genauso ist es bedeutsam, sich in Erinnerung zu rufen, was euch alles nicht auseinander gebracht hat, sondern mehr zusammen (wie beispielsweise durchgestandene Krisen).

Die Ratschläge für eine erfüllte Partnerschaft mögen plausibel erscheinen, dennoch ist unser heutiges Leitmotiv *Spaß* – und ja, wir wollen und können diesen zumeist auch haben. Freunde müssen Spaß machen, die Arbeit muss Spaß machen, Liebe und Beziehungen müssen Spaß machen, sonst ist etwas oder wir machen etwas falsch – der falsche Job, Partner oder was auch immer, wir finden da schon etwas. Alles kein Problem, wir können ja immer noch woanders hin, in ein fernes Land, das bringt dann die „*Erleuchtung*". Es wird erst dann unangenehm, wenn die Suche nach

Freiheit und Vergnügen in Vergessenheit gerät und man sich heimlich still und leise abends in seinem Zuhause alleine zurücklehnt. Dann fragt man sich, wie es den anderen Menschen gehen mag, unseren Verwandten oder Großeltern, welche vielleicht noch längere Beziehungen führten und in einer Zeit geboren wurden, in welcher sie etwas repariert haben, wenn es kaputt ging. Viele Menschen wollen, wie zuvor erläutert, dass Beziehungen Spaß machen und genau deswegen scheitern sie oder wir führen deswegen immer weniger bedeutungsvolle und innige Beziehungen – denn Beziehungen sind eine Menge Arbeit und da kommt der Spaß natürlich zu kurz. In den ersten Wochen und Monaten denken wir an kaum jemand anderen, erleben noch nie zuvor verspürte und berauschende Gefühls-Cocktails und denken, *„Warum nicht schon vorher!"* *„Wo war sie/ er!"* *„Wer, wenn nicht sie/ er!"*, doch eigentlich sind wir es, welche die Person zu dem machen, was wir glauben das sie ist. Wenn es zu Dingen wie der Liebe kommt, hat niemand alle Antworten, denn liebevolle zwischenmenschliche Beziehungen mit tiefen innigen Gefühlen sind das Komplexeste, das Sie sich nur vorstellen können. Es gibt folglich keinen perfekten Partner. Wenn Sie solch einen suchen, sind Sie zum Scheitern verurteilt. Der Schlüssel ist es zu versuchen. Jedoch denken wir ständig, dass jemand uns etwas schuldet, weil wir einmalig und wichtig sind. Unser Partner gehört da natürlich dazu. Glücklicher und noch glücklicher sollen wir durch ihn werden, das ist gut so und das soll auch so sein. Er soll uns Dinge kaufen und uns bereichern, freudig am Leben halten und mehr geben. Aber der Partner hat keine auferlegten Verpflichtungen. Eine zwischenmenschliche Beziehung soll das Leben schöner machen und freudiger – aber sie kann nicht glücklich machen, eher glücklich<u>er</u>. Wir hüpfen von unserer eingebildeten, imaginären großen Liebe zur nächsten großen Liebe, bis wir irgendwann zu alt und gebrechlich zum Hüpfen sind und auf all die Möglichkeiten bekümmert rückblicken, welche wir ziehen haben lassen. Wir wollen immer mehr, können den Hals nicht voll genug bekommen, jedoch geben wir nicht hinreichend, sondern wägen vielmehr ab. Denn man will ja selbst vorankommen, deshalb sind wir selbst unser unbeirrbarstes Projekt. Da liegt es nicht fern, auf andere kaum noch einzugehen, für andere keine Zeit mehr zu haben oder nach ihren Ängsten, Wünschen, Bedürfnissen oder Sehnsüchten zu fragen. Ein Zauber liegt demjenigen inne, der sich ein wenig mehr auf andere fokussiert. Geben macht glücklicher und nicht nur andere, sondern auch Sie selbst. Zusammen einen Weg zu gehen und sich gemeinsam zu verwirklichen, trägt das ihrige dazu bei. Anstatt sich zu fragen, ob er/sie mich verdient oder er/sie mich glücklich machen kann, gilt es sich selbst zu fragen, was kann ich tun, um sein/ihr Leben etwas glücklicher zu machen. Wir machen uns jedoch etwas vor und reden von Erfolg, Misserfolg, Schönheit, Sexualität (angefeuert vom Konsum unrealistischer pornografischer Darstellungen) und dem Einfordern von allen möglichen imaginären oder weltlichen Dingen. Aber Sie können schon in einer Hinsicht unglaublich erfolgreich sein: Indem Sie einen Menschen mit ganzen Herzen und ganzer Seele lieben. Und das kann bereits für immer genug sein – ist es für die meisten Menschen jedoch nicht... Anziehungskraft, Leidenschaft, Sexualität und Schönheit mögen verblassen, aber Intimität und Freundschaft wachsen nur. Beginnen Sie deshalb keine Beziehung, wenn Sie nicht verliebt sind. Machen Sie sich nichts vor, denn man ist entweder verliebt oder nicht. Es nur zu versuchen hat keinen *Sinn*, da auch Ihr Gegenüber in Mitleidenschaft gezogen wird. Menschen können es eben nicht erzwingen tief und leidenschaftlich zu lieben. Es kann sein, dass Ihnen durch die Liebe weh getan wird, aber es ist der einzige Weg, Ihr Leben vollständig zu leben. Erinnern Sie sich daran, dass Sie manchmal nicht das bekommen, was Sie möchten. Sie können jedoch trotzdem glücklich sein.

Freundschaft

Bei dem, was wir gewöhnlich Freunde und Freundschaft nennen, handelt es sich allenfalls um nähere Bekanntschaften, die bei gewissen Anlässen oder um irgendeines Vorteils willen geknüpft wurden und uns nur insoweit verbinden. Bei der Freundschaft hingegen, von der ich spreche, verschmelzen zwei Seelen und gehen derart ineinander auf, dass sie die Naht nicht mehr finden, die sie einte.

– Michel de Montaigne

Philia bezeichnet, im Gegensatz zu *Éros*, die Freundesliebe, die Liebe auf Gegenseitigkeit, die gegenseitige Anerkennung und das gegenseitige Verstehen. *Philia* basiert auf beiderseitigem Interesse, auf beiderseitigem Vergnügen und auf beiderseitiger Bewunderung. *Philia* (gegenseitige Liebe zwischen Freunden) ist in der antiken griechischen Literatur und Philosophie ein Zweig der Liebe, bei der die freundschaftliche Beziehung zwischen den Liebenden im Vordergrund steht. Sie wird von der erotischen Liebe (*Eros*) unterschieden, deren Hauptmerkmal das heftige Begehren des Liebenden ist. Die beste Art der Liebe zu einem Menschen ist diejenige, wenn wir mit diesen auf einer Veranda sitzen können, ohne ein Wort zu sprechen, aber wenn wir auseinandergehen, das Gefühl haben, die beste Konversation geführt zu haben, die wir jemals hatten. Schauen Sie dabei nicht auf Äußerlichkeiten, denn diese können täuschen. Richten Sie sich nicht nach Reichtum und machen Sie Beziehungen nicht davon abhängig, da dieser vergehen kann. Schauen Sie vielmehr nach jemanden, der Sie zum Lachen bringt, weil es nur eines Lächelns bedarf, um einen dunklen Tag hell erstrahlen zu lassen. Finden Sie denjenigen, der Ihr Herz zum Lachen bringt und es wird Ihnen vieles leichter fallen. Bedenken Sie dabei jedoch die Seite Ihrer Mitmenschen. Ziehen Sie die

Schuhe anderer an. Wenn Sie meinen, dass Sie drücken, dann drücken sie wahrscheinlich auch andere. Die glücklichsten Menschen haben weder die schönsten noch besten Schuhe oder andere vermeintlich notwendige Dinge. Sie haben es nicht nötig das Beste von allem zu haben, da sie lediglich das Beste aus allem machen, was ihnen widerfährt.

Im Leben kommt es auf wahre Freunde an, welche es gut mit Ihnen meinen. Den Wert Ihrer Freunde sehen Sie gerade in schwierigen Lebensphasen und genau dann zählen diese für Sie mehr als alle anderen Dinge auf der Welt. Wenn Sie Ihren Vater, Ihrer Mutter und Ihren Geschwistern einen bestimmten Freund nicht empfehlen, so wird dieser auch für Sie nicht der richtige Freund sein, welcher auch in entscheidenden Situationen an Ihrer Seite steht. Sie könnten einwenden, integres Verhalten und der langjährige Charakter der bestehenden Beziehung könnten dennoch für die Freundschaft sprechen. Aber dieses integre und loyale Verhalten ist nicht mit Torheit, Dummheit oder Unvernunft gleichzusetzen. Loyales und integres Verhalten muss aufrichtig und ehrlich sein. Freundschaften beruhen auf ehrlichen, respektvollen Umgang und vor allem auf Gegenseitigkeit. Deshalb sollten jene Freunde eine Rolle in Ihrem Leben spielen, welche gute Absichten verfolgen und nicht schlechte und solche, welche die Welt zu einem besseren Platz für Ihre Mitmenschen und für Sie machen. Menschen, die den Entschluss fassen sich Freunde zu suchen, die ihnen gut tun, haben jedoch ebenso gute Absichten zu unterstellen und nicht lediglich die eigenen Interessen ins Auge zu fassen.

In meinen jungen Jahren hatte ich eine Vielzahl von Freunden. Darunter befanden sich sehr intelligente Weggefährten, welche trotz ihrer Klugheit zu Wutausbrüchen neigten, reizbar und notorisch schlecht gelaunt waren. Sah man sich die unterschiedlichen Freundeskreise an, so konnte man leicht auf „*Gruppenzwang*" schließen. Drogen spielten dabei natürlich eine Rolle und in wenigen Fällen kann damit in schwierigen Lebenslagen mitunter Linderung erzielt werden (beispielsweise mittels Hanfpflanzen). Aber in den meisten Fällen verbessern Menschen mit Alkohol und Drogen ihre Lage nicht und sie kommen dadurch mit zwielichtigen Leidensgenossen in Kontakt. Deshalb sollten Menschen, die es gut mit Ihnen meinen, Ihre Freunde sein. Sie ermutigen und unterstützen Sie, Ihre hochgesteckten Ziele zu erreichen und erinnern Sie daran, wenn Sie gerade vom richtigen Pfad abgekommen sind.

Menschen, die nur vorgeben Ihre Freunde zu sein, es in Wirklichkeit aber nicht sind, tun jedoch etwas ganz anderes und haben sich innerlich (wenn auch still und heimlich) bereits selbst aufgegeben. Solche Menschen wollen Sie nur runterziehen, um über ihre eigene (negative) Entwicklung hinwegzutäuschen. Ihr Fleiß, Ihre Geradlinigkeit und Ihr angestrebter und erreichter Lebensweg macht sie neidisch und nicht selten führt dies zu niederträchtigen Störaktionen. Da kann es schon sein, dass diese vermeintlichen Freunde ihren Weggefährten nach erfolgreichem Drogenentzug wieder die eine oder andere Substanz vor die Nase „*jubeln*".

Woran liegt es jedoch, dass Menschen zumeist nie einen Schritt vorwärts tun und von irrtümlich angenommenen Freunden Abstand halten, um damit so ihr Leben zu verbessern? Häufig entscheiden sich Menschen mit geringem Selbstwertgefühl bei neuen Freundschaften genau für solche Bekanntschaften, welche bereits in der Vergangenheit zu ihrem Unglück beitrugen. Unterbewusst sind Menschen darauf programmiert, die Fehler der Vergangenheit zu wiederholen, da es keine Alternativen gibt, sie nicht glauben etwas Besseres zu verdienen oder sie versuchen erst gar nicht einen neuen Weg einzuschlagen. Wer aus vergangenen Ereignissen nichts lernt, ist dazu verdammt auch zukünftig von Unglücken nicht verschont zu bleiben. Das sind jedoch nicht die alleinigen Gründe um im falschen Freundeskreis zu landen. Frauen wie Männer suchen häufig auch jemanden, den sie retten können. Diese Menschen sehen aufgrund ihrer

Naivität nicht, dass nicht jeder der hinfällt auch aufgerichtet werden möchte. Hilfs- und Opferbereitschaft und stets das Gute im Menschen zu suchen sind wahrlich edle Tugenden, allerdings vergessen wir dabei die dahinterstehenden Motive, welche uns in unserem Tun leiten. Frauen wie Männer scheinen Gefallen daran zu finden, neben einem unaufrichtigen Menschen besser auszusehen, als das im Lichte verantwortungsbewusster Zeitgenossen der Fall wäre. Deshalb ist es nicht einfach, sich mit positiven, aufrichtigen und ehrlichen Menschen zu umgeben. Es braucht Demut und Mut, um neben solchen Persönlichkeiten zu bestehen.

Dabei muss es sich jedoch nicht immer um Hilfestellungen handeln, welche Sie für andere tun möchten. Sie verkehren ganz einfach deshalb mit solchen Menschen, die Ihnen nicht gut tun, da es für Sie lediglich einfacher und unkomplizierter ist. Menschen aus ihrer Misere zu helfen, ist an und für sich eine gute Sache, aber wenn Sie leidgeplagten Zeitgenossen jegliche Einflussmöglichkeit auf ihre Situation absprechen, so tragen Sie keinen Deut zu einer besseren Lage für sie bei. Drogen und andere Süchte, Wut, Angst, Zorn, Betrug, Promiskuität und Hass sind Handlungsweisen, welche keiner Erklärung bedürfen. Aber alles Schlechte passiert den Menschen nicht immer von selbst. Es ist schwierig Menschen vor ihren Abgründen zu bewahren und noch viel schwieriger, sie aus diesen Abgründen herauszuziehen. Einmal hineingefallen, ist da zumeist nicht mehr viel zu machen. Menschen, die in ungesunden Freundschaften und Beziehungen verharren, tun das häufig nur deshalb, da sie nicht den nötigen Mut aufbringen zu gehen und alles hinter sich zu lassen. Menschen, die es gut mit Ihnen meinen, sollten die Menschen sein, mit welchen Sie sich anfreunden und umgeben.

Manche Menschen kommen aus einem behüteten Elternhaus und schöpfen daraus Kraft, Selbstsicherheit und Selbstbewusstsein. Andere wiederum haben eine weniger glückliche Kindheit und hatten nicht dieses geborgene und behütete Gefühl ihrer Eltern. Aber gerade deshalb schöpfen sie Kraft aus der Einsicht, dass man trotz widrigster Anfangsbedingungen erfolgreich und zufrieden leben kann. Diese Menschen sind gar nicht so selten anzutreffen, wie man glauben möge. So auch *Steve Jobs*, der sich über seine Familienverhältnisse mit der Zeit immer klarer wurde oder *Michelle Hunziker* und *Charlize Theron*, die mit einem alkoholkranken Elternteil aufwuchsen. Dennoch sollten Sie nicht böse gegenüber denjenigen sein, die nicht gut zu Ihnen waren. Niemand hat die Pflicht, Sie gut zu behandeln, außer Ihre Eltern und die Menschen, welche Sie großgezogen haben – auch wenn sie das nicht immer tun. Diejenigen, die gut zu Ihnen sind, sollten Sie schätzen und Ihnen dankbar dafür sein. Aber seien Sie auch vorsichtig, denn jeder hat ein Motiv für alle seine Handlungen. Wenn eine Person gut zu Ihnen ist, heißt das nicht, dass sie Sie wirklich mag. Deshalb sollten sie denjenigen nicht voreilig als einen echten Freund betrachten. Beim Thema *Freunde* und *Freundschaft* vergessen wir häufig wie sehr Worte verletzen können. Entschuldigungen können helfen, aber Wunden bleiben. Lassen Sie mich dazu folgende *Anekdote* schildern:

> Es war einmal ein Junge mit einem sehr schwierigen Charakter. Sein Vater gab ihm einen Beutel voll mit Nägeln und bat ihn, jedes Mal genau dann einen Nagel in den Gartenzaun zu schlagen, wenn er seine Geduld verliert oder er mit jemandem in Streit geraten ist. Am ersten Tag schlug der Junge 42 Nägel in den Gartenzaun. In den folgenden Wochen lernte der Junge sich zu beherrschen und die Zahl der Nägel, die er in den Zaun schlug, wurde immer weniger. Der Junge merkte, dass es einfacher ist, sich zu beherrschen, als stumpfsinnig Nägel in den Zaun zu hämmern. Schließlich kam der Tag, an dem der Junge keinen einzigen Nagel mehr in den Gartenzaun schlug. Er ging zu seinem Vater und erklärte ihm, dass er heute keinen einzigen Nagel in den Gartenzaun einschlug. Da sagte sein

Vater zu ihm, er soll jeden Tag wieder einen Nagel aus dem Zaun entfernen, an dem er seine Wesensart und sein Temperament erfolgreich unter Kontrolle halten kann. Viele Tage vergingen, bis der Junge seinem Vater erzählen konnte, dass er alle Nägel aus dem Zaun gezogen hat. Der Vater ging mit seinen Sohn zu dem Zaun und erklärte ihm: „*Mein Sohn, du hast dich in letzter Zeit gut benommen, aber schau, wie viele Löcher, du in dem Zaun hinterlassen hast.*" <u>Es wird nie mehr das Gleiche sein.</u> Jedes Mal, wenn du Streit mit jemandem hast, im Zorn auseinandergehst und ihn beleidigst, bleiben Wunden wie diese Löcher, welche noch immer im Zaun sind.

Dies veranschaulicht uns, dass jedes Mal, wenn wir jemanden mit einem Messer „*stechen*" und es wieder herausziehen, eine Wunde bleibt. Ganz egal, wie häufig wir uns entschuldigen und wie sehr es uns leid tut, die Wunde wird bleiben. Eine Wunde, welche durch Worte oder auch unser Verhalten erzeugt wird, tut genauso weh, wie eine körperliche Wunde. Sagen Sie sich, dass Freunde wie Juwelen sind, die Ihr Leben bereichern. Sie machen Sie glücklich und unterstützen Sie in schwierigen wie in guten Zeiten. Freunde haben ein offenes Ohr und sind bereit, Ihnen zuzuhören, wann immer Sie sie brauchen. Sie stehen hinter uns und öffnen ihr Herz für Ihre Anliegen. Zeigen Sie deshalb Ihren Freunden, wie sehr Sie sie gern haben. Ein gutes Zeichen für eine Freundschaft ist zu wissen, wem man ein Geheimnis anvertrauen kann. Geben Sie Ihren Freunden, aber auch anderen Menschen, mehr als sie erwarten. Lassen Sie eine große Freundschaft dabei nicht durch ein kleines Missverständnis zerstören. Jeder Mensch macht Fehler. Wenn Sie glauben, einen Fehler gemacht zu haben, dann korrigieren Sie ihn sofort wieder. Tun Sie Ihren Freunden und auch anderen kein Unrecht. Sprechen Sie stets langsam, denken Sie jedoch schnell und wenn Sie verlieren, dann lernen Sie daraus etwas. Zwischen den Zeilen zu lesen, hilft dabei. Wenn Sie „*Entschuldigung*" sagen, dann schauen Sie in die Augen des anderen und wenn Sie sagen: „*Ich liebe dich*", dann meinen Sie es auch so.

Zwischenmenschliche Beziehungen und Geltungskraft

Kein besseres Heilmittel gibt es im Leid als eines edlen Freundes Zuspruch.

– Euripides

Spät aber doch gewinnen viele Menschen die Einsicht, dass sich unsere *Leistungsgesellschaft* immer schneller „*dreht*" und manche sind auch so weit rechtzeitig die *Reißleine* zu ziehen, um ungünstige, ja mitunter sogar gefährliche Entwicklungen, abzuwenden. In der Tat, vorzeitig abzusteigen und einen anderen Weg einzuschlagen, fällt vielen nicht leicht – zu wissen, dass Ansehen, Erfolg und Ruhm vergänglich sind, hilft jedoch dabei. Glanz, Ansehen und Einfluss, Äußerlichkeiten, Renommee und Status, all das ist unbedeutend, wenn Sie einmal den Absprung geschafft haben und Sie sich nicht immer wieder zu neuen „*Höhen*" ringen und nicht die nächste Herausforderung anstreben müssen, nur um Ihren Zeitgenossen zu „*zeigen*", wie gut Sie sind und was Sie nicht wieder alles geschafft haben. Dieses „*Imponiergehabe*" können Sie getrost ablegen und so Gefahren besser überstehen, welche unsere heutige Gesellschaft mit sich bringt. Es mag Überwindung kosten, aber treffen Sie eine Wahl und bereuen Sie es nicht – schauen Sie nicht zurück, sondern nach vorne. Wie finden wir zu mehr *Sinn* in diesem unserem *Leistungskarussell*, wenn die Angst immer größer wird, die Arbeit weg ist, die einschlägigen Ressourcen schon vor Krisen wie Pandemien, Kriegen, negativen Wirtschaftsentwicklungen und anderen Unheilsbringern knapp geworden sind?

Viele Menschen beziehen den gesamten *Lebenssinn* aus der Arbeit – bricht diese weg, fragt man sich, was nun. *Viktor Frankel* mahnte, den *Sinn* stets auch im Schlimmsten zu suchen und er selbst holte aus dem Schrecklichsten noch *Sinn* hervor – aus seiner Einkerkerung und Quälung im Konzentrationslager. Er sagte, dass diejenigen, die noch einen Funken Hoffnung in diesen Lagern hatten, auch die waren, die tatsächlich länger gelebt hatten. Dies ist zu einem Gutteil darauf zurückzuführen, dass diese Menschen immer noch in der größten Hölle einen *Sinn* gesehen haben. Der *Sinn des Lebens* ist nach *Frankl* eine 3-Gliederung. *(I)* Eine große Aufgabe, die Sie erfüllt (beispielsweise die Imkerei, Musik, Kochen oder Essen, ein Unternehmen, die Medizin oder ähnliche „*Unterfangen*" und etwas, das Sie mit großer Leidenschaft und Liebe ausfüllt) oder *(II)* eine starke innige Beziehung zu einem Menschen oder *(III)* es gilt einen Schicksalsschlag zu überwinden. Spätestens an dieser Stelle ist der *Sinn des Lebens* da, denn von nun an ist man gezwungen sich mit dieser Frage auseinanderzusetzen.

Dies führt uns wieder zurück auf die Wichtigkeit des zwischenmenschlichen *Seins*, denn dieses ist sowohl für große *Aufgaben* und innige *Beziehungen* vonnöten. Dazu gehört der Wunsch nach Anerkennung – sprich bedeutend zu sein. Für ein glückliches Leben benötigt man genau genommen nicht viel. Schlaf, Nahrung und ähnliche grundlegende Bedürfnisse. Den Wunsch nach Geltung kann man hier hinzuzählen. Er wird jedoch in den seltensten Fällen erfüllt. Jene Menschen, die Ihren Zeitgenossen diesen Wunsch erfüllen, sind selten anzutreffen. Es sind zumeist diejenigen, welche ein gutes Verständnis vom Wesen des Verlangens der Menschen haben. Deshalb sollten Sie im Umgang mit Menschen nicht kritisieren, verurteilen oder klagen. Wenn Sie schon Fehler aufzeigen müssen, so machen Sie den andern nur auf indirekte Weise auf Fehler aufmerksam. Dabei ist es von Vorteil zuerst von Ihren eigenen Fehlern zu sprechen, ehe Sie Kritik an anderen üben. Wenn Sie an kritischen Äußerungen nicht umhinkommen, so üben Sie sich eher im Erteilen von Vorschlägen, anstatt Befehle von sich zu geben. So ermöglichen Sie Ihrem Gegenüber, das Gesicht zu wahren. Wecken Sie vielmehr Wünsche und geben Sie aufrichtige und ehrliche Anerkennung und loben Sie auch den geringsten Erfolg. Interessieren Sie sich dabei aufrichtig für Ihre Mitmenschen, lächeln Sie und sprechen Sie von Dingen, welche für diese interessant sind. Wenn Sie ein guter Zuhörer sind, so lassen Sie hauptsächlich den anderen sprechen, nennen Sie Mitmenschen beim Namen (gemeinhin das Schönste für jeden Menschen) und ermuntern Sie diese von sich selbst zu sprechen. Dies bringt Ihnen ebenso Wohlwollen entgegen und stärkt Ihre zwischenmenschlichen Beziehungen. Es ist ein leichtes, die Fehler anderer zu erkennen, aber es gibt Ihren Freunden und sich selbst ein besseres Gefühl, wenn Sie sich auf deren positiven Eigenschaften fokussieren und ihre Leistungen hervorheben – das schafft wahre und zuverlässige Freunde. Wenn Sie wollen, dass jemand Sie mag, dann ist es am einfachsten, wenn Sie zuerst diese Person mögen. Zuneigung gewinnen Sie am besten, wenn Sie diese frei und vorbehaltslos verschenken. Knüpfen Sie Bedingungen an Ihre zwischenmenschlichen Beziehungen oder erwarten Sie davon Vorteile, so werden Ihre Freunde dies spüren. Freunde fürs Leben gewinnen Sie, wenn Ihnen an diesen wirklich etwas liegt und Ihre Handlungen dies auch zeigen. Die Kehrseite dieses Umgangs mit Menschen sind *Zorn*, *Groll*, *Wut* und *Bosheit*. Dies führt zu zwischenmenschlichen Auseinandersetzungen (das ist gar nicht so selten der Fall – die Vielzahl der gesetzlichen Bestimmungen, nur um Menschen auseinanderzuhalten, bestätigen dies), an deren Ende zumeist Misstrauen, Unehrlichkeit und Niedertracht stehen. Die einzige Möglichkeit Konflikte, Spannungen und Streitigkeiten zu gewinnen, ist diese zu vermeiden. Das fällt leichter, wenn Sie die Meinung anderer achten, nicht ins Wort fallen und nicht sagen: „*Das sei falsch.*" Wenn Sie dazu entschlossen sind, im Einklang mit sich zu leben, so sollten Sie Ihre Zeit nicht damit vergeuden, sich mit persönlichen Auseinandersetzungen zu beschäftigen. Dazu gehört ebenso eigenes Unrecht einzugestehen und es ohne zögern aus der Welt zu schaffen. Das ist nicht immer leicht und zeigt sich in einer Gesellschaft, die voll von Menschen ist, die ein Vergnügen darin finden andere zu verletzen und habgierig und selbstsüchtig zu sein. Ob diese mit ihren Bemühungen Ihnen gegenüber Erfolg haben, hängt davon ab, wie Sie auf dieses destruktive Verhalten reagieren. Sie können nicht die Verhaltensweisen und Handlungen anderer kontrollieren, jedoch Ihre Reaktion darauf. Solange Sie es nicht erlauben, kann Ihnen niemand negative Emotionen (wie Zorn, Groll oder Wut) aufzwingen. Wenn Sie schon auf solche Menschen stoßen, so wissen Sie, dass diese Leute große Probleme mit sich selbst haben – und nicht weil Sie Ihnen irgendetwas getan haben. Helfen Sie hingegen anderen Menschen selbstlos, versetzen Sie sich in andere hinein und sehen die Dinge ehrlich vom Standpunkt des andern, bringen Verständnis auf und zeigen anderen, dass Sie eine gute Meinung von ihnen haben, so werden sie sich in der Regel entsprechend verhalten. Durch solche Handlungsweisen heben Sie sich von anderen immens ab, da Sie Mitmenschen Gelegenheiten geben „*ja*" zu sagen und Sie dadurch den Wünschen und Vorschlägen Ihrer Mitmenschen Ihr Wohlwollen entgegenbringen.

Nun, wenn Sie sich an diese Grundsätze halten, so werden daraus innigere *zwischenmenschliche Beziehungen* hervorgehen, aber vergessen Sie dabei nicht: Ihre *wahren Freunde* werden Sie erst dann erkennen, wenn Sie in Schwierigkeiten geraten und Sie auf die Hilfe anderer, auf ihre Integrität, ihr Wohlwollen und ihre Loyalität angewiesen sind. Sie werden schnell feststellen, wer Ihr wirklicher Freund ist, indem Sie ihn einfach um Hilfe bitten. Deshalb macht es *Sinn* zu begreifen, dass jeder einmal in eine ähnliche Lage geraten könnte.

Ziele, Optimismus und Freude

Jede Freude ist ein Gewinn und bleibt es, auch wenn er noch so klein ist.

– Robert Browning

Als *Pygmalion-Effekt* wird bezeichnet, wenn sich eine vorweggenommene positive Einschätzung einer Person durch eine andere Person im späteren Verlauf bestätigt. 1965 wiesen *Robert Rosenthal* und *Lenore F. Jacobson* experimentell nach, dass ein Lehrer, dem gesagt wird, einige Schüler seien außerordentlich begabt, dieser die Schüler in der Folge unbewusst so fördert, dass sie am Ende des Schuljahres tatsächlich ihre Leistungen steigern können. In dem Experiment hatten an die 50 Prozent der Kinder, lediglich aufgrund der höheren Erwartungen, welche die Lehrer in sie steckten, einen höheren Intelligenzquotienten im zweistelligen Bereich zu verzeichnen. *Robert Rosenthal* bezeichnete den *Pygmalion-Effekt* auch als *„selbsterfüllende Prophezeiung"*. Ein Grund, warum mit Angst und Furcht vorgebrachte Bitten und Gebete, zumeist negative Begleiterscheinungen mit sich bringen. Ihr *geistig-seelischer* Zustand bessert sich vielmehr dann, wenn Sie positivere Formulierungen wählen (daher mit Überlegung zu bitten; beispielsweise um Zuversicht zu *gewinnen* und nicht um Hoffnungslosigkeit zu *verlieren*).

Sie können der Ansicht sein, dass nur positive Erwartungen zu besseren Ergebnissen führen. Aber was passiert, wenn sie es nicht tun? Sicherlich können wir nicht immer das bekommen, was wir wollen und wir bekommen oft nicht einmal das, was wir brauchen würden. Die

Auffassung, dass niedrige Erwartungen uns vor Enttäuschungen schützen, wird auch als *„defensiver Pessimismus"* bezeichnet. Niedrige Erwartungen mindern nicht den Schmerz des Verlusts oder persönlichen Scheiterns. Negative Erwartungen führen jedoch nicht lediglich zu schlechteren Ergebnissen, sondern sie schützen uns auch nicht vor negativen Emotionen, wenn unerwünschte Ergebnisse in unser Leben treten. Dazu das folgende Beispiel von Susanne und Jenny.

Nach einem Schlaganfall finden sich die Frauen in einem Krankenhaus wieder. Beide haben eine ähnliche Diagnose und Ausgangslage ihres gesundheitlichen Zustandes und die Ärzte geben beiden die gleiche Prognose. Susanne glaubt fest daran, dass sie stark ist und sich mit ein wenig Mühe in kürzester Zeit erholen und zu ihrem Alltag zurückkehren wird. Jenny hingegen ist anderer Auffassung und überzeugt, dass mit einer negativen Entwicklung ihres weiteren gesundheitlichen Verlaufs zu rechnen ist. Die beiden Frauen haben unterschiedliche Erwartungen, aber es gibt keine hinreichend genauen Anhaltspunkte für ihre verschiedenen Auffassungen. Es gibt keinen objektiven Grund zur Annahme, warum sich Susanne schnell erholen und Jennys Leben früher enden wird. Es ist jedoch sehr wahrscheinlich, dass ihre Vorhersagen das Ergebnis ihrer Heilungschancen beeinflusst, indem sie ihr Verhalten ändern und sich so gemäß ihrer Erwartungen entsprechend *„selbst erfüllen"*. Susanne ergreift mit größerer Wahrscheinlichkeit Maßnahmen, die zu ihrer erwarteten Genesung führen (Rehamaßnahmen, gesundes Essen, Bewegung usw.). Jenny, die erwartet, dass ihr Leben bald vorbei ist, wird weniger motiviert sein, dies zu tun. Es ist wahrscheinlicher, dass sie einen Rückfall erleidet, was möglicherweise dazu führt, dass ihr gesundheitlicher Zustand einen weniger glanzvollen Weg beschreitet. Tatsächlich sterben Menschen wie Jenny, die auf gesundheitliche Beschwerden mit passiver Akzeptanz reagieren, früher. Das Ergebnis ist, dass *Optimisten länger leben*. Es scheint, dass eine pessimistische Einstellung das Risikoverhalten fördert, da Pessimisten eher dazu neigen zu glauben, ohnehin nicht viel zu verlieren. Optimisten stellen sich hingegen eine großartige Zukunft vor, voller Elan und positiver Erwartungen. Sie erhoffen sich, dass sich ihr Leben immer zum Guten wenden wird, sehen guten Beziehungen entgegen und erwarten gesund und glücklich zu sein. Da Optimisten voller Zuversicht sind, es besser machen wollen und gesünder in die Zukunft blicken, haben sie weniger subjektive Gründe sich Sorgen zu machen und Zweifel zu hegen. Infolgedessen sind sie weniger ängstlich und passen sich besser an Stressfaktoren wie Scheidungen, Beziehungsbrüchen, enttäuschten Freundschaften oder gesundheitlichen Beschwerden an.

Diese Anpassungen und Bedeutungen, welche wir den Vorkommnissen in unserem Leben geben, sind es, die unsere Gefühle, Empfindungen und Emotionen in Bezug auf diese bestimmen – und weniger die Vorkommnisse selbst. Nehmen Sie beispielsweise an, Ihr Partner hätte sich von Ihnen getrennt. Auf den ersten Blick kein freudiges Ereignis, denn Sie könnten glauben, Sie seien beziehungsunfähig – auch wenn Sie einen neuen Partner finden würden, es würde dennoch nicht halten. Oder aber Sie denken Sie seien nicht attraktiv genug, sodass ebenso die nächste Beziehung langfristig nicht hält. Nichtsdestotrotz würde gleichermaßen die Möglichkeit bestehen, diese den Anschein nach ungünstige Begebenheit als Chance zu begreifen, aus Ihren Fehlern der vorangegangenen Beziehung zu lernen und durch die erfahrene Trennung einen liebenswerteren Partner zu finden, welcher Sie so liebt wie Sie sind. Sie wissen, dass es sowieso nicht der Richtige sein kann, wenn er nicht zu Ihnen passt. Dies zeigt, es hängt alles rein von Ihren inneren Überzeugungen und Einstellungen ab, wie Sie die Dinge sehen.

Die angeführten unangenehmen Vorkommnisse mögen Unzufriedenheit verursachen, aber dennoch kann es hilfreich sein, sich daraus einfach nichts zu machen oder diese sogar lächelnd hinzunehmen. Es zeigt sich, dass dies eine der besten Möglichkeiten ist, Schwierigkeiten den *Wind aus den Segeln zu nehmen* und dadurch gelassener und glücklicher zu werden. Sicherlich möge man denken, jemand der sich in schwierigen Situationen befindet, dessen Gemüt voller Zweifel und angespannt ist, der wird doch nicht einfach so ein Lächeln über sein Gesicht zaubern. Gerade das ist jedoch die Ursache dafür, warum diese Menschen ängstlich, angespannt und besorgt sind. *Lachen* hilft schlichtweg sich weniger gestresst und wohler zu fühlen. So kommen Sie mit Ihren Problemen besser zurecht und schneller zu profunden Lösungsmöglichkeiten. Über wie viele Dinge im Leben haben wir uns nicht schon aufgeregt und den Kopf zerbrochen, über die wir später wieder lachten. Sie werden sehen, dass in 365 Tagen Ihre Stimmungslage wieder eine andere sein wird. Deshalb: *Lachen* Sie, auch wenn Ihnen nicht danach ist, denn wenn Sie lächeln, geht es Ihnen besser. Das alles fällt Ihnen leichter, wenn Sie sich darüber bewusst sind, *(I)* sich *nicht* über Belanglosigkeiten, Unwichtigkeiten und Kleinigkeiten *aufzuregen* und *(II)* die *meisten Dinge* des Lebens nun mal Belanglosigkeiten, Unwichtigkeiten und Kleinigkeiten sind.

Folge deinem Herzen und deinen Leidenschaften

Manchmal muss man einfach dem Herzen folgen und die Dinge geschehen lassen.

– Unbekannt

Einleitend zu diesem Abschnitt möchte ich Ihnen sagen, dass es wert ist, seine *Eltern* wirklich zu schätzen und innigst zu lieben – sofern sie noch unter Ihnen sind. Niemand wird Sie jemals so sehr lieben wie Ihre Eltern, obwohl wir das zumeist vergessen oder erst merken, wenn es bereits zu spät ist. Zweifellos sind Eltern nicht frei von Fehlern und manche von ihnen machen auch viele, wenn sie Ihnen beim Erwachsenwerden helfen. Aber die meisten geben sich selbstlos hin und leisten auch die beste Arbeit, die sie können, um Sie großzuziehen. Ihre Eltern haben auch weit mehr Opfer in Ihrem Namen gebracht, als Sie jemals wirklich wissen werden. Vergeben Sie ihnen deshalb ihre Fehler und Unvollkommenheiten und lieben Sie sie voll und ganz. Wertschätzen und ehren Sie Ihre Eltern, solange Sie können, denn die einfache Wahrheit ist, dass Sie sie nicht immer bei Ihnen haben werden, wenn Sie auf Ihrem weiteren Lebensweg voranschreiten.

Meine Botschaft richtet sich aber nicht lediglich an die Liebe zu den Eltern, sondern soll Ihnen auch verdeutlichen, dass die absolute Bedeutung der Liebe als Haupttugend für die Pflege und Kultivierung von zwischenmenschlichen Beziehungen einen wichtigen Stellenwert in Ihrem Leben einnehmen sollte. Ich glaube nicht, dass es im Leben etwas Wichtigeres gibt als *Liebe*. Ich spreche hier nicht von der romantischen Liebe oder „*Eros*", welche ein wunderbarer Zustand sein kann, aber auch ein zweischneidiges Schwert ist und dazu neigt, mit der Zeit zu verblassen. Ich spreche vielmehr von Liebe als *Fürsorge* und *Mitgefühl*, die durch Empathie und Wertschätzung aktiv aus unserem Herzen zu anderen Menschen und Lebewesen fließt. Diese Art der Liebe muss nicht mit der Zeit verblassen, sondern kann unser ganzes Leben lang weiter wachsen, wenn wir sie bewusst pflegen. Folgen wir unserem Herzen aus tiefster Überzeugung, werden wir in den Fluss der Liebe hineingezogen. Liebe ist aber auch eine Tugend, die wir in unserem Leben bewusst auf immer höheren Ebenen entwickeln können. Solche Bemühungen sind es wert, unternommen zu werden, denn nichts bereichert, lehrt und macht das Leben lohnender als die Entwicklung unserer Liebesfähigkeit. Bei der Pflege der *Liebe* im Leben eines Menschen lässt sich feststellen, dass es wichtig ist, *drei* andere verwandte *Tugenden* zu praktizieren.

Zum einen die *Großzügigkeit*. Es wäre schwierig, den Wert der Großzügigkeit treffend zu beschreiben. Die Tugend der Großzügigkeit gilt nicht lediglich für das Geben von Geld, sondern in erster Linie für das Geschenk von uns selbst an andere – unsere Zeit und unseren Dienst an anderen. Wahre Großzügigkeit sollte nicht als eine Art Selbstaufopferung betrachtet werden, bei der das, was wir anderen geben, auf eigene Kosten erfolgt – der Gewinn anderer ist unser Verlust. Es ist vielmehr eine Erweiterung der Liebe aus unserem eigenen Herzen, die echte Freude am Gedeihen anderer Menschen hat. Ein reger Austausch mit guten Freunden ist dem eigenen geistig-seelischen Zustand und Ihrer Gesundheit dienlicher als jedmöglicher materieller Besitz. *Großzügigkeit* und *Rücksichtnahme* sind in sinnerfüllten Beziehungen folglich wichtiger als Geld. Auch hier gilt: Jener mit wenig Besitz, der wenig gibt, kann großzügiger als ein wohlhabender Mensch sein, der im Übermaß und noch so viel von seinen Besitztümern gibt. Dabei sollten Sie daran denken, dass manche Menschen in ihrem Leben der Großzügigkeit mehr Raum geben und andere Besitztümern. In *sinnerfüllten* Beziehungen ist ersteres (*Großzügigkeit*) wichtiger, weshalb Sie solche Partnerschaften mehr wertschätzen sollten.

Eine weitere Tugend der Liebe betrifft die <u>*Vergebung*</u>. Nichts stoppt den Fluss der Liebe schneller in unserem Leben als die verschiedenen Urteile, die wir gegenüber unserer Familie, unserem Partner, Freunden und anderen fällen. Missstände, die wir in unseren Gedanken und in unserem Denken gegenüber anderen Menschen eitern lassen, sind die Saat negativer Gefühle und tragen das ihre zu mangelnden liebevollen Beziehungen bei. Was wir nicht vollständig verstehen ist, wie sehr wir uns mit unseren Urteilen und Beschwerden selbst schaden. Denn würden wir verstehen, würden wir aufhören, uns ihnen hinzugeben. Glücklicherweise gibt es eine Tugend, die wir praktizieren können, um sie aus unserem Geist zu verbannen – nämlich die *Vergebung*. Vergebung zu üben ist jedoch nicht einfach. Unser Anspruch „*richtig*" zu liegen, ist sehr stark in uns verankert und dies erfordert normalerweise, dass wir andere negativ oder „*falsch*" beurteilen und daher nicht wirklich verzeihen. Vergebung bedeutet einfach, unseren Groll und unsere Wut gegenüber anderen aufzugeben (wenn wir anderen vergeben, machen wir häufig auch den Fehler zu glauben, dass wir schädliches Verhalten dulden). Es bedeutet nicht, unsere Werte und unsere Ethik aufzugeben. Wenn wir anderen vergeben, befreien wir uns von der Vergangenheit und lassen unser Herz vollständig im gegenwärtigen Moment sein. So entsteht Zuneigung und ein inniges Gefühl der Liebe gegenüber anderen Menschen.

<u>*Dankbarkeit*</u> ist eine weitere verwandte *Tugend* der Liebe. Am Leben zu sein ist absolut außergewöhnlich und es gibt unendlich viele Dinge, für die man dankbar sein kann. Sie können versuchen sich in Dankbarkeit zu üben und sich jeden Tag ein paar Minuten Zeit nehmen, um in aller Stille und Ruhe die Menschen zu schätzen, die Sie lieben. Sie können in Ihrem

Herzen Dankbarkeit für die vielen wunderbaren Dinge ausdrücken, die Ihr Leben mit Freude erfüllen. Eine weitere wichtige Perle der Weisheit betrifft die Tatsache, dass das Leben kürzer ist, als viele glauben und der Tod für uns alle unumgänglich zum Leben gehört. Es fällt immer schwer von geliebten Menschen Abschied zu nehmen. Dabei ist es uns jedoch bestimmt, dass wir Menschen verlieren die wir lieben – woher sollten wir sonst wissen, wie wichtig sie für uns sind. Es ist wahr, dass niemand von uns lebend hier rauskommt. Diese grundlegende existenzielle Wahrheit gilt es niemals zu vergessen und wir sollten dankbar für jeden uns gegebenen Augenblick sein.

Deshalb sollten wir uns verpflichten, unserem Herzen zu folgen und das tun, was wir am meisten lieben und was wir am meisten im Leben tun wollen. Warum? Das Leben gilt es zu leben, da der Tod für uns alle real und unvermeidlich ist. Wie konkret kann solch ein Leben aussehen, vor dem Hintergrund, dass der Tod für uns alle letztendlich unvermeidbar ist? Auf diese Frage muss jeder Mensch seine eigenen Antworten finden und entsprechende Entscheidungen treffen. Wenngleich sie auch für den einen klarer und für den anderen weniger klar erscheinen mögen, gilt es das Leben zu führen, welches Sie haben wollen und das Sie sich wünschen. Diese Entscheidungen können sich für Ihre Eltern, Mitmenschen und viele Ihrer Freunde als ärgerlich erweisen. Bedenken Sie jedoch, solange diese aus Ihrem Herzen kommen, können sie dennoch die absolut richtigen Entscheidungen für Sie sein. Wenn Sie vor einer *Weggabelung* stehen und sich in neue Richtungen begeben möchten, ist es unbedingt erforderlich, dass Sie sich fragen, was Sie wirklich am meisten interessiert und was Ihre tiefsten Leidenschaften sind. Für was brennt Ihr Herz und was würden Sie tun, wenn Sie alle notwendigen Mittel zur Verfügung hätten? Ihr tiefstes Inneres, Ihr Herz, kennt die Antworten auf diese Fragen. Es flüstert Ihnen ganz leise und in diesem Moment zu, während Ihre

Gedanken vor sich hin schweifen. Also denken Sie an diese Worte und nehmen Sie die Abzweigung, welche Sie bereits in Ihrem innersten Herzen tragen. Seinem Herzen zu folgen, wird immer Ihr bester Führer im Leben und auch abseits davon sein. Es gibt *zwei wichtige Grundsätze*, wenn Sie Ihrem Herzen folgen und Ihr Leben darauf ausrichten.

Der *erste* Grundsatz, um Ihrem Herzen erfolgreich zu folgen, ist, dass Sie lernen müssen, mit *Angst* umzugehen. Es ist die Angst, welche die meisten Menschen daran hindert, ihr volles Potenzial im Leben auszuschöpfen. Diese Angst kann vielfältig sein und betrifft das Scheitern, Angst vor Ablehnung von Menschen, die uns etwas bedeuten, Angst, dass wir einfach nicht gut genug sind, Angst vor Versagen und manchmal sogar Angst vor unserer eigenen potenziellen Größe (wir schöpfen unser inneres Potenzial folglich nicht vollständig aus). Die Angst um sich herum müssen Sie selbst überwinden. Die vorliegenden Zeilen dieses Buchs können Ihnen aber helfen, Angst als etwas zu verstehen, das Sie lernen müssen, eigenständig zu meistern. Mut ist für die überwiegende Anzahl der Menschen die wichtigste Strategie, um zu lernen, Angst zu überwinden und wir sollten auf jeden Fall so viel Mut entwickeln, wie wir nur können. Aber vergessen Sie nicht: Bei Mut kann es sich ebenso um versteckte Angst handeln. Das Beste, das Sie gegen Angst tun können, ist, zur Erkenntnis zu gelangen, dass Sie Angst aus dem Nichts in Ihrem Kopf kreieren. Die Angst existiert nicht wirklich außerhalb Ihrer Seele. Angst ist in erster Linie eine Schöpfung Ihrer Vorstellung, die zumeist nicht real ist. Sie erschaffen diese in Ihrem Kopf und dort können Sie diese auch auflösen. Also sind Sie fähig einen Weg zu finden und zu lernen, sich von Ängsten zu lösen, wenn Sie wirklich frei im Leben sein und mit Ihrem Herzen in Verbindung bleiben wollen. *Zweitens* müssen wir unsere *Selbstbewusstseins-Fähigkeiten* entwickeln und stärken, damit wir wissen, wann wir unserem Herzen wirklich folgen und wann wir uns verirrt haben. Es ist tatsächlich einfacher als es sich anhört, denn wenn wir unseren Herzen wirklich folgen, werden wir in die tiefsten Leidenschaften unseres Lebens hineingezogen. Wir tun, was wir am meisten lieben und wir finden unser Leben voller Energie, Fülle, Wohlbefinden, Kreativität, Glück, Sinnhaftigkeit und Freude. Wir fühlen uns einfach lebendiger und schwimmen auf dem Fluss, den viele Menschen Leben nennen. Irgendwann kommt der Punkt, wo man Zweifel hegt und sich fragt, ob man denn immer noch seinem Herzen folgt? Denken Sie dabei an die zuvor erläuterten Worte (Energie, Fülle, Wohlbefinden, Kreativität, Glück, Sinnhaftigkeit, Freude). Wenn Sie das nicht mehr verspüren und sich ein Gefühl der Leere breitmacht, sind Sie aus dem Fluss des Lebens herausgetreten und treiben einfach weiter. Dabei sind verminderte Energie, mangelnde Kreativität und kein wirklicher *Sinn* erkennbar. Sie spüren auch kein Gefühl tiefer Leidenschaften und sind nicht besonders glücklich. Aber auch hier tut sich wieder eine *Weggabelung* auf und es gibt mögliche Lösungen. Bringen Sie Körper und Geist in Einklang und verbinden Sie sich mit Ihrem Herzen. Solange Sie leben, gibt es eine offene Tür. Sie können in jedem Moment den Weg Ihres Herzens frei wählen und es hört nie auf, Ihnen zuzuflüstern, einen *Sinn* zu geben und Hilfestellungen zu bieten.

Wenn Sie Ihrem Herzen und Ihren Leidenschaften folgen, vergessen Sie dabei eines nicht: Das Leben hat viele, viele Schwierigkeiten und Herausforderungen. Es ist nicht einfach und keiner besitzt den Schlüssel zur allgemeingültigen Weisheit. Wir alle erleben enttäuschte Erwartungen, Verluste, Ungerechtigkeiten, Frustrationen, Einsamkeit sowie auch unvermeidliche Krankheiten, Alterung und schließlich dem Tod ausgesetzt zu sein. Eines der besten Mittel, um mit Schwierigkeiten und Herausforderungen umzugehen, besteht darin, sie als Chancen zu begreifen, die uns helfen zu wachsen. Erkennen Sie darin eine Lektion für Ihr Leben und

Lehren, die Ihnen präsentiert werden, um ein Stück weiter zu gehen als bisher. Ihr Leben ist da, um es zu leben und es bringt Sie kein bisschen weiter, wenn Sie sich als Opfer von Umständen oder anderer Menschen sehen. Selbstmitleid ist eine bemerkenswert selbstzerstörerische Emotion, an deren Beseitigung Sie bewusst arbeiten sollten, weil es Sie entmachtet und Sie davon abhält, Ihrem Herzen zu folgen.

Durch erlangte Erfahrungen, Weisheiten und bedachtes Vorgehen können Sie enttäuschte Erwartungen, Verluste, Ungerechtigkeiten und Frustrationen im Vorfeld vermeiden. Negativ ausgelöste Emotionen resultieren zumeist aus persönlichen Auseinandersetzungen und schließen ganz unterschiedliche Lebensbereiche ein – Liebe, finanzielle Angelegenheiten und mangelndes integres Verhalten. Gänzlich negative Begleitumstände werden Ihnen dennoch nicht erspart bleiben. Auch wenn Sie für die Missgeschicke, welche Ihnen widerfahren nicht immer selbst schuld sind, so können Sie innehalten und einfache Regeln auf alles anwenden, was Sie sagen, schreiben oder tun. Was bedeutet das konkret? Bei Ihrem Tun, Handeln, Ihrer schriftlichen und mündlichen Kommunikation können Sie sich stets fragen, wie wird dies zu meinem Lebensziel beitragen oder etwa die Erfüllung meines tieferen Lebenszwecks beeinträchtigen. Eine gute Übung dazu kann einschließen, wie Sie sich fühlen würden, wenn diese oder jene Handlung auf der Titelseite einer weitverbreiteten Tageszeitung abgedruckt wäre. Wenn Sie sich bei Ihren Handlungen dann immer noch gut fühlen würden, wenn jeder davon weiß und sich diese mit Ihren moralischen Wertansprüchen decken, dann ist es zumeist in Ordnung. Wenn Sie sich jedoch dabei schlecht fühlen oder schämen würden, so besteht mitunter ein Grund, dass Sie nicht mit sich im Reinen sind und etwas zu ändern haben (das bedeutet jedoch nicht, sich dem Denken anderer Menschen zu beugen). In einer Welt voller „*Fake-News*" und anderer Unwahrheiten ist es von Vorteil zu wissen, dass sich die Wahrheit immer einen Weg sucht, um ans Licht zu kommen. Noch weiter geht, andere Menschen schlechtzumachen oder herabzuwürdigen. Wenn an Menschen Rufmord begangen wird und diese desavouiert werden, so führt dies dazu, dass man Menschen ihrer Freiheit beraubt, da sie nicht zu Recht offenkundig angeklagt werden. Die moderne Wissenschaft ermöglicht es heutzutage zu messen, dass der Lügende tief zerrissen ist und sich selbst so erheblichen Schaden zufügt. Derjenige, der lügt und die Unwahrheit sagt, tut sich selbst nichts Gutes, da er weiß, dass er lügt und dieser innere Schaden ferner durch Hautveränderungen und andere Absonderungen gut messbar ist (denken wir hier an die Messungen mit Lügendetektoren).

Umstände, welche außerhalb Ihres Einflussbereichs liegen, können ebenso Herausforderungen für Sie bedeuten. Oft war ich selbst versucht, mich über Ungerechtigkeiten oder misslungene Vorhaben zu ärgern. Selbstmitleid ist zumeist eine Versuchung, mit der man dann zu kämpfen hat. Sie können immense Anstrengungen und eine Menge an persönlicher Wachstumsarbeit leisten (durch gläubige, spirituelle oder meditative Arbeit), um zu versuchen, die Lektionen, die das Leben für Sie bereithält, zu schätzen und zu verstehen. Das können sehr viele sein und nicht immer werden Sie alle augenblicklich verstehen. Eine sehr schwierige Lektion kann dabei sein, zu lernen einfach loszulassen und dem Prozess zu vertrauen, der gerade stattfindet, weil Sie diesen mit Sicherheit nicht immer kontrollieren oder stoppen können. Das kann sich nicht mit Ihrer natürlichen Neigung decken, sich Herausforderungen sofort zu stellen oder Dinge auf der Stelle in Angriff zu nehmen – dennoch vermag es für Sie und Ihre Mitmenschen dienlicher sein, sich gegen Ihre innersten Leitmotive zu stellen. Eine weitere wichtige Botschaft ist zu lernen, dass viele Menschen wirklich da sind, die sich um Sie kümmern und Ihnen eine erstaunliche emotionale Unterstützung bieten können. Nicht jeder hat viele Freunde, einen großen Verwandten- oder Bekanntenkreis. Die entwickelte Welt verfügt jedoch über Institutionen und Organisationen, die in jeglichen Lebenslagen Hilfestellungen bieten. Wie, wo und wann Sie auch immer solche Unterstützungen erfahren, Sie sollten demütig und zutiefst dankbar dafür sein. Sie werden im Laufe Ihres Lebens immer wieder erkennen, wie wichtig es ist, mit Nachdenklichkeit und Sensibilität zu kommunizieren. Menschen erkennen oft zu spät in Ihrem Leben, dass Ihnen Ehrlichkeit und integres Verhalten auf den ersten Blick vielleicht schwer fällt – langfristig jedoch vieles einfacher macht. Ich kann mich an einen Hund in meiner Familie erinnern, den wir viele Jahre lang ein Zuhause boten. Er hinterließ bei vielen von unseren Freunden und Bekannten nicht immer den besten Eindruck – da er sehr ehrlich und direkt seine Gefühle gegenüber Menschen zum Ausdruck brachte. Bot er Anstoß für Unmut, reagierte meine Mutter stets auf die gleiche Weise. Dabei sagte Sie immer: *„Kein Anlass zur Sorge, dieser Hund ist ein Wunder, das steht fest. Nur eben nicht die Art von Wunder, die man gerne sieht."* Ich musste dabei lächeln, aber es zeigte mir, dass es besser ist die Wahrheit so zu sagen, wie wir diese durch unsere Augen wahrnehmen – unabhängig davon, ob anderen dies missfällt und wie diese Wahrheit von anderen interpretiert wird. Leider gibt es viel zu wenig Ehrlichkeit, aber viel zu viele Täuschungen und Lügen auf dieser Welt. Das ist hinderlich für das gesellschaftliche als auch persönliche Vorankommen. In einer Welt, in der sich Unwahrheiten und *„Fake-News"* schnell verbreiten, zeigt sich, wie leicht es ist, Menschen in die Irre zu führen und bewusst falsch zu interpretieren. Eine nachlässige und gedankenlose Aussage kann aus dem Zusammenhang gerissen und immer wieder wiederholt werden. Soziale Medien, Influencer und konventionelle als auch digitale Medien tragen diese in Windeseile rund um den Globus hinaus. Rufen Sie sich daher in Erinnerung ein eigenes Bild der Realität zu zeichnen, Ihren eigenen Wertvorstellungen treu zu bleiben und folgen Sie Ihrem Herzen – das ist es, was letztlich zählt.

Liebe ist etwas (un-)beständiges auf dieser Welt

Es gibt weder Glück noch Unglück auf dieser Welt, es gibt nur den Vergleich einer Lage mit einer anderen, weiter nichts.

– Alexandre Dumas

Liebe und zu lieben ist nicht immer einfach. Liebt man zu stark und zu tief, besteht die Gefahr der Einengung und der darauffolgenden Enttäuschung bei Verlust. Liebt man zu freimütig und offen, engt dies zwar weniger ein, man ist jedoch ebenso angreifbar – es sind zumeist die Offenherzigen, die zwar geliebt, aber betrogen werden. Häufig stehen wir am Scheideweg, wo wir zweifeln und nicht weiter wissen – ist es der richtige Partner? Sollen wir es nochmals versuchen? Der einfachste Weg, um herauszufinden, was einen an einem Menschen liegt, ist Abschied von ihm zu nehmen. Bedenken Sie dabei, dass die Liebe nur ein vorübergehendes Gefühl ist und dieses Gefühl mit der Zeit, dem Gemüt und mit der Stimmung schwankt oder aber gänzlich verblasst. Wenn Ihr sogenannter geliebter Mensch Sie verlässt, seien Sie geduldig, die Zeit wird Ihre Schmerzen und Ihre Traurigkeit lindern und irgendwann wird kaum noch etwas davon übrig sein. Übertreiben Sie jedoch nicht die Schönheit und Süße der Liebe und übertreiben Sie nicht die Traurigkeit, wenn der Duft der Liebe wieder verblasst. *Niemand* ist *unverzichtbar* und es gibt *nichts* auf der Welt, was Sie *besitzen* müssen. Entledigen Sie sich all der unnötigen Sorgen, indem Sie sich der Tatsache bewusst werden, dass nichts und niemand es wert ist, mit Sorgen „*erobert*" zu werden.

Entschließen Sie sich dazu, Ihre Angst vor Liebesverlust hinter sich zu lassen, wonach Sie, wenn es das Schicksal denn so will, auch ohne Partnerin bzw. Partner Ihr Leben leben. Dadurch werden Sie Gelassenheit, Seelenfrieden und innere Ruhe finden, welche Ihnen das Fundament für *wahres Glück* legen. Sobald Sie diese Grundsätze verstanden haben, fällt es Ihnen leichter, durchs Leben zu gehen, wenn die Menschen in Ihrer Umgebung Sie nicht mehr wollen oder wenn Sie verlieren, was oder wen Sie am meisten lieben.

Man muss kein begnadeter Hirnforscher sein, um zu wissen, dass uns die *Liebe* und das *Verliebtsein* glücklich machen. Wenn wir uns verlieben, entsteht ein euphorisches Gefühl in unserem Kopf, wonach wir diesen Empfindungen „*verfallen*" und danach süchtig werden können. *Wahre Glücksgefühle* entstehen jedoch langfristig – durch langsames wachsen. Auch wenn es das Schicksal nicht immer gut mit *Nietzsche, Mozart* und *Beethoven* meinte, durchliefen sie einen langsamen und langfristigen Wachstumsprozess, den sie auch auskosten konnten. Diese *Reife* ist es auch, die das langfristige Glück ausmacht. Viele Menschen vergessen dabei, dass Sie sich selbst über alles lieben sollten. Ihr Wert wird dabei nicht durch Ihr Aussehen, Gewicht, Lächeln oder durch eine andere Person in Ihrem Leben bestimmt. Sie müssen nicht klüger, souveräner, stärker oder hübscher sein als Sie sind. Warten Sie niemals auf jemanden, dass Sie sich „*vollständig*" fühlen – denn Sie sind es bereits. Sie sind gut genug, so wie Sie sind. Deshalb lieben Sie immer die Person, die Sie wirklich sind. Das heißt auch, dass Sie sich nicht ändern sollen, um irgendwo „*reinzupassen*". Seien Sie sich selbst treu, leben Sie Ihre eigenen Träume und seien Sie stolz auf das, was Sie einzigartig macht, anstatt den Druck zu spüren, der Menge zu folgen. Haben Sie Freunde, mit denen Sie sprechen und mit denen Sie in Kontakt treten können, aber achten Sie darauf, dass Sie sich nicht ändern, lediglich um einer bestimmten Gruppe von Menschen zu ähneln. Ihre Familie ist die Gruppe von Menschen, zu welcher eine besondere Form der Liebe besteht. Nur wenige Menschen in diesem Leben werden Ihnen die bedingungslose Liebe und Unterstützung geben, welche Ihnen Ihre Familie bieten wird. Nun, es gibt zwei Arten von Familien, über die ich spreche. Die Familie, in die Sie hineingeboren wurden und die Familie, die Sie auswählen, um sie zu behalten – sprich Ihre engsten Freunde. Ob es sich bei Ihrer Familie um eine von Geburt oder Ihrer Wahl handelt, die Bindung besteht ewig. Investieren Sie in Ihre Freundschaften, denn diese Investitionen bleiben für immer bei Ihnen. Ihre wahren Freunde werden Sie trotz Ihrer Mängel und Unvollkommenheiten lieben und für Sie da sein. Sie werden Sie aufrichten und Ihnen beistehen, wenn Sie hinfallen oder das *Glück* gerade nicht an Ihrer Seite zu sein scheint.

Dabei zeigt sich, dass sich das *Glück* der Frauen im Gegensatz zu dem der Männer etwas unterscheidet. Frauen sind von Ihrem Naturell her eher dazu geneigt zu geben. Da sie die besseren Geber sind, macht ihnen Helfen und Schenken mehr Spaß und das macht sie zufriedener als „Nehmer". Frauen sind ebenso emotional reif genug, um mit den einhergehenden Veränderungen des Erwachsenenlebens besser zurechtzukommen. Sie sind auf Veränderung viel besser programmiert. Männer sind dazu veranlagt Kleinkinder zu bleiben – das kann jedoch ebenso Vorteile in sich bergen, wie bereits erläutert wurde. Die meisten Männer als auch viele Frauen sind eher dazu geneigt, *Intimitäten* gegenüber geistig-seelischen Aspekten des Lebens und anderen Beschäftigungen vorzuziehen. Dennoch entsprechen geschlechtliche Handlungen nicht dem *wahren Glück*. Es verhält sich vielmehr ähnlich wie mit *Drogen- und Alkoholabhängigen*. Dem subjektiven Empfinden nach würden sie natürlich Glück bei ihren *Exzessen* verspüren und auch die Ansicht vertreten, es mache sie glücklicher – auch wenn dem natürlich nicht so ist.

Sigmund Freud sagte, dass die Libido das Wichtigste sei, um Glück zu erlangen. Es zeigt sich jedoch, dass es für das Wohlbefinden eines Menschen einträglicher sein kann, mit anderen Menschen auf sozialer und gesellschaftlicher Ebene in Kontakt zu treten und sich einfühlsam zu zeigen.

Und wie steht es mit der alten Weisheit, dass Kinder uns glücklich machen (welche zumeist sehr unter Scheidungen leiden)? Die subjektiven Einflüsse auf menschliche Verhaltensweisen zeigen sich ebenso in der Fortpflanzung zwischen Mann und Frau – anstatt sich dem Leben freudig hinzugeben, setzen wir Handlungen, welche nur dazu dienen, die Fortpflanzung seiner selbst sicherzustellen. Die meisten Menschen vertreten die Auffassung, dass Kinder für die Zufriedenheit ihres Lebens von essenzieller Bedeutung sind. Aber Studien zeichnen immer wieder ein genau gegenteiliges Bild. Nachkommen und Glück zeigen eine negative Korrelation. So enthüllt eine Studie von *Daniel Kahneman*, Träger des Nobelpreises der Wirtschaftswissenschaften, dass es kaum andere Aktivitäten, wie das Großziehen von Kindern, gibt, welche so wenig zu unserem Glücksempfinden beitragen. Sie können uns schlaflose Nächte bereiten, all die zeitlichen Aufwendungen die nötig sind, Jugendliche, die hassvolle Verhaltensweisen an den Tag legen und vieles mehr. Dennoch behaupten viele Eltern sie seien glücklich. Dies kann sich so erklären: Obwohl wir manchmal auf unser Leben zurückblicken und unsere Existenz würdigen, tun wir dies nicht ganz so häufig, wie wir denken. Unser Glück wird jedoch nicht in hohem Maße durch das Nachdenken über unser Leben beeinflusst, sondern durch die Flut von Gefühlen, die durch Handlungen und Interaktionen ständig in uns erzeugt werden. Gleichwohl sind es unsere innersten Wertvorstellungen und Grundsätze, welche darüber entscheiden, in was wir das *Wahre*, *Gute* und *Schöne* sehen. Wer dem *Leben* einen *Sinn* gibt („*Warum*"), kommt mit den sich bietenden Umständen viel einfacher zurecht („*Wie*"). Sehen wir Kinder als „*kleine Teufel*" oder als ein Leben, das wir mit Freude großziehen und dem wir eine Zukunft geben? Sie sehen, subjektive Empfindungen sind keine objektiven Maßstäbe für das *wahre Glück* und spannen uns häufig eine „*Finte*" vor den Wagen. Wiewohl die *Sinnhaftigkeit* des *Lebens* davon abhängen mag, wie gekonnt wir es verstehen, unserem noch so harten und mühevollen Leben einen *Sinn* einzuhauchen um damit Befriedigung zu schaffen – also dem eigenen Leben ein „*Warum*" zu geben. Demgegenüber steht das *sinnlose* Leben, das eine große *Bürde* darstellen kann, wenngleich es auch noch so schön und behaglich für einen sein mag.

✓ 2 – Prinzip der Liebe

Wo Liebe ist und Weisheit, da ist weder Furcht noch Ungewissheit; wo Geduld und Demut, weder Zorn noch Aufregung; wo Armut und Freude, nicht Habsucht und Geiz; wo Ruhe und Besinnung, nicht Zerstreuung noch Haltlosigkeit.

– Franz von Assisi

Langfristige und stabile Beziehungen aufzubauen, mag in der heutigen Gesellschaft eine Herausforderung sein. Mit aufrichtigen, innigen und liebevollen Gedanken fällt dies viel leichter – und vor allem durch mehr Geben als Nehmen ziehen Sie liebevolle Beziehungen förmlich an. Wenn es ein *Geheimnis* der Liebe gibt, welches von den meisten Menschen nicht beachtet wird, dann das, dass dauerhafte, liebevolle Beziehungen aus dem freiwilligen, ohne an Bedingungen geknüpften *Geben* anstatt des *Nehmens* hervorgehen. Um Ihre wahre Liebe zu finden, gilt es jedoch in erster Linie einen Freund zu finden. Sprechen Sie dabei aktiv über Ihre Gefühle und befreien Sie sich von Furcht, Angst, Sorgen und vorschnellen Meinungen. Sich selbst und andere zu respektieren, ist ein erster Schritt seine Liebe zu erkennen. Man spürt dann dieses intensiv, leidenschaftliche Gefühl, alles für den anderen zu sein. Langfristig verbundene Leidenschaft entspringt jedoch nicht lediglich aus körperlicher Anziehung, sondern vielmehr aus Vertrauen, Freiraum, Interesse und Begeisterung für den anderen Menschen. Wenn Sie die wahre Liebe finden und leben wollen, so müssen Sie diese in Gedanken, Worten und Taten ausdrücken und sich dieser verpflichten. Dauerhafte wahre Liebe bemisst sich an der Intensität Ihrer Verbindlichkeit. Vergebung, das Wecken neuer Leidenschaften, offen, ehrlich und aufrichtig seine Gefühle zu kommunizieren und genügend Freiraum bewirken, auf dem steinigen

Weg langfristiger Beziehungen sicheren Halt zu finden. Denn Liebe „*Eros*" ist in Liebesbeziehungen nicht beständig. Hat man aber sein „*Glück*" gefunden, so ist Glück in einer engagierten, langfristigen und nicht platonischen Beziehung definitiv möglich. Die hohe Anzahl gescheiterter Beziehungen bedeutet keineswegs zu glauben, dass die Ehe als Institution von Anfang an zum Scheitern verurteilt ist. Vielmehr sollen Ihnen die angeführten Schilderungen veranschaulichen, dass Liebe ein vorübergehendes Gefühl ist und dieses Gefühl mit der Zeit und der Stimmung verblassen wird. Wenn Ihr sogenannter geliebter Mensch Sie verlässt, seien Sie geduldig, die Zeit wird Ihre *Schmerzen* und Ihre *Traurigkeit* reinigen. Übertreiben Sie nicht die *Schönheit* und *Anmut* der *Liebe* und übertreiben Sie nicht die *Traurigkeit*, wenn Sie die *Liebe* verlieren. Dazu gehört auch etwas Glück. Denn Glück kann im Leben eines Menschen eine herausragende Rolle spielen. Menschen in verschiedensten Erdteilen nennen dies nicht unbedingt Glück, sondern vielleicht Glaube, Spiritualität, Gott, Karma oder Tao. Bislang ist es noch niemandem gelungen, dieses „*Unsichtbare*" vollumfänglich zu definieren. Sie können diese höhere Macht bzw. diesen Glauben für sich selbst festlegen. Halten Sie sich daran fest – nämlich im festen Glauben an sich selbst und auch im Vertrauen an eine höhere Macht. Ein tief verwurzelter Glaube ist dabei das Fundament eines glücklichen Lebens. Wo kein Glaube ist, da mangelt es an langfristig stabilen zwischenmenschlichen Beziehungen. Glaube führt zu Vertrauen und dieses wiederum zu Liebe, geistig-seelischer Zufriedenheit und inneren Frieden. Ein Ihnen entsprechender Glaube macht nicht nur frei, sondern befreit Sie von Furcht, Angst, Sorgen und Selbstzweifel. Man kann ein Fundament der Liebe nur dann legen, wenn Sie sich von diesen Ängsten, Sorgen und Meinungen lösen und liebevolle Gedanken wählen. Dennoch kann es manchmal zu „*Stürmen*" kommen, welche Ihr Leben erschüttern. Aber manche von diesen kommen nur, um den Weg freizumachen. Damit das besser gelingt, müssen wir lernen, unsere Emotionen und Gefühlsregungen *jetzt* auszudrücken und nicht erst dann, wenn es bereits zu spät ist. Keiner von uns weiß, wie lange wir noch haben und wenn es bereits zu spät ist. Sagen oder zeigen Sie den Menschen deshalb, was Sie für sie empfinden und dass Sie sie lieben.

√ WOHLBEFINDEN

Glücklich zu sein ist förderlich für das Wohlbefinden

Wer stark, gesund und jung bleiben will, sei mäßig, übe den Körper, atme reine Luft und heile sein Weh eher durch Fasten als durch Medikamente.

– Hippokrates

Es ist schon erstaunlich, wie viel Zeit wir dafür aufwenden Gewichte zu stemmen, unseren menschlichen Leib mit unterschiedlichsten Geräten zu stählen, Liegestütze und Klimmzüge zu machen, nur dass unser Körper am Ende dessen ohnehin von *„Mutter Natur"* wieder zu Staub gemacht wird. Dennoch hilft es Ihrem Wohlbefinden unheimlich, wenn Sie gut auf Ihre Gesundheit aufpassen. Von Zeit zu Zeit mögen Sie sich mitunter unbesiegbar fühlen, aber Sie werden nicht immer so empfinden. Ihre Gesundheit ist wichtig, viel wichtiger als Sie denken. Bleiben Sie deshalb aktiv und ernähren Sie sich richtig, gehen Sie zu einer anständigen Zeit ins Bett, spazieren oder laufen Sie oder betreiben Sie irgendeine andere Aktivität, wenn Sie wollen (was genau ist gar nicht so wichtig). Sie werden sich später bei Ihrem jüngeren *„Ich"* dafür bedanken.

Über unsere Lebensabschnitte und -ereignisse hinweg haben wir nur diesen einen uns gegebenen Körper und es ist nicht möglich, ähnlich wie bei anderen Dingen, im Handumdrehen etwas auszuwechseln. Autos, Motorräder, Notebooks und Smartphones, für all dies gibt es Ersatzteile und diese sind austauschbar – unser Körper aber ist und bleibt einzigartig. Ich kann mich noch an einen guten Freund von mir erinnern, der sein Leben lang kerngesund war. Eines Tages erreichte ihn die Diagnose Krebs. Er sagte mir, dass er sich nie darüber bewusst war, wie fragil und anfällig unser menschlicher Körper nicht sei. Ich vergaß nie seine letzten Worte im Krankenhaus: Wir sollen jeden einzelnen uns gegebenen Tag zu schätzen wissen und dürfen niemals das Leben als selbstverständlich erachten. Das Leben sei nun mal kostbar, zerbrechlich, unvorhersehbar und unberechenbar – jeder Tag ist ein *Geschenk*. Die Zeit vergeht viel schneller als Sie denken. Alle Samen, die Sie in der Vergangenheit gepflanzt haben, ob gut oder schlecht, tragen Früchte und wirken sich, wenn Sie älter werden, auf Ihre Lebensqualität aus – zum Guten oder Schlechten (dies betrifft nicht nur körperliche, sondern auch seelisch-geistige Aspekte Ihres Lebens). Solange wir uns einigermaßen bewegen können, sollten wir das ebenso als Geschenk ansehen. Wissenschaftliche Untersuchungen zeigen, dass Hamster, welche sich ständig in einem kleinen Laufrad bewegten viel klüger waren, als Hamster, denen man das Rad weggenommen hatte. Bei Menschen zeigt sich dasselbe. Bewegungen und Aktivität, welcher Art auch immer, führen dazu, dass sich im Gehirn Zellen verbinden und Sie dadurch schlagfertiger, kreativer, gelassener und intelligenter werden. Das Schöne daran: Diese Verkabelung der Nervenleitungen erfolgt auch noch in Ihren späten 80er und 90er Jahren. Es hört folglich nie auf – solange Sie aktiv bleiben und sich etwas bewegen.

Kümmern Sie sich nicht frühzeitig um Ihren Körper, wird er sich später nicht um Sie kümmern. Ihre Welt wird von Tag zu Tag kleiner, wenn Sie an Mobilität oder Sehkraft verlieren. Haben Sie immer genug Zeit zum Trainieren. Falls Sie etwas anderes sagen, lügen Sie sich selbst an. Die Wahrheit ist, dass Sie keine Zeit haben, dies nicht zu tun, da Sie sich ansonsten früher oder später Zeit für eine Krankheit nehmen müssen. In unzähligen medizinischen Studien wurde nachgewiesen, dass bereits 30 Minuten Bewegung pro Tag die Kraft, das Glück und die Langlebigkeit des menschlichen Lebens steigern. Das sind gerade einmal 3,5 Stunden pro Woche. Angesichts der enormen gesundheitlichen Vorteile in Bezug auf die Auswirkungen auf die verbleibenden 164,5 Stunden der Woche, scheint dies kaum viel Zeit zu sein. Dieses regelmäßige Training führt zu einem besseren Stressmanagement und Schlaf, was zu besseren Ernährungsentscheidungen, zu mehr Energie und weniger chronischen Krankheiten beiträgt. Bewegung und Training beeinflussen aber auch Ihre Gefühle. Sie lindern Stress, dadurch fühlen Sie sich wohler und Sie kommen daher auch mit Problemen besser zurecht – es verändert Ihr emotionales Wohlbefinden. Die durch Bewegung ausgelösten chemischen Reaktionen wandeln ebenso unsere Wahrnehmung zum Guten. Seien Sie deshalb aktiv und das am besten regelmäßig. Dabei ist gar nicht so sehr wichtig, was Sie tun, sondern vielmehr, dass Sie etwas tun.

Wenn Gewichtsverlust Ihr Ziel ist: Essen Sie nicht zu viel und bewegen Sie sich mehr. Das Problem ist, dass es in der realen Welt nicht so einfach ist, damit Schritt zu halten. In Industrieländern sind wir von einem unbegrenzten Angebot an preiswerten, schmackhaften, übergroßen und kalorienreichen Lebensmitteln umgeben. Mit mehr Bewegung und Training ist das kein Problem, wenn wir von einem schweren Fall von *„Sitzkrankheit"* betroffen sind. Fernsehen, mit dem Auto in die Arbeit fahren, Videospiele, mangelnde Bewegung und Ähnliches, sorgen jedoch in den Industrienationen für eine Vielzahl von gesundheitlichen Problemen. Hinzu kommt, dass es immer mehr sitzende Wissensarbeiter in unserer Gesellschaft gibt. Menschen fragen daher: Was ist die beste Diät? *Superfood*, *Detox* und viele mehr lassen sich an dieser Stelle aufzählen. Aber keine Forschung hat gezeigt, dass irgendeine Diät den Rest der Diäten übertrumpft. Das einzige, was den Erfolg vorhersagt, ist, wie gut Sie sich an jene Diät halten, die Sie wählen. Es ist also nicht die Formel, sondern Ihr Verhalten. Es geht also mehr um Struktur und persönliche soziale Unterstützung.

In unserer industrialisierten Gesellschaft kann Zucker ebenso hinterhältig sein. Viele Getränke haben 8 oder mehr Teelöffel Zucker in sich, ohne dass wir das groß merken. Zu einem Problem wird es, wenn hoher Zucker zu überschüssigen Kalorien beiträgt – dann geraten wir in Schwierigkeiten. Für Diabetes scheinen Lebensstilfaktoren wie Fettleibigkeit, körperliche Aktivität, Ernährung, Stress und Verstädterung wichtig zu sein. Übermäßiges Körperfett liegt bei ca. 2/3 der Fälle von Diabetes bei Männern und bei etwas mehr der Fälle bei Frauen zugrunde. Eine Reihe von Ernährungsfaktoren wie zuckerhaltige Getränke und die Art des Fettes in der Ernährung scheinen ebenso von Bedeutung zu sein. Studien zur Diabetesprävention zeigen, es geht weniger um Zuckerrestriktionen als vielmehr darum, mindestens eine halbe Stunde am Tag aktiv zu sein, Gewicht zu verlieren, weniger gesättigte Fette zu essen und mehr Ballaststoffe zu sich zu nehmen. In einer Untersuchung hatten diejenigen, die körperlich aktiv waren, sich gesund ernährten, nicht rauchten und in Maßen Alkohol konsumierten, eine um 82 Prozent niedrigere Diabetesrate. Wenn ein normales Gewicht einbezogen wurde, war die Rate um 89 Prozent niedriger. In dieser Studie wurde eine gesunde Ernährung als eine ballaststoffreiche Ernährung mit einem hohen Verhältnis von mehrfach ungesättigten zu gesättigten Fettsäuren, einem geringeren Transfettverbrauch und einem niedrigeren mittleren glykämischen Index definiert. Eine pflanzenbasierte Ernährung mit unverarbeiteten Lebensmitteln scheint daher eine sehr kluge Diät zu sein. Aber denken Sie daran, es gibt *keine Zauberformel* für Sie. Welche Diät funktioniert jedoch wirklich gut? Es gibt eine sehr gute Diät, aber bei dieser geht es mehr um Kultur und kleine Verhaltensweisen. Eine Diät, die sich nicht auf Gewichtsverlust konzentriert, sondern auf gesunde Ergebnisse wie weniger Krebs, Herzerkrankungen, Demenz und ein längeres Leben. Die Diät mit dem robustesten Beweis dafür ist die *mediterrane Diät*. Anstelle der

Anwendung von strikten Essensregeln steht hier Mäßigung, weniger Fleisch und mehr Gemüse und Obst im Vordergrund. Die mediterrane Ernährung ist eher ein Lebensstil. Eine Region, in der viel körperliche Bewegung, regelmäßige Mahlzeiten und gute soziale Unterstützung weit verbreitet sind. Aber auch schon geringfügige Änderungen wie eine andere *Haltung* erzeugen bessere Laune. Studien zeigen, dass Sie sich durch eine gerade Körperhaltung, ein Lächeln und tiefes Ein- und Ausatmen viel glücklicher fühlen, als Menschen, die das nicht tun. Aber auch kleine „*Anker*" können dies bewirken. Was heißt das? Sie denken einfach an etwas, dass Ihnen mehr Selbstvertrauen und Energie gibt – oder bestimmte freudige Glücksgefühle in Ihnen bewegt. Erinnern Sie sich einfach zurück an ein Ereignis, einen Menschen oder eine Zeit, in welcher Sie wirklich zufrieden und glücklich waren. Auch bewirkt mehr natürliches Tageslicht, dass Sie sich wohler und weniger niedergeschlagen fühlen. Deshalb sollten Sie es sich zur Gewohnheit machen, sich etwas im Freien aufzuhalten.

Auf der anderen Seite bestimmen ebenso unsere Trinkgewohnheiten unser Wohlbefinden – so hat Alkohol viel mit Kultur zu tun. Er ist ein „*soziales Schmiermittel*", wenn man so will. Treffen mit Verwandten und Bekannten, Sport, Romantik, Freundschaften – überall fließt Alkohol und wir trinken, um auf Geburten anzustoßen, bei Trauerfeiern, einen zu Ende gegangenen Arbeitstag ausklingen zu lassen oder den Beginn eines Urlaubs anzuerkennen. Kein Anlass, wo Alkohol nicht zu finden ist. Alkoholkonsum ist mit vielen positiven Lebensereignissen verbunden. Er ist ein zentraler Bestandteil einer Vielzahl unserer Identitäten. Alkohol wird als gesund, sexy und cool in der Werbung dargestellt. Gemeinhin wird ihm ebenso unterstellt von Problemen und Schwierigkeiten abzulenken – aber auch nur in Maßen konsumiert, lenkt dieser eben lediglich ab und trägt weniger zu Lösungsmöglichkeiten bei. Auch wenn

Johann Wolfgang von Goethe meinte: „*Ein schönes Fräulein und ein Gläschen Wein kurieren alle Not. Und wer nicht trinkt und wer nicht küsst, der ist so gut wie tot.*"

Es gibt jedoch eine Kehrseite des sozialen Trinkens. Ungefähr eine von zehn Personen, die ihren Hausarzt aufsucht, leidet an einer Alkoholkonsumstörung. Viele Menschen haben medizinische Probleme wie Lebererkrankungen, Magenblutungen, Demenz, Depressionen und vieles mehr. Alles im Zusammenhang mit Alkoholkonsum. Alkohol spielt bei einem Drittel aller Patienten, die zur Notaufnahme kommen, eine Rolle. Angefangen von Unfällen, Knochenbrüchen bis hin zu zerbrochenen Beziehungen, von handgreiflichen Auseinandersetzungen bis hin zu Herzversagen. Menschen, die alkoholkrank sind, haben eine vielfach geringere Lebenserwartung und jedes Jahr sterben weltweit 3 Millionen Menschen an alkoholbedingten Unfällen oder Krankheiten. Es gibt ebenso Auswirkungen auf die Einheit der Familie, Freunde, Finanzen und die mentale Gesundheit. Alkohol kann Ihnen beim Schlafen helfen, aber tatsächlich verschlechtert er Ihre Schlafqualität. Und die Selbstmedikation bei Stress ist auch mit Alkohol auf lange Sicht nicht effektiv. Weitere negative Folgen sind Wut, Verdauungsbeschwerden und Gedächtnisstörungen. Die Rate der Lebererkrankungen steigt, wenn mehr als 1 alkoholisches Getränk für Frauen oder 2 Getränke für Männer pro Tag getrunken werden. Zudem wird Alkohol mit mehr als 6 unterschiedlichen Krebsarten in Zusammenhang gebracht. Manchmal ignorieren wir negative Auswirkungen von Alkohol auf unsere Gesundheit, unsere Beziehungen und unsere Fähigkeit persönliche Ziele zu erreichen. Die Herausforderung hierbei ist natürlich immer eine gemischte Botschaft: Die Zusammenkunft und der Genuss mit Freunden etwas zu trinken und wie die Chancen zum Guten oder zum Schlechten für Sie selbst stehen. Wenn Sie nicht mehr weiter wissen, kann es schon helfen etwas Wein,

Bier oder einen Sekt zu trinken. Sicherlich ist Alkohol nicht der Weisheit letzter Schluss, er löst keine Probleme – aber Limonaden und Orangensaft tun dies auch nicht. Somit schafft Alkohol nicht alle Ihre Probleme aus der Welt, jedoch kann er neue bringen, aber nicht im Übermaß genossen, vermag er schon mal von den Unannehmlichkeiten des Lebens abzulenken.

Was wissen wir Näheres darüber, was unsere Chancen zum Guten oder zum Schlechten tatsächlich beeinflusst? Als wir geboren wurden, erwarteten wir alle ein viel kürzeres Leben als heute. In den 1950er Jahren lag die Lebenserwartung bei etwa 65 Jahren. Dank des medizinischen Fortschritts und der Art und Weise, wie wir leben und arbeiten, werden unsere Chancen immer besser, dass wir länger leben. Die durchschnittliche Lebensdauer steigt jedes Jahr zwischen 2 und 3 Monaten an. Noch besser ist, je länger Sie leben, desto mehr können Sie mit einem noch längeren Leben rechnen, denn Sie hatten das Glück, nicht jung zu sterben. Menschen, welche heute 65 sind, haben eine gute Chance 80 (an die 70 Prozent) oder 90 Jahre (an die 30 Prozent) alt zu werden. Noch mehr als die zuvor genannten Zahlen mag überraschen, dass ein heute 65-jähriges Ehepaar eine Wahrscheinlichkeit von 51 Prozent hat, dass zumindest einer von ihnen noch weitere 25 Jahre alt wird und das stolze Alter von 90 Jahren erreicht. So fröhlich das alles erscheinen mag, es gibt viele Lebensgewohnheiten in Ihrem Leben, die Sie davon abhalten könnten, so weit oder noch weiter zu kommen. Untersuchungen haben ergeben, dass Sie für jeden Tag, an dem Sie an die 4 kg übergewichtig sind, eine halbe Stunde Ihres Lebens verlieren. Wenn Sie ein Mann sind, der drei 0,33 Liter Bier pro Tag trinkt (bei Frauen etwa die Hälfte), dann ist das ebenso eine halbe Stunde verlorene Lebenszeit (drei 0,33 Liter Bier entsprechen ca. 36 Gramm reinen Alkohol). Bewegung, wie ein regelmäßiger Lauf von einer halben Stunde pro Tag, bewirkt hingegen, dass Sie länger leben

– eine Stunde länger. Raucher, weithin bekannt, verlieren Lebenszeit – 2 Zigaretten „*kosten*" eine halbe Stunde Ihres Lebens. Der durchschnittliche Raucher konsumiert jedoch zwischen 20 und 30 Zigaretten am Tag und all dies summiert sich auf die Dauer Ihres Lebens. Etwas, das eine Stunde pro Tag kostet, ergibt also mehr als eine Woche weniger Lebenszeit pro Jahr. Und auf lange Sicht ist das ein ganzes Jahr Ihres Lebens. Ein normaler Raucher kann folglich mit einem Verlust von 10 Jahren rechnen. All diese Zahlen bieten lediglich eine *vage* Vorstellung für Ihr Leben. Vielleicht wird Ihnen ein kürzeres oder mit etwas Glück längeres Leben zuteil. Es ist möglich, dass Sie die Chancen übertreffen, aber die Chancen stehen bei Weitem nicht so gut, wenn andauernd von Ihrem „*Lebenszeitkonto*" abgebucht wird. Natürlich würden die Leute sagen, dass es nervenaufreibend ist über Risiken nachzudenken. Aber verstehen wir die Risiken richtig, die uns tatsächlich helfen, haben wir mehr Spaß und nicht weniger.

Der Weg zum Leben im Moment

Ein Mensch, der gut über sich denkt, ist glücklicher als ein Weiser, über den andere gut denken.

– Schottische Weisheit

Viele von uns sind im Erreichen von Endergebnissen verstrickt und daran interessiert, worauf wir hinarbeiten oder wie die Dinge sein werden, wenn wir endlich etwas zuwege bringen. Wir denken endlich zufrieden zu sein, wenn wir einen zukünftigen Zustand oder Ziele erreicht haben – finanzielle Unabhängigkeit, Beförderungen, berufliches Vorankommen, Gehaltssteigerungen, geistige Erleuchtung, die Spitze des Berges etc. Wir neigen dazu, in der Zukunft oder in der Vergangenheit zu leben ... in unseren *Köpfen*. Aber die Wahrheit ist, dass keines dieser Ziele dauerhafte Zufriedenheit bringen wird. Wenn wir dahin gelangen, wo wir hinwollen und erfolgreich sind, bedeutet dies nicht, dass die Arbeit, die uns dorthin geführt hat, wegfällt oder wir von nun an glücklich sind. Stattdessen müssen wir uns darüber im Klaren sein, dass Zufriedenheit nur in jedem „*Jetzt*" zu finden ist, wenn man bei gewöhnlichen täglichen Aktivitäten voll präsent ist – bei der täglichen morgendlichen Routine, beim Tragen von Lebensmitteln oder bei der Unterhaltung mit Freunden. Wenn Sie in diesen gewöhnlichen Aktivitäten Erfüllung finden, können Sie letztendlich auch friedvoll Ihr Leben genießen. Ich denke das Wichtigste ist, Dinge nicht als selbstverständlich zu betrachten. Sie können nicht vollständig auf das vorbereitet sein, was Ihnen im Leben passieren wird, aber Sie können lernen, dass das Leben, trotz allem was sich ereignete, lebendig ist und Sie jeden Tag genießen können – besonders wegen der kleinen Dinge im Leben. Sie können Freude haben, auch wenn die großen Dinge schief gehen. Die übergangene Beförderung, nicht erreichte Lebensziele, schwere gesundheitliche Beschwerden als Folgen eines Unfalls und andere schreckliche Lebensumstände, welche Ihnen widerfahren, müssen nicht das Ende der Fahnenstange bedeuten. Dennoch glauben wir dies, was wiederum mit der *Diskrepanz* zwischen unseren Erwartungen und den tatsächlichen Umständen unseres Lebens in Verbindung steht. Wenn wir in unserem Leben auf unangenehme, unliebsame Gefühle stoßen, dann leiden wir. Wenn wir angenehme, wohlwollende Empfindungen wahrnehmen, sind wir jedoch ebenso nicht im Reinen und unzufrieden mit uns, da wir befürchten, sie können nur kurz anhalten und wieder dahinschwinden. Oder es kommt dazu, dass wir wollen, dass sich diese angenehmen, wohlwollenden Empfindungen noch weiter verstärken. Sie sehen, auch hier sind es die Erwartungen, die von den Umständen abweichen können und uns so an der „*Nase*" herumführen. Die moderne Medizin verfügt dieser Tage über eine schier unendliche Anzahl an Möglichkeiten, um gegen die kleinsten Übel vorzugehen, Schmerzen zu lindern und unser Wohlbefinden zu steigern. Aber zu welchem Preis? Ziel ist es uns ein lustvolleres Leben und mehr Zufriedenheit zu ermöglichen. Mit dem Resultat, dass sich bereits allein bei den geringsten Schmerzen und Übeln ein Gefühl der Unbehaglichkeit breitmacht. Und all das nur, weil wir nicht erkennen, dass es wichtiger ist sich in Zufriedenheit zu üben. Sind wir mehr mit dem zufrieden, was wir haben und weniger damit beschäftigt, von dem mehr zu bekommen, was wir uns wünschen, so gibt uns das zu erkennen, dass unser äußeres Glück nicht von Umständen wie Gesundheit, Geld oder anderen Einflüssen abhängig ist.

Tief in der angelsächsischen Gesellschaft ist das Streben nach Glück verankert. Es findet sich ebenso in der amerikanischen Verfassung, jedoch ist es um das Glück jenseits des Atlantiks nicht so gut bestellt, wie es viele gerne hätten. Die Vereinigten Staaten von Amerika sind ein Land der unmittelbaren Reiz- und Bedürfnisbefriedigung. Es werden ständig Abkürzungen gesucht und viele Dinge sind aus dem Lot geraten. Dies spiegelt sich im Essverhalten (Übermaß an Salz, Zucker und zu große Portionen), in Häusern so groß, dass sie zur Einsamkeit anregen und Autos mit denen man ohnehin keinen Parkplatz findet, wider. Den Unterzeichnern der Unabhängigkeitserklärung und Gründungsvätern der Vereinigten Staaten schwebte etwas anderes vor, als sie das „*Streben nach Glück*" in ihrer Gründungsurkunde fest verankerten. Das richtige Maß zwischen den erläuterten objektiven Erwartungen und objektiven Umständen ist wesentlich für die Erkenntnis des *Glücks*. Glück und Glückseligkeit bedeuten nicht eine sofortige gewünschte Befriedigung herbeizuführen. Wir sind keine Tiere, welche lediglich lustvollen

Bestrebungen und Genüssen folgen. Dies würde zu Abhängigkeiten und Exzessen verführen – und das genaue Gegenteil vom Glück bewirken. Das alles zeigt, dass der Schlüssel zum Glück daher rührt, die ständige Suche nach subjektiven angenehmen Empfindungen zu vermeiden. So kann tiefgreifender Friede erreicht werden, da Freuden unser innerstes Selbst nicht mehr stören und Schmerzen zu keinem Leid mehr führen – Menschen, die ihr Leben lang auf der „*Jagd*" nach angenehmen, wohlwollenden Empfindungen bzw. Gefühlen sind, haben nicht die leiseste Ahnung davon, welche starke Gelassenheit, Widerstandsfähigkeit und Unerschütterlichkeit ihnen abhandenkommt. *Leid* kann überwunden werden, indem eben nicht nach diesen flüchtigen Empfindungen Ausschau gehalten wird.

Das bedeutet auch, mit der Akzeptanz zu leben, dass das Leben unvorhersehbar ist. Sie werden nicht immer bekommen, was Sie wollen. Es können viele Dinge passieren, die verändern, wer Sie sind und sich auf Ihr Leben maßgeblich auswirken. Entwickeln Sie die Fähigkeit, alles was kommt, wirklich zu akzeptieren und anzunehmen. Natürlich wird das Leben viele Herausforderungen mit sich bringen und es ist nicht einfach, diese als solche anzunehmen, wenn Sie leiden und sich wünschen, dass diese Dinge niemals passiert wären. Fangen Sie jedoch an, *Akzeptanz* und *Zufriedenheit* in Ihrem Leben zu fördern, werden Sie zukünftige Krisen wahrscheinlich auf andere Weise bewältigen und sie aus einer anderen Perspektive betrachten. Akzeptanz bedeutet nicht, dass Sie sich mit einem Leben abfinden, in dem Sie Dinge lediglich ertragen und diese einfach hinnehmen. Akzeptanz ist kein Rückschritt, Misserfolg oder eine getroffene Vereinbarung. Es geht einfach darum, die Wahrheit zu akzeptieren und zuzulassen, dass die Dinge so sind, wie sie eben sind. Diese Einstellung zum Leben ist wirklich befreiend und verführt auch nicht zum *kurzfristigen Glück*.

Das alles führt uns vor Augen, dass Glück eine gewisse Reife voraussetzt. Das flüchtige Glück ist ein naher Verwandter der *Lust*. Lust veranlasst jedoch zur ständigen, rastlosen Suche, ist selbstbezogen und birgt immer auch die Gefahr der Abhängigkeit in sich. Wie jede Sucht steht man immer mit einem Fuß am Abgrund. Das wahre Glück hingegen handelt vom langfristigen Wohlbefinden und nicht von impulsiven Wünschen, nur um deren Befriedigung willen. Es stimmt, wir sind für Süchte und Abhängigkeiten anfälliger, wenn wir uns in einem jüngeren Alter befinden – demnach ist ein gewisses Maß an Reife wichtig. Deshalb ist es auch nicht notwendig, wie die meisten Menschen, das Altern oder den Tod zu fürchten. Auch diese unvermeidlichen Wegbegleiter können mit der richtigen Einstellung Vergnügen bereiten. Krankheit, Alter, Tod – das sind die großen Unbekannten, die wir fürchten. Der antike Philosoph *Epikur* vertrat zur Angst vor dem Tod folgende Ansicht: *„Vor dem Tod müssen wir sicher keine Angst haben. Denn solange wir da sind, ist der Tod nicht da und wenn der Tod da ist, dann sind wir nicht mehr da."* Viele Menschen empfinden das Alter in ihren jungen bis mittleren Jahren als Verfall oder setzen es mit Niedergang und letztendlich mit dem Tod gleich. Kommt man aber immer näher an das Lebensende heran, so schließen Männer wie Frauen ihren Frieden damit. Sie erkennen, dass die Zeichen der Zeit nahen, das Alter nicht aufzuhalten ist und es sich nicht lohnt dagegen anzukämpfen. Es zeigt sich auch hier in Untersuchungen, dass diejenigen, welche nicht dem Alkohol oder anderen Süchten verfallen waren, dem Alter gelassener entgegensahen und mit diesem ein besseres auskommen fanden. Sie erkennen, dass dem Alter auch viel Gutes abzugewinnen ist. Die körperlichen Gebrechen nehmen zwar ab dem 20. Lebensjahr ständig zu, das Gehirn hingegen gewinnt ab diesem Zeitpunkt ständig an Leistung. Dichter, Philosophen, Propheten, Poeten und Schriftsteller schaffen und schreiben in ihren Sechzigern und

Siebzigern Werke, zu welchen Sie in jungen Jahren niemals fähig gewesen wären.

Jüngere Generationen denken jedoch anders. *Facebook, Twitter, Instagram* und viele andere (auch traditionelle) Werbemedien sorgen dafür, dass die Maßstäbe immer höher angesetzt werden. Aufgrund der dadurch gestiegenen Erwartungen bewirkt dies, dass wir uns, trotz günstiger Bedingungen (wohlhabend, attraktives Aussehen usw.), weniger gut und zufrieden fühlen, als wenn wir vor einigen hundert Jahren in einer Welt groß geworden wären, die weniger weltumspannender war – und auch geringere Möglichkeiten bot. Vor einigen hundert Jahren orientierten sich die Frauen und Männer in einem kleinen bäuerlichen Dörfchen eben nicht an den letzten Modetrends und unrealistischen Körperformen einiger weniger Models, welche auf den internationalen Laufstegen dieser Welt herumspazieren. In der Tat stehen uns dieser Tage viele Wege offen und bei einer Vielzahl an Gelegenheiten bietet es sich eben an, lose Entscheidungen zu treffen und sich bereitwillig nicht zu binden. Dies ist es aber auch, warum wir einsamer werden und soziale Gemeinschaften nicht mehr das sind, was sie einmal waren – trotz der vielen Freiheiten und Möglichkeiten in unserer heutigen Gesellschaft.

Veränderte Lebensumstände, Herausforderungen, Schicksalsschläge – das alles fällt Ihnen leichter, wenn Sie Ihrem Leben den richtigen *Sinn* geben, nämlich „nach innen". Was soll das heißen? Vieles fällt einem leichter, wenn nach einer *„inneren ausgewogenen Wertungsliste"* und nicht nach einer *„äußeren Wertungsliste"* gelebt wird – jedoch schenken Menschen dem *„Äußeren"* viel mehr Beachtung. Ein *äußerer Bewertungsmaßstab* ist das, was die meisten Menschen beschäftigt, haben oder wollen. Dies wird häufig von Selbstüberschätzung, Überheblichkeit, Gier oder einem Leben, das aus dem Gleichgewicht geraten ist, getragen. Es ist ein *externer Erfolgsmaßstab*, der versucht sich über schwer fassbare Fragen zu definieren, wie beispielsweise: *Was denken die Leute da draußen über mich, mein Verhalten, meinen Status, mein Vorankommen, mein Image oder über mein neues modisches Erscheinungsbild?* Der *innere Bewertungsmaßstab* ist intrinsisch und definiert, ob Sie im Gleichklang mit Ihren Werten und Überzeugungen leben. Der Fokus liegt dabei darauf, die richtigen Dinge zu tun und Menschen wohlwollend zugewandt zu sein, anstatt vermeintliche Antworten darauf zu finden, was andere über Sie denken. Wenn Sie mit einem *inneren Erfolgsmaßstab* leben, konzentrieren Sie sich darauf, die authentischste „*Version*" Ihres *Selbst* zu sein, anstelle das zu tun, was andere Leute denken, dass Sie tun sollten. Der Welt ist es gleichgültig, was wir wollen. Aber wenn Sie Freude und Zufriedenheit aus Ihrer Arbeit, Ihren Interaktionen mit anderen Menschen und Ihrem Tun und Handeln schöpfen, weil Sie mit einem *inneren Bewertungsmaßstab* leben, dann müssen Sie nirgendwo anders als in Ihrem Inneren nach Glück suchen. Es scheint ein Leben lang zu dauern, um zu lernen, wie man dem Leben einen *Sinn* nach *innen* gibt und im *Moment* lebt, aber das sollte es nicht. Die meisten Menschen haben das Gefühl, dass sie in ihrem eigenen Leben zu zukunftsorientiert waren und sich meist an anderen orientierten (die eben erläuterte „*äußere Wertungsliste*"). Das ist auch eine natürliche Neigung (sicherlich denken Sie an die Zukunft und ich behaupte nicht, dass das schlecht ist). Aber es gibt viel zu gewinnen, wenn man nur im „*Moment*" und mit sich „*Selbst*" ist und schätzen kann, was gerade um einen herum vor sich geht. Sie können sich dies zu eigen machen, lernen und mit der Zeit darin besser werden. Menschen bringt dies mehr Frieden und es hilft Ihnen, Ihren Platz im Leben zu finden. Viele sehnen sich danach, denn es beruhigt in einer lauten Welt, die von einem „*Joch*" zum nächsten hetzt und die meisten Menschen wünschen sich, sie hätten sich dies früher ins Bewusstsein gerufen und Ihr *Innerstes* und *Jetzt* gelebt.

Mehr Ruhe für mehr Wohlbefinden

Da es sehr förderlich für die Gesundheit ist, habe ich beschlossen, glücklich zu sein.

– Voltaire

Angespanntheit, Stress, Schlaflosigkeit und Burnout sind weitverbreitete Krankheiten unserer Zeit. Stress hat viele negative gesundheitliche Folgen. Stress ist schwierig zu erfassen, weil Sie die daraus resultierenden negativen Konsequenzen nicht sofort sehen. Er ist sehr komplex, da mehrere Faktoren eine Rolle spielen und mehrere Ergebnisse zu erwarten sind. Physiologen sehen, dass Stress den Blutdruck, die Herzfrequenz und Veränderungen der Chemikalien erhöht, die das Immunsystem steuern. Die Bewältigung von Krisen können dadurch erschwert und einst stabile soziale Netzwerke gefährdet werden. Schätzungen zufolge sind bis zu 70 Prozent der Besuche in Arztpraxen auf Stress, Schlaflosigkeit und Burnout zurückzuführen. Ein schlechter gesundheitlicher Allgemeinzustand, *„Selbstbehandlung"* mit Alkohol und Drogen, Anfälligkeit für Angstzustände und Depressionen und eine schlechte Lebensqualität sind die daraus resultierenden Folgen. Wir können jedoch etwas dagegen tun. Ihren Denkstil zu ändern, um Stress abzubauen, ist durch den Einsatz von *Achtsamkeitstechniken* möglich. Achtsamkeitsübungen werden heute immer häufiger angewendet – auch als Teil der Behandlung von Herz-Kreislauf Beschwerden und chronischen Krankheiten. Es gibt zunehmend Hinweise auf die Wirksamkeit dieser Übungen. So zeigt sich bei depressiven Patienten, dass auf Achtsamkeit basierende kognitive Therapien durchaus mit medikamentösen Therapien vergleichbar sind. Der Erfolg von *Achtsamkeitstechniken* ist wahrscheinlich auf die Tatsache zurückzuführen, dass es viele nützliche Anwendungen zur Stressreduzierung gibt.

So wird mit physischen Komponenten wie gezielter Atmung oder Muskelentspannung und Meditation ebenso ein gesteigertes Selbstbewusstsein erreicht. In unserer geschäftigen Welt ist das vielleicht Wichtigste jedoch, Ablenkungen loszulassen und im Moment zu sein. Achtsamkeit kann uns die Fähigkeit geben, Sorgen freizulassen und sich nicht in endlosen ängstlichen Schleifen wiederzufinden. Achtsamkeit hilft zudem, weniger den Gedanken zu ändern, als vielmehr zu entscheiden, wo er platziert werden sollte und lehrt das Bewusstsein, dass wir die Macht der Wahl haben.

Eine andere Art, Ihren Denkstil zu ändern, ist Ihre Einstellung. Welche Menschen kommen gut zurecht mit scheinbar unüberwindbaren einschneidenden Lebensumständen?

Der *erste Punkt* betrifft die *Veränderung*. Stressresistente Menschen, die sich lebensverändernden Ereignissen gegenübersehen, sind in der Lage, ihre Selbstbedeutung zu begrenzen und die Veränderungen, die um sie herum stattfinden, als potenzielles *Sprungbrett* zu sehen – und nicht als *Klotz*, der ihnen den Weg abschneidet. *Zweitens* ist *Selbstverpflichtung* wichtig. Stressresistente Menschen fühlen sich verschiedenen Aspekten ihres Lebens verpflichtet. Selbst wenn sie mit Unsicherheit konfrontiert sind, bleiben sie dem Engagement für Familie und Freunde, ihrem Glauben, den Hobbys, Gemeinschaften und ihrer Arbeit verpflichtet. Sie sehen und fühlen sich für das Gesamtbild ihres Lebens verantwortlich und dies ermöglicht ihnen Turbulenzen in bestimmten Bereichen ihres Lebens besser handzuhaben. Der *dritte Punkt* ist die *Kontrolle*. Menschen, die mit ernsthaften Ereignissen konfrontiert sind, haben größtenteils wenig Kontrolle über das, was ihnen widerfährt. In der Tat kommen diejenigen Menschen mit Stress besser klar, welche die Fähigkeit besitzen loszulassen und nicht die Kontrolle an sich reißen. Sie sollten sich mehr auf den „*Ort der Kontrolle*" konzentrieren als auf die Fähigkeit zu kontrollieren. Menschen, welche mit lebensverändernden Situationen konfrontiert sind und gut damit klar kommen, wissen, dass vieles was ihnen passiert außerhalb ihres Einflussbereichs liegt. Sie wissen aber auch, dass sie Anpassungen vornehmen, wählen und sich kompetent betreffend dessen fühlen können, was sie zu kontrollieren imstande sind. Um Ihre Einstellung und Art des Denkens zu verbessern, denken Sie einfach immer an die Grundlagen – auch wenn diese noch so banal erscheinen mögen. Wenn ich Mundharmonika spiele und ich keinen guten Tag habe (was auch häufig passiert), sage ich mir: *„Konzentrier dich auf die Melodie, auf das was du fühlst und hör gut zu, dass du die richtigen Töne triffst."* Das ist alles. Wenn die Dinge stressig sind, müssen Sie manchmal einfach anhalten. Einen Menschen, der einen Schritt zurückgeht, sollte man nicht unterschätzen, denn er könnte nur Anlauf nehmen. Genauso ist es mit Ihrem Wohlbefinden. Sie fühlen sich nicht wohl? Sagen Sie sich, ich werde gesunder Ernährung den Vorzug geben, eine regelmäßige Schlafroutine einhalten und meiner Seele und meinem Körper etwas Gutes tun. *Schlaf* wird dennoch häufig vergessen. Nehmen Sie sich deshalb dafür Zeit und schlafen Sie genug – auch das kann Stress verhindern. Wenn Sie einige wenige wohltuende Gewohnheiten in Ihr Leben einbauen, ist die Wahrscheinlichkeit geringer, dass Sie innerlich ausbrennen und irgendwann Ihr *„Selbst"* aufgeben und zu einer gefühllosen *„Maschine"* werden. Dazu gehört sich *selbst Freuden* zu bereiten. Wenn Sie dafür noch nichts gefunden haben, so suchen Sie nach etwas, dass Sie wirklich glücklich macht, wenn Sie es tun. *Aktivitäten* und *Sport* führen nicht nur zu einem besseren Schlaf, sondern ebenso zu mehr Entspannung. So auch der Austausch mit *Herzensmenschen* – Menschen mit denen Sie ein sehr inniges Verhältnis pflegen und die Ihnen Kraft schenken. Auf der anderen Seite führt *Einsamkeit* dazu, dass Sie besser abschalten und mehr im Frieden mit sich selbst sind. Dies lässt sich gut mit anderen Gewohnheiten vereinbaren, welche helfen Stress abzubauen – beispielsweise draußen in der *Natur* zu sein. *Fasten* trägt nicht nur dazu bei, Stress abzubauen und Ihnen mehr Zeit zu schenken, sondern durch den gesenkten Energiepegel verschaffen Sie Ihrem Leben auch mehr Stille. Es stimmt, dass Menschen, die wenig Nahrung aufnehmen, häufiger ans Essen denken – aber Menschen, die viel essen, tun das auch. Der Reiz und die Begierde wirken eben auf die Vielfraße ebenso wie auf die fastenden Menschen. Dem zugehörig ist das *Medienfasten*. Es ist ein Begriff den wir immer öfter hören. Auch diese Art des Fastens führt zu mehr Ruhe und Entspannung. Gönnen Sie sich zumindest einen Tag in der Woche, *nichts zu tun* und auf digitale Medien zu verzichten. Dadurch ist unser Unterbewusstes weniger angespannt und Sie verschaffen sich mehr Freiraum. Dies sind einfache Gewohnheiten, um Stress, Burnout und anderen Krankheiten besser entkommen zu können. Denken Sie daran, dass Herausforderungen immer da „*draußen*" lauern werden. So ist das Leben. Ihre Gedanken, Verhaltensweisen und Ihre Einstellungen sind Ihre „*Schlüsselhalter*" für den Stress, den Sie erfahren. Nicht der Chef, nicht Ihr Job, nicht Ihre Nachbarn, Freunde oder Bekannten sind Ihre Probleme. Sie haben es in der Hand und das ist es, was Sie auch verbessern können. Das zu Anfang des Buchs erläuterte *80/20-Prinzip* schafft demnach ebenfalls Abhilfe. Wir haben absolut keine Kontrolle über 20 Prozent der Dinge, die uns widerfahren. Sie können die anderen 80 Prozent jedoch steuern. Einfach indem Sie auf das reagieren, was Ihnen widerfährt. Es zeigt sich immer wieder, dass Menschen, die ihren Stress gut bewältigen, für annähernd jede ihrer Erkrankungen an denen sie leiden, bessere Heilungsergebnisse erzielen. Präventive Medizin gewinnt dabei immer mehr an Bedeutung. Dazu gehören neben der Stressreduktion die Krebsvorsorge, mehr Ballaststoffe zu essen, ein gutes soziales Netzwerk zu haben, Gewichtsverlust, weniger Alkohol zu trinken, Raucherentwöhnung und die Kontrolle von Cholesterin und Blutdruck. So zeigt sich, dass die kombinierten Auswirkungen von vier Verhaltensweisen, nämlich Nichtrauchen, körperliche Aktivität, mäßiger Alkoholkonsum und der Verzehr von mindestens fünf Portionen Obst und Gemüse pro Tag einen Menschen rund 14 zusätzliche Lebensjahre schenken.

Die erläuterte Krebsvorsorge ist schon deshalb so wichtig, da jeder zweite Mensch im Lauf des Lebens an Krebs erkrankt. So führt der „*Europäische Kodex gegen Krebs*" der Europäischen Union 7 Leitlinien zur Vorsorge für den Alltag auf, die auf stabilen wissenschaftlich Erkenntnissen beruhen: *(I)* Nicht zu rauchen. Wenn Ihnen dies nicht gelingt, rauchen Sie nicht in Anwesenheit von Nichtrauchern, vor allem nicht vor Kindern, *(II)* vermeiden Sie Übergewicht, *(III)* bewegen Sie sich täglich, *(IV)* essen Sie mindestens fünf Portionen Obst und Gemüse pro Tag. Essen Sie wenig tierisches Fett, *(V)* beschränken Sie Ihren Alkoholkonsum auf maximal zwei Gläser pro Tag als Mann oder auf ein Glas pro Tag als Frau, *(VI)* vermeiden Sie übermäßige Sonnenbestrahlung. Besonders Kinder und Jugendliche müssen geschützt werden. *(VII)* Halten Sie genauestens jene Vorschriften ein, welche Sie vor einer Exposition gegenüber bekannten krebserregenden Stoffen schützen sollen. In eine ähnliche Kerbe schlägt *Rasmussen-Torvik* mit ihren 7 Lebensstil-Regeln, wonach jene, die sich ihre Lebensstil-Regeln zu Herzen nehmen, damit das Risiko für eine Krebserkrankung senken. Ärzte können demnach Präventionsempfehlungen aussprechen, die das Risiko für chronische Erkrankungen umfassend senken. Diese „*Life's Simple 7*" sind: *(I)* Körperlich aktiv sein, *(II)* ein normales Gewicht, *(III)* gesund essen, *(IV)* ein vernünftiger Cholesterinspiegel, *(V)* Blutdruck halten, *(VI)* ein empfohlener Blutzuckerspiegel und *(VII)* nicht zu rauchen. *Rasmussen-Torvik* bezog 13.253 weiße und farbige US-Amerikaner und US-Amerikanerinnen in ihre Untersuchung ein. 1987 wurden sie in die Studie aufgenommen und nach ihrem Lebensstil befragt. Rund 20 Jahre später hatten 2.880 der Studienteilnehmer ein Tumorleiden entwickelt. Wer sechs oder sieben der *Life's Simple 7* beachtete, senkte damit sein Krebsrisiko um 51 Prozent gegenüber Teilnehmern, die keine der 7 Regeln beachteten. Die Berücksichtigung von vier Faktoren senkte das Risiko um ein Drittel, wer einen oder zwei Faktoren beachtete, reduzierte die Gefahr um rund ein Fünftel.

All diese Dinge sind für Ihr Wohlbefinden unglaublich wichtig und ich möchte Ihre Bemühungen in keinem Fall mindern. Aber was kommt zuerst? Was hat den größten Einfluss und macht den größten Unterschied für Ihre Gesundheit? Zum einen ist es das erläuterte „*richtige*" Denken, Ihre *innere Einstellung*, welche es gilt in den Griff zu bekommen. *Abraham Lincoln* merkte dazu an: „*Wenn ich Gutes tue, fühle ich mich gut und wenn ich Schlechtes tue, dann fühle ich mich schlecht – und das ist meine Religion.*" Zum anderen liegt es am „*aktiven Tun*". *Hippokrates*, ein griechischer Arzt und Lehrer, der als der berühmteste Arzt des Altertums gilt, sagte: „*Gehen ist die beste Medizin des Menschen.*" Man kann sagen, er lebte damals in einer anderen Zeit und wir haben mit Problemen zu kämpfen, welche Menschen zu dieser Zeit nicht hatten – aber er hat noch heute recht. Das Beste, was Sie für Ihre Gesundheit tun können, ist täglich zumindest eine halbe Stunde aktiv zu sein. Daraus resultiert eine Vielzahl von Vorteilen für Ihr Wohlbefinden. Untersuchungen zeigen, dass starke Fettleibigkeit, hoher Blutdruck, Rauchen, Diabetes, Alkoholkonsum und hohes Cholesterin weit weniger der Gesundheit schaden als eine geringe körperliche Fitness – sie besitzt die stärkste Vorhersagekraft für den Tod. Bewegung hilft darüber hinaus bei Arthritis, Demenz, Diabetes, Angst, Depressionen, Müdigkeit und Schlafstörungen. Aktivität verbessert gemeinhin die Qualität Ihres Lebens.

Kleine Dinge ändern, um große Veränderungen zu bewirken

Viele Menschen versäumen das kleine Glück, während sie auf das große vergebens warten.

– Pearl S. Buck

Wohlbefinden und Gesundheit sind ein großer Segen für die Menschen, erklärt man diese jedoch zum unmittelbaren *Hauptzweck* seines Lebens, ist die *Hypochondrie* nicht mehr fern. Man kann die Chancen auf gute Gesundheit erhöhen, indem man die übertriebene, anhaltende, unbegründete Angst vor ernsthaften Krankheiten ablegt. Dazu gehört Konflikte zu lösen, sodass sich diese nicht verhärten und ebenso vorrangig nach gesunder Ernährung, Bewegung und dem rechten Maß zwischen Stille, Ruhe, Rückzug und Aktivität zu streben. Krankheiten können einen hinweisenden Charakter besitzen und zum Innehalten bewegen. Welche inneren Vorgänge wurden verdrängt oder ist die Seele von Zorn und Groll zerfressen? Ist man mit sich selbst im Reinen und geht man gut, wohlwollend und offen mit sich und anderen um? Ist Erkenntnis der anderen, Selbsterkenntnis und Liebe zu anderen und uns selbst im ausreichenden Maße vorhanden? Wie steht es um das Wechselspiel zwischen Arbeit, Sport, Spiel, Ernährung und Natur?

Selbst wenn Sie etwas Großartiges erreichen, wird dieses Hoch nicht von Dauer sein. Es wird Sie nicht alleine glücklich machen. Sie müssen daran „arbeiten", sich selbst glücklich zu machen und Ihr Wohlbefinden zu halten. Ihr Glück und Wohlbefinden oder Ihr Mangel daran ist in Ihren Gewohnheiten verwurzelt. Es ist schwierig neue Gewohnheiten dauerhaft anzunehmen – insbesondere solche, die immaterielle Werte beinhalten, welche betreffen, wie Sie die Welt sehen – Gewohnheiten zu brechen, die Sie unglücklich machen, ist jedoch viel einfacher.

Dazu gehört andere zu _beeindrucken_. Die Leute werden Ihre Kleidung, Ihr Auto, Haus und Ihren ausgefallenen Beruf mögen, aber das bedeutet nicht, dass diese Sie als Mensch mögen. Ich kannte jemanden, der mit seinem auffälligen Auto gelegentlich seine Verwandten besuchte und es seinen Freunden zeigte. Und er dachte, das wäre Freude. Er empfand dabei wirklich Freude. Aber glauben Sie wirklich, dass seine Verwandten und Freunde, von denen einige Schwierigkeiten hatten, über die Runden zu kommen, die Freude gleichermaßen mit ihm teilten? Auf keinen Fall. Sie teilen keine Freude mit ihm. Sie hatten Probleme, sich Tickets für öffentliche Verkehrsmittel zu leisten. Tatsächlich denke ich, was er tat, führte eher dazu, dass sie neidisch und eifersüchtig auf alles wurden, was er hatte. Der Versuch, andere Menschen zu beeindrucken, ist eine Quelle des Unglücks, weil er nicht zur Quelle dessen führt, was Sie glücklich macht – Menschen zu finden, die Sie mögen und Sie so akzeptieren, wie Sie sind. All die Dinge, die Sie erwerben, um Menschen zu beeindrucken, werden Sie nicht glücklich machen. Es gibt einen Ozean von Forschungsergebnissen, die zeigen, dass materielle Dinge nicht Ihr Glücksempfinden steigern. Wenn Sie es sich zur Gewohnheit machen, materielle Dinge zu verfolgen, werden Sie wahrscheinlich unglücklich. Dies deshalb, da Sie über die Enttäuschung hinaus, die Sie erleben, wenn Sie sie erhalten, feststellen werden, dass Sie sie auf Kosten von realen Dingen gewonnen haben, die Sie wirklich glücklich machen könnten – wie beispielsweise Verwandte, Familie, Freunde und gut auf sich selbst aufzupassen. Es ist nichts Falsches daran, wohlhabend zu sein. Ich denke, es ist absolut in Ordnung. Viele Menschen sind mit gutem Reichtum gesegnet, aber das Problem ist, dass viele von uns damit nicht umgehen können. Je mehr wir haben, desto mehr wollen wir. Je tiefer das Loch, das wir graben, desto mehr werden wir hineingezogen, so sehr, dass wir Reichtum verehren und den Fokus verlieren. Anstatt sich mehr nicht weltlichen Dingen zuzuwenden, verehren wir Dinge und Besitztümer. Es ist ein menschlicher Instinkt und es ist schwierig, da rauszukommen.

Nicht zu staunen ist eine jener Gewohnheiten, die Sie ebenso brechen können, um Unglück loszulassen. Jeden Tag passieren erstaunliche Dinge um Sie herum, wenn Sie nur wissen, wo Sie suchen müssen. Die Technologie hat uns so viel weitergebracht, die Welt aber auch viel kleiner gemacht. All die neuen Entdeckungen brachten es mit sich, dass diese auf dem Rücken des wahren Erlebens von Ehrfurcht ausgetragen wurden. Wahre Ehrfurcht ist demütig. Ehrfrucht erinnert uns daran, dass wir nicht das Zentrum des Universums sind. Ehrfurcht ist auch inspirierend und unterstreicht den Reichtum des Lebens und unsere Fähigkeit, sowohl zum Leben beizutragen als auch davon fasziniert zu sein. Es ist schwer glücklich zu sein, wenn Sie jedes Mal, wenn Sie etwas Neues sehen, nur mit den Schultern zucken. Dazu muss ich an meinen Freund von zuvor mit dem Auto denken. Leider erkrankte er unheilbar, die Ärzte konnten nichts mehr für ihn tun und der Gedanke an seinen Besitz brachte ihm keine Freude mehr. Das Gefühl er könne sein Auto oder sein Haus im Schlaf umarmen... nein, das passierte leider nicht. Glauben Sie, Sie können sich an diesem Stück Metall festhalten und es wird Ihnen wahre Freude bereiten? Nein, das wird sich so nicht ereignen. Es brachte ihm zum Ende hin keinen Trost – auch wenn er dies anfangs dachte. Was ihm in den letzten Monaten wirklich Freude bereitete, war die Interaktion mit seinen Lieben, Freunden, Menschen, die sich wirklich um ihn kümmerten. Sie lachten und weinten mit ihm und waren in der Lage, die Schmerzen und Leiden auszumachen, die er durchmachte. Das verhalf ihm zu mehr Freude, Glück und Wohlbefinden. Ironischerweise hatte dieser Freund eine Bekannte namens Julia. Wenn Julia den Weg entlangging und eine Schnecke sah, hob sie diese Schnecke tatsächlich auf und legte sie auf einer sicheren Rasenfläche nieder. Er dachte: *„Warum tut sie das? Warum* *sich die Hände schmutzig machen? Es ist nur eine Schnecke."* Die Wahrheit ist, dass sie für die Schnecke empfinden und sich in diese hineinfühlen konnte. Der Gedanke, zu Tode zerquetscht zu werden, ist für sie real, aber für ihn war es eben lediglich eine Schnecke. Er meinte dazu: *„Wenn sie dem Weg der Menschen nicht entkommen können, dann haben Sie es verdient, beseitigt zu werden. Das ist schließlich Teil der Evolution, nicht wahr?"* Die Wahrheit ist, keiner von uns glaubt, dass er sterben wird, denn wenn wir das tun, würden wir die Dinge anders sehen.

Kritisieren, Negativität, Gesellschaft negativer Menschen. Andere Menschen zu beurteilen und schlecht über sie zu sprechen, ist für viele zur Gewohnheit geworden und fühlt sich fast so an, als würde man sich ein delikat dekadentes Essen gönnen. Es mag sich gut anfühlen, während Sie es tun, aber danach fühlen Sie sich schuldig und krank. Darüber hinaus ist Negativität ein Übel, dem viele Menschen machtlos ausgeliefert sind. Das Leben wird nicht immer so verlaufen, wie Sie es möchten, aber wenn es darauf ankommt, haben Sie die gleichen 7 Tage in der Woche wie alle anderen. Anstatt sich darüber zu beschweren, wie die Dinge sein hätten können oder sollen, reflektieren Sie alles, wofür sie dankbar sind. Dann finden Sie die beste verfügbare Lösung für das Problem, gehen es an und fahren fort. Demnach spielt der Glaube auf dem Weg dorthin eine bedeutend große Rolle. Sie werden unweigerlich zu dem, von dem Sie glauben, dass Sie es sind. Wenn Sie genug Zeit damit verbringen, zu sagen: *„Ich bin nicht schön und klug genug und meine Gesundheit wird immer schlechter"*, ist es wahrscheinlich, dass Sie eines Tages recht behalten werden. Gegenteiliges trifft ebenso zu: Wenn Sie glauben, dass Sie klug genug, dünn genug und wohlhabend genug sind, um den nächsten positiven Schritt nach vorne zu machen, werden Sie im Laufe der Zeit wahrscheinlich die Fähigkeiten erwerben, genau diese Dinge auf Ihrem gewünschten Erwartungsniveau zu sein. Deshalb schürt *Unglück* nichts so sehr wie *Pessimismus*. Das Problem einer pessimistischen Einstellung ist, abgesehen von dem Schaden, den sie Ihrer Stimmung zufügt, dass sie zu einer selbsterfüllenden Prophezeiung wird. Das bedeutet, wenn Sie schlechte Dinge erwarten, ist es wahrscheinlicher, dass Sie schlechte Dinge bekommen. Die Gesellschaft negativer Menschen trägt nicht minder dazu bei. Beschwerdeführer und negative Menschen sind schlechte Nachrichten, weil sie sich in ihren Problemen suhlen und sich nicht auf Lösungen konzentrieren. Sie möchten, dass sich die Menschen ihrer Negativität anschließen, damit sie sich besser fühlen. Menschen werden so unter Druck gesetzt, Beschwerdeführern zuzuhören, weil sie nicht als gefühllos oder unhöflich angesehen werden möchten. Aber es gibt eine feine Grenze zwischen dem Verleihen eines sympathischen Ohrs, Wohlwollen, Mitgefühl und dem Eintauchen in die negativen emotionalen Spiralen dieser Menschen.

Die Gewohnheiten der _Angst nachzugeben_ und die _Gegenwart zu verlassen_ betreffen nicht mindere negative Gepflogenheiten. Angst ist nichts anderes als eine anhaltende Emotion, die von Ihrer Fantasie beflügelt wird. Gefahr ist real. Es ist der unangenehme Rausch des Adrenalins, den Sie verspüren, wenn Sie beinahe von einem LKW überfahren werden. Angst ist eine Wahl. Sie werden Ihr Wohlbefinden steigern und süchtig nach diesem euphorischen Gefühl, wenn Sie Ihre Ängste überwinden. Vergangenheit und Zukunft sind wie Angst – Produkte Ihres Geistes. *Schuld* kann die Vergangenheit nicht abändern und *Angst* kann die Zukunft nicht verändern. Es ist unmöglich, Ihr volles Potenzial auszuschöpfen, wenn Sie ständig woanders sind und die Realität des Augenblicks (gut oder schlecht) nicht vollständig erfassen können. Aus diesem Grund sollten Sie sich darauf konzentrieren im gegenwärtigen Moment zu leben. Das fällt leichter, indem Sie die Vergangenheit akzeptieren. Wenn Sie mit Ihrer Vergangenheit keinen Frieden schließen, wird sie Sie niemals verlassen und Ihre Zukunft gestalten. Man kann die Zukunft nicht vorhersagen, aber aus der Vergangenheit lernen und die Gegenwart so besser verstehen. Deshalb akzeptieren Sie die Unsicherheit der Zukunft und stellen Sie keine unnötigen Erwartungen an sich. Sorgen haben so im „*Jetzt*" keinen Platz. Wir können nicht all unsere Umstände und auch nicht unsere Gene kontrollieren, aber wir können uns von Gewohnheiten befreien, die keinem anderen Zweck dienen, als unser Wohlbefinden in Mitleidenschaft zu ziehen. Lassen Sie sich von der Gesellschaft oder den Medien nicht sagen, wie Sie leben oder was Sie tun sollen. Weil wahres *Glück* kommt von innen, seiner selbst und für andere da zu sein.

Entscheide dich zu leben und wie du den morgigen Tag beginnen möchtest

Was du für andere tust bestimmt den Wert deines eigenen Lebens.

– Alice Schumacher

Stellen Sie sich vor, das Leben ist ein Spiel, in dem Sie mit fünf unterschiedlichen Kugeln jonglieren. Diese Kugeln heißen Familie, Wohlbefinden/ Gesundheit, Arbeit, Freunde und Rechtschaffenheit. Sie halten all diese Kugeln in Ihrer Hand. Eines Tages begreifen Sie, dass die Arbeit wie ein Gummiball ist. Wenn Sie ihn fallen lassen, springt er wieder hoch. Die anderen vier Kugeln (Familie, Wohlbefinden/ Gesundheit, Freunde und Rechtschaffenheit) sind aus Glas. Wenn Sie eine von diesen Kugeln fallen lassen, wird sie unwiderruflich beschädigt und zerbricht in viele kleine Stücke. Aber auch wenn sie nicht gänzlich beschädigt wird, sie wird nicht mehr ganz so sein wie früher. Verstehen

Sie die Botschaft der fünf Kugeln erst einmal, so haben Sie den Grundstein für ein ausgeglichenes und glückliches Leben gelegt.

Sie als Mensch haben eine auf den ersten Blick furchterregende und beunruhigende Macht zu wählen. Sie können Weisheit oder Torheit, zwischen Gut und Böse, Freundlichkeit oder Grausamkeit und zwischen Wahrheit und Unwahrheit wählen. Während wir nicht immer vollständig kontrollieren können, was mit uns passiert, können wir kontrollieren, wie wir auf das reagieren, was uns widerfährt, indem wir wählen. Das ist die Ihnen gegebene Macht, über die Sie verfügen und welche ebenso auf andere Menschen Auswirkungen hat. In jedem Moment, mit jeder Wahl, gestalten wir unser Schicksal auf bewundernswerte Weise, mit der wir die Realität aus dem Nichts formen. Sie sind nicht mehr und nicht weniger als die Entscheidungen, die Sie fortlaufend in Ihrem Leben getroffen haben.

Tiger Woods gilt als der erfolgreichste Golfspieler der Sportgeschichte, weil er sich fast jeden Tag seines Lebens dafür entschieden hat, auf den Golfplatz zu gehen und sich auf das Spiel zu konzentrieren – in Verbindung mit seinem natürlichen Talent, ein großartiger Golfspieler zu werden. *Mark Zuckerberg* ist Mark Zuckerberg, weil er sich entschieden hat, ein Unternehmen namens *Facebook* zu gründen, seine Komfortzone zu verlassen und eine einfachere Kommunikation zwischen den Menschen ermöglichen wollte. *John Mackey* ist John Mackey (weltweit größter Betreiber einer Biosupermarktkette), weil er aufstand, einen natürlichen Supermarkt gründete, der Menschen ermöglicht, ausschließlich „*natürliche*" Lebensmittel ohne künstliche Konservierungs-, Aroma-, Farb- und Süßstoffe und ohne gehärtete Fette zu erwerben.

Wenn Sie nicht wissen, wo Sie anfangen sollen oder hinwollen, stellen Sie sich langfristig (in etwa 5 bis 10 Jahren) das Leben vor, das Sie haben möchten. Gehen Sie dann die Entscheidungen rückwärts (von Ihrem ursprünglichen Ziel), die erforderlich sind, um Sie dorthin zu bringen und arbeiten Sie sich schrittweise bis zum jetzigen Zeitpunkt zurück. Die freie und unabhängige Wahl ist der Schlüssel, der Ihnen Türen öffnet und Sie zu neuen Höhen führt. Selbst wenn Sie alles so belassen wie es ist und nichts weiter tun, treffen Sie mit dieser Entscheidung eine Wahl. Was auch immer Sie tun und wo immer Sie sind – Sie haben es in der Hand. Lassen Sie das Leben nicht einfach an Ihnen vorbeiziehen. Lassen Sie sich nicht von anderen entgegen Ihren Werten beeinflussen und geben Sie sich nicht der auferlegten Trägheit anderer hin – *wählen* Sie vielmehr, anstatt gedankenlos die Zeit bis zum Tod verstreichen zu lassen.

Alle Menschen stehen vor unterschiedlichen Entscheidungssituationen und haben die Wahl, wie sie den morgigen Tag beginnen. Dazu folgende *Anekdote*:

Thomas war so ein Typ von der Sorte, der dich wirklich wahnsinnig machen konnte. Er war immer guter Laune und hatte immer etwas Positives zu sagen. Wenn ihn jemand fragte, wie's ihm ginge, antwortete er: *„Wenn's mir besser gehen würde, wäre ich zwei Mal vorhanden."* Er war der geborene Optimist, der immer einen Scherz von sich gab. Hatte einer seiner Angestellten mal einen schlechten Tag, meinte Thomas zu ihm, er solle die positive Seite der Situation sehen. Seine Art machte Menschen wirklich derart neugierig, dass sie wissen wollten, wie er das macht und nachfragten: *„Das kann ich einfach nicht verstehen. Du kannst doch nicht ständig ein positiv denkender Mensch sein, wie machst Du denn das?"*

Thomas sagte: *„Wenn ich am Morgen aufwache, sage ich mir stets was Positives. Du hast zwei Möglichkeiten. Du kannst wählen, ob Du guter oder schlechter Laune sein willst. Und ich will eben guter Laune sein. Jedes Mal, wenn etwas passiert, kann ich selbst wählen, ob ich der Leidtragende einer Situation sein oder ob ich etwas daraus lernen will. Jedes Mal, wenn jemand zu mir kommt, um sich zu beklagen, kann ich* *entweder sein Klagen akzeptieren oder ich kann auf die positive Seite des Lebens hinweisen. Ich habe die positive Seite gewählt." „Ja, gut, aber das ist nicht so einfach"*, war mein Einwand. *„Doch, es ist einfach"*, antwortete Thomas. Das Leben besteht aus lauter Auswahlmöglichkeiten. Du entscheidest, wie Du auf gewisse Situationen reagieren willst. Du kannst wählen, wie die Leute deine Laune beeinflussen. Sein Motto ist: Du kannst darüber entscheiden, wie Du Dein Leben führen willst.

Ich dachte darüber nach, was Thomas gesagt hatte. Kurze Zeit später verließ ich meinen Industriebetrieb, um etwas Neues zu beginnen. Wir verloren uns aus den Augen, aber ich dachte oft an ihn, wenn ich mich für das Leben entschied, statt darauf zu reagieren.

Einige Jahre später erfuhr ich, dass Thomas in einen schweren Unfall verwickelt war. Er stürzte etwa 20 Meter von einem Fernmeldeturm. Nach 15 Stunden im Operationssaal und Wochen intensiver Pflege, wurde Thomas mit Metallstützen in seinem Rücken aus dem Krankenhaus entlassen. Als ich ihn fragte, wie es ihm ginge, erwiderte er: *„Wenn es mir besser ginge, wäre ich zwei Mal vorhanden. Möchtest Du meine Operationsnarben sehen?"* Ich verzichtete darauf, fragte ihn aber, was im Augenblick des Unfalls in ihm vorgegangen sei. *„Nun das erste, was mir durch den Kopf ging war, ob es meiner Tochter, die bald darauf zur Welt kommen sollte, gut ginge. Als ich dann so am Boden lag, erinnerte ich mich, dass ich zwei Möglichkeiten hatte: Ich konnte wählen, ob ich leben oder sterben wollte."* *„Hattest Du Angst? Hast Du das Bewusstsein verloren?"* wollte ich wissen. Thomas fuhr fort: *„Die Sanitäter haben wirklich gute Arbeit geleistet. Sie hörten nicht auf, mir zu sagen, dass es mir gut ginge. Aber als sie mich in die Notaufnahme rollten, sah ich den Gesichtsausdruck der Ärzte und Schwestern, der sagte: Er ist ein toter Mann. Und ich wusste, dass ich die Initiative ergreifen musste."* *„Was hast Du denn getan?"* fragte ich ihn. *„Nun, als mich so ein Ungetüm von Aufnahmeschwester mit lauter Stimme befragte und wissen wollte, ob ich auf irgendetwas allergisch sei, bejahte ich. Die Ärzte und Schwestern* *hielten inne und warteten auf meine Antwort. Ich atmete tief durch und brüllte zurück: Auf Schwerkraft! Während das ganze Team lachte, erklärte ich ihm: Ich entscheide mich zu leben. Also operieren Sie mich, als wäre ich lebendig und nicht tot."*

Thomas überlebte dank der Fähigkeiten seiner Ärzte, aber auch wegen seiner bewundernswerten Einstellung. Wir können von ihm lernen, dass wir jeden Tag die Wahl haben, in vollen Zügen zu leben oder nicht. Die innere Einstellung ist schließlich alles! Deshalb sorgen Sie sich nicht um das, was morgen sein wird. Jeden Tag gibt es genug, um das man sich sorgen muss. Und das Heute ist das Morgen, über das Sie sich gestern Sorgen gemacht haben. *Also:* Sie sind nicht für alle Dinge verantwortlich, die Ihnen passieren, aber Sie haben die vollständige Kontrolle über Ihre Einstellung und Ihre Reaktionen darauf. Nehmen Sie eine Politik der Freude an. Ich habe gelernt, dankbar für das zu sein, was ich habe, und nicht mehr zu beklagen, was ich nicht habe oder nicht kann. Sie können jeden Tag so leben, als ob es Ihr letzter ist, jedoch mit einem wachsamen Blick auf die Zukunft, falls es denn nicht so sein sollte. So werden Sie intensiver leben und ein sicheres Gespür für gute Gelegenheiten entwickeln.

Rituale für soziale Netzwerke und ein besseres Leben

Glück ist ein Parfüm, das du nicht auf andere sprühen kannst, ohne selbst ein paar Tropfen abzubekommen.

– Ralph Waldo Emerson

Wie bereits durchgeklungen ist, sind bedeutungsvolle Beziehungen und bedeutungsvolle Arbeit Eckpfeiler für *mehr Wohlbefinden* im Leben. Dennoch verläuft kein Leben ohne Schicksalsschläge. Humor, Gelassenheit, partielle Verdrängung, Realitätssinn, aus der Vergangenheit für die Zukunft zu lernen und Stoizismus können helfen *besser* mit *Schicksalsschlägen* umzugehen. Ständiges Grübeln, negatives und passiv-aggressives Verhalten, Alkohol- und Drogenexzesse, Ablehnung von Hilfe und andere Menschen so zu sehen, wie sie einem ins Licht passen (und nicht so zu sehen wie sie wirklich sind), wirken sich auf *Schicksalsschläge* eher *schädlich* aus.

Freunde, Kollegen, Partner und zwischenmenschliche Beziehungen führen zu einem deutlich höheren Wohlbefinden, als Sie dies mit finanziellen Mitteln oder Ihrem gesundheitlichen Zustand erreichen könnten. Menschen in funktionierenden sozialen Netzwerken, Familien und Freundeskreisen geht es deutlich besser als Menschen in zerrütteten Freundeskreisen und Familien. Das subjektive Empfinden der eigenen Lebenszufriedenheit hat kaum etwas mit gesundheitlichen Beschwerden oder dem wirtschaftlichen Umfeld der Menschen zu tun. Es zeigt sich vielmehr, dass ein von Leid geplagter, mittelloser Mensch, der in sozialen Netzwerken, Familien und gesellschaftlichen Gemeinschaften integriert ist, besser lebt, als ein entfremdeter wohlhabender Mensch ohne entsprechende soziale Bindungen. Untersuchungen belegen, dass Unglück in vielen unterschiedlichen Varianten zutage tritt – die zuvor erläuterten unglücklichen Gewohnheiten bestätigen das. Menschen führen dies häufig selbst herbei, beispielsweise indem Sie im erhöhten Maße Alkohol trinken und in weiterer Folge an Depression, Krebs oder anderen schlimmen Leiden erkranken und mit großen Schwierigkeiten zu kämpfen haben. So hat jemand, der alkoholkrank ist, eine im Durchschnitt 20 Jahre geringere Lebenserwartung. Hinzu kommt, dass langfristiger Alkoholmissbrauch zumeist chronische Folgekrankheiten mit sich bringt. Daraus resultierende psychische Leiden bergen ähnliche negative Begleiterscheinungen in sich.

Dazu eine kleine Geschichte eines sehr feinfühligen Freundes namens *Richard Button*. Geht man von den angeführten Annahmen zur Lebenszufriedenheit aus, so war nicht anzunehmen, dass er ein glücklicher Mensch war. Er trieb kaum Sport, rauchte und sprach dem Alkohol gut zu. Er heiratete viermal und dennoch war er dem Anschein nach glücklich. Die meisten Möchtegern-Musiker aus meinem Bekanntenkreis hatten Ende der 30er den Wunsch aufgegeben groß rauszukommen. Richard Button übte, musizierte, schrieb neue Songs und suchte sich immer wieder neue Bands – Tag für Tag, mehr als vierzig Jahre lang (auch wenn er kaum Auftritte hatte und die meisten seiner Songs nicht veröffentlicht wurden). Er war eine Ausnahmeerscheinung, in der ein verkanntes Genie steckte. Nach der vierten gescheiterten Ehe trat er einer Bewegung bei, welche die von Menschen verursachte globale Erwärmung (Klimawandel) leugnete. Kurz darauf verschuldete er am ersten Scheidungstag seiner vierten Ehe mit seinem Auto einen Unfall und verstarb – er brach sich das Genick (der Alkohol brachte auch hier sein Unheil mit sich). Alkohol ist nicht nur wie eben angeführt, sondern ganz allgemein Grundübel gescheiterter Existenzen und zerstörter Leben.

Neben dem Alkohol zeigt die seit mehr als 75 Jahren laufende „*Grant-Studie*" aber auch, dass drei weitere Rezepte für garantiertes *Unglück* sorgen: Der Tod eines Ehepartners, der Tod eines Kindes und die Wahl des falschen Lebenspartners. Sie sehen, dies alles steht im Zusammenhang mit sozialen und zwischenmenschlichen Beziehungen. Deshalb liegt die wahre Glückseligkeit in der eben aufgezeigten echten und tiefen Bindung zu anderen Menschen und darin, nicht immer alles sofort und schnellstmöglich haben zu wollen, sondern weniger zu wollen und sich damit zufrieden zu geben. Das heißt folglich, seine Impulse zu kontrollieren und seinen Trieben nicht augenblicklich nachzugeben.

Um mit sozialen Beziehungen, Freundschaften und Netzwerken sein Auslangen zu finden und in diesen integriert zu sein, können Sie sich bestimmter Rituale bedienen, welche zugleich im *Stoizismus* zu finden sind. *(I)* Praktizieren Sie *selbstlosen Pazifismus*. „*Ist dies die schlechteste Rede, welche ich jemals gehalten habe? Vertrauen Sie mir, ich habe schon sehr viel schlechtere geschrieben und gehalten.*" Wie denken Verfechter der *stoischen Philosophie*, wenn jemand sagt, dass Sie nicht der klügste sind? „*Du gibst mir zu viel Anerkennung. Ich bin noch viel dümmer als sie denken.*" Wenn Ihnen jemand sagt, dass eine bestimmte Person schlecht über Sie spricht, entschuldigen Sie sich nicht über das, was über Sie gesagt wird, sondern antworten Sie: „*Er hat meine anderen Fehler nicht gekannt, sonst hätte er diese nicht allein erwähnt.*" Ja, die andere Person war gemein und handelte vielleicht nicht richtig. Aber was ist der Vorteil einer Eskalation der Dinge, bei der man sich ärgert oder gar zu einem direkten Kampf übergeht? Wenn Menschen Sie beleidigen, nehmen Sie es auf die leichte Schulter und antworten Sie einfach mit selbstironischem Humor. Dies hat auch längerfristige persönliche Vorteile für Sie. Wenn Sie nicht harsch und ohne Groll reagieren, verbessern Sie noch dazu Ihre Selbstkontrolle. Sofern Sie den Ton ignorieren und nur auf den Inhalt der Beleidigung hören, erhalten Sie gelegentlich nützliche Rückmeldungen, wie Sie sich verbessern können. Je mehr Sie sich darin üben, *Beleidigungen* zu ertragen, desto stärker fühlen Sie sich psychisch. Es lohnt sich ebenso, den schmerzenden Aspekt der Aussagen Ihres Gegenübers zu ignorieren, um sich auf das zu konzentrieren, was andere Menschen möglicherweise richtig sehen oder gemacht haben und was Ihnen gegebenenfalls entgangen ist. Es gibt überhaupt keinen Grund anzunehmen, warum Beleidigungen, auch wenn sie als solche gemeint sind, keine lehrreichen Momente für uns bereithalten sollten. *(II)* Jemand *schaut* Ihnen über Ihre *Schulter*. Wenn Sie nun jemand beleidigt, wissen

Sie, dass Sie mit selbstironischem Humor kontern werden. Aber was ist, wenn Sie derjenige sind, der etwas Schreckliches sagt? Wie stellen Sie sicher, dass Sie nichts sagen, was Sie bereuen werden? Möchten Sie sicherstellen, dass Sie sich richtig verhalten? Stellen Sie sich vor, jemand, den Sie schätzen und den Sie respektieren, steht hinter Ihnen. Vielleicht ist es ein Familienmitglied, Kollege oder einer Ihrer früheren „*Lehrmeister*". Der römische Philosoph *Seneca* meinte, man solle sein Leben lang denken, jemand schaut über seine Schulter. Grundsätzlich tun Sie so, als müssten Sie diesem „*zweiten Ich*" immer Ihre Handlungen erklären. Das heißt jedoch nicht, nicht das Leben zu führen, das Sie führen wollen – es heißt lediglich nicht zu bereuen, was Sie sagen. *(III) Nicht* immer *Sie.* Hören Sie auf, über sich selbst zu reden. Ja, über sich selbst zu sprechen fühlt sich gut an. Untersuchungen haben ergeben, dass Ihr Gehirn es lohnender findet und mehr Freude daran hat als an Geld oder Essen. Lassen Sie jedoch andere über sich sprechen und Ihr Gegenüber wird Ihre Gesellschaft mehr genießen. Konzentrieren Sie sich auf die andere Person. Vermeiden Sie mit Gesprächspartnern eine häufige und übermäßige Erwähnung Ihrer eigenen Handlungen und Taten. So angenehm es für Sie auch sein mag, Ihre Leistungen und „*Kunststücke*" zu erwähnen, sie sind für andere nicht gleichermaßen bedeutend und angenehm. *(IV) Behandeln* Sie alle als *Familie.* Behandeln Sie Menschen als Ihre Brüder und Schwestern und sie werden sich wahrscheinlich revanchieren. Die meisten von uns sehen ihre *Familie* näher als *Freunde* und Freunde näher als *Fremde.* Das erklärt sich von selbst. Sie können diese 3 genannten Ebenen jedoch auch ein wenig näher zusammenziehen – und näher an Sie heran. Die Stoiker verfolgen eine ähnliche Herangehensweise. Sie sind der Auffassung, Sie sollten Menschen im gleichen Alter als Bruder und Schwester und Menschen, die älter sind als Sie, als Tante und Onkel ansprechen bzw. ihnen in dieser Weise gegenübertreten. Es ist eine Art kognitiver Verhaltenstherapie-Ansatz, aber wenn Sie diese Sache immer wieder durchspielen und wiederholen, dann fühlt es sich allmählich tatsächlich so an, als würden Sie anderen Menschen näher sein.

Wenn Sie sich an diesen 4 Punkten orientieren, so werden daraus tiefe und echte Bindungen mit anderen Menschen entstehen – worin das *wahre Glück* begründet liegt. Um in sozialen Beziehungen, Freundschaften und Netzwerken mehr Wohlbefinden und Zufriedenheit zu erlangen, empfiehlt es sich ebenso, mehr *Freude* zu wählen. Während uns Glück vielmehr passiert, ist *Freude* eine bewusste Entscheidung, die wir treffen. Glück hängt von äußeren Faktoren ab. Auch wenn wir es begehren, suchen, verfolgen und wollen, so ist das Gefühl des Glücks eine begrenzte Entscheidung, die wir treffen. Freude hingegen ist mehr als eine Gefühlsregung oder Emotion. Es ist eine Haltung, die wir einnehmen können. Es ist eine Linse, durch die man die Welt sehen kann. Es ist eine Wahl, die Sie treffen und mit dieser Wahl werden Sie *Freude* haben.

Unweigerlich führt dies dazu, dass Sie stets freundlich sind. Freundlichkeit ist, wenn Sie sich in die Probleme anderer einfühlen, wenn Sie andere so behandeln, wie sie behandelt werden möchten, wenn Sie selbstlos denken und handeln, ohne eine Gegenleistung zu erwarten und wenn Sie andere für ihre Arbeit schätzen. Einer meiner ehemaligen Kollegen sagte immer: „*Das Leben ist hart wie das Bergwerk, jeder den du triffst, führt eine Schlacht, jeder ist einsam und jeder trägt sein Säckchen mit sich.*" Lernen Sie vor diesem Hintergrund, freundlich und mitfühlend mit anderen umzugehen. Das ist Ihre einzige Hoffnung, glücklich zu leben und diese Welt als einen besseren Ort zu verlassen, als Sie diese vorgefunden haben.

Wenn Sie solch eine Haltung einnehmen, können Sie anderen auch leichter ihre Fehler verzeihen. Vergeben Sie immer und immer wieder. Streit, wüste Auseinandersetzungen, unterschwellige Konflikte, gebrochene Herzen – auch das ist das Leben. Egal, ob es sich um einen Streit mit einem Freund handelt, mit dem Sie sich verbunden fühlten oder um die berufliche Laufbahn, die Sie sich gewünscht haben. Es ist das Leben, es wird passieren. Sehen Sie dies als eine Erfahrung von vielen und fahren Sie fort. Halten Sie niemals an Groll, Wut oder Zorn gegen andere und sich selbst fest. Wenn wir Unversöhnlichkeit hegen und andere für all unser Leid verantwortlich machen, frisst uns dies langsam auf, erzeugt Hass und zerstört unsere Beziehungen zu diesen anderen Personen – und auch gegenüber unserem eigenen „*Ich*". Entscheiden Sie sich hingegen zu vergeben, ist es wie ein sofortiger wundersamer Heilungsprozess. Es ist der Schlüssel zum Weitermachen – auch wenn nicht alles vergessen werden kann.

Das Handeln der Menschen ist durchaus nicht immer erklärlich und diese werden hier und da nicht so verfahren, wie Sie es sich wünschen. Deshalb sollten Sie, bei der Wahl für ein glückliches Leben, Ihr Handeln stets mit einem Ziel verbinden, nicht aber mit Menschen oder Dingen. Trainieren Sie die geistig-seelischen Muskeln Ihres Gemüts, indem Sie mit den Schultern zucken und sich sagen: „*Na gut, dann eben nicht und eben anders.*" Danach lassen Sie den Vorfall los. Versuchen Sie, so freundlich wie möglich zu sich selbst zu sein, indem Sie sich eigene Fehler verzeihen. Wenn Sie lernen, anderen und sich selbst zu vergeben und loszulassen, werden Sie überrascht sein, die Leichtigkeit und Freiheit zu entdecken, die sich danach in Ihnen entfaltet. Vergebung löscht nicht unbedingt all Ihren Schmerz und Ihre Erinnerungen aus. Aber es bedeutet, dass der Schmerz nicht mehr im Mittelpunkt steht und leichter wird.

Dabei die eigenen *Unvollkommenheiten* nicht aus dem Auge zu verlieren, führt dazu, dass Verzeihen geübt und angenommen wird. Während wir durch das beirrte Wasser des Lebens waten, neigen wir uns tief der Hoffnung hin, dass wir es irgendwann schaffen werden, uns in einer

Reihe von Bereichen gut niederzulassen und Perfektion zu finden. Wir malen uns aus, eines Tages gesunde Beziehungen zu pflegen, ein glückliches Familienleben zu führen, in unserer Arbeit bzw. bei unseren Aktivitäten mehr zu blühen und den Respekt anderer zu wahren. Aber das Leben hat die Angewohnheit uns Überraschungen zu bereiten und uns manchmal mit überwältigenden Fluten heimzusuchen. Es gibt uns gelegentlich eine Reihe von Schlägen, die unsere Träume zerbrechen lassen. Und wie bei einer Lieblingstasse oder einem Lieblingsteller tun sich hin und wieder Risse auf – und auch wir selbst können dabei brechen. Natürlich sollen Sie sich in diesem Fall nicht „*wegwerfen*". Stattdessen können Sie Ihre Schönheitsfehler genießen und lernen, diese Narben in Kunst zu verwandeln und mit Freude zu nehmen – unsere Schwächen sollten uns vielmehr ein Lächeln kosten und nicht den Humor. „*Kintsugi*", eine alte japanische Praxis, welche zerbrochenes Keramik gekonnt verschönert, widmet sich diesem künstlerischen Aspekt. In der *Zen-Ästhetik* sollen Keramik- oder Porzellanbruchstücke und andere zerbrochene Teile sorgfältig aufgenommen, mit *Urushi-Lack* geklebt, fehlende Scherben mit einer in mehreren Schichten aufgetragenen *Urushi-Kittmasse* ergänzt und in feinstes Pulvergold oder andere Metalle wie Silber und Platin eingestreut werden. Die Japaner glauben, dass die goldenen Risse die Stücke noch wertvoller machen. Diese Kunst umfasst den Bruch als Teil der jeweiligen Objektgeschichte, anstatt etwas als inakzeptabel herabzuwürdigen, um versteckt oder weggeworfen zu werden.

Es ist schön sich *Kintsugi* als *Metapher* für Ihr Leben vorzustellen und die zerbrochenen, schwierigen oder schmerzhaften Teile von Ihnen im strahlenden Licht zu sehen und als wertvoll zu erachten. Dies lehrt, dass erfahrene „*Risse*" Sie stärker und besser machen als je zuvor. In Zeiten, in denen Ihnen Leid widerfährt, Sie verletzt oder abgelehnt werden, können

Sie sich total erschöpft und niedergeschlagen fühlen. Es kann aber auch eine seltsame Schönheit und anmutige Reise in der Art und Weise sein, wie Sie die *Risse* in Ihrem Leben verarbeiten und welche Lehren Sie daraus ziehen. Sie können sich entscheiden Brüche, Kratzer und Risse zu beschönigen, sie verbergen, überdecken und zu überspielen oder Sie können sich entscheiden, als Sie selbst in die Welt hinauszugehen.

Glück und Unglück – nur auf den ersten Blick

Sei, wer du bist, und sag, was du fühlst! Denn die, die das stört, zählen nicht – und die, die zählen, stört es nicht.

– Theodor Seus Geisel

Die *Launen der Natur* können manchmal schrecklich munden – aber Sie können sie dennoch gebrauchen. Dann und wann werden Sie im Leben von einem Unglück getroffen – verlieren Sie nicht den Glauben. Sagen Sie sich, egal wie schlimm die Dinge sind, die Sonne geht am nächsten Tag immer wieder auf. Häufig ist dann das einzige, was Sie am Laufen hält, dass Sie lieben, was Sie tun. Finden Sie das, was Sie lieben – das gilt für Ihre Arbeit, genauso wie für Ihre geliebten Menschen sowie den Menschen den Sie lieben. Ihre Arbeit wird einen großen Teil Ihres Lebens ausfüllen und der einzige Weg, wirklich zufrieden zu sein, besteht darin, das zu tun, was Sie für hervorragende Arbeit halten. Die einzige Möglichkeit wiederum großartige Arbeit zu leisten, besteht darin zu lieben, was Sie tun. Wenn Sie beides noch nicht gefunden haben, suchen Sie weiter und geben Sie sich nicht mit weniger zufrieden.

In einer Gesellschaft, der es an Herabwürdigungen, egozentrischen und exzentrischen Verhaltensweisen nicht mangelt, kann es einem schwerfallen, nur zu beobachten, ohne zu urteilen und zu bewerten. Missbrauchtes Vertrauen, mangelnde Integrität oder unheilbringende Schicksalsschläge können „*damals*" ziemlich beängstigend gewirkt haben, aber rückblickend Ereignisse sein, um daraus zu wachsen und bessere Entscheidungen zu treffen. Natürlich ist es nicht immer einfach bis unmöglich, die Ereignisse miteinander zu verbinden, wenn diese gegenwärtig geschehen, aber es wird Jahre später sehr viel klarer sein, wenn man darauf zurückblickt. Sie können die Ereignisse nicht im Vorfeld miteinander verbinden, sondern nur mit Blick nach hinten. Man muss folglich darauf vertrauen, dass sich die Geschehnisse in der Zukunft irgendwie gemeinsam verknüpfen und *Sinn* ergeben. Sie müssen auf etwas vertrauen, auf Ihr Leben, das Schicksal, Ihren Bauch, die Intuition, das Karma oder Tao – was auch immer. Denn wenn Sie glauben, dass sich die Ereignisse später einmal verbinden und zum Guten wenden, können Sie sicher sein, Ihrem Herzen zu folgen. Selbst wenn es Sie vom herkömmlichen, abgenutzten Weg entfernt, wird das den Unterschied ausmachen. Dazu die folgende kleine *Geschichte*:

Zwei reisende Engel machten halt, um die Nacht im Hause einer wohlhabenden Familie zu verbringen. Die Familie war unhöflich und verweigerte den Engeln, sich im Gästezimmer des Haupthauses auszuruhen. Stattdessen bekamen sie einen kleinen Platz im kalten Keller. Als sie sich auf dem harten Boden ausstreckten, sah der ältere Engel ein Loch in der Wand und reparierte es. Als der jüngere Engel fragte, warum, antwortete der ältere Engel: „*Die Dinge sind nicht immer das, was sie zu sein scheinen.*"

In der nächsten Nacht rasteten die beiden im Haus eines sehr armen, aber gastfreundlichen Bauern und seiner Frau. Nachdem sie das wenige Essen, das sie hatten, mit ihnen geteilt hatten, ließen sie die Engel in ihrem Bett schlafen, wo sie gut schliefen. Als die Sonne am nächsten Tag den

Himmel erklomm, fanden die Engel den Bauern und seine Frau in Tränen. Ihre einzige Kuh, deren Milch ihr einziges Einkommen gewesen war, lag tot auf dem Feld.

Der jüngere Engel wurde wütend und fragte den älteren Engel, wie er das habe geschehen lassen können. *„Der erste Mann hatte alles, trotzdem halfst du ihm"*, meinte er anklagend. *„Die zweite Familie hatte wenig, und du ließt die Kuh sterben."* *„Die Dinge sind nicht immer das, was sie zu sein scheinen"*, sagte der ältere Engel: *„Als wir im kalten Keller des Haupthauses ruhten, bemerkte ich, dass Gold in diesem Loch in der Wand steckte. Weil der Eigentümer so von Gier besessen war und sein glückliches Schicksal nicht teilen wollte, versiegelte ich die Wand, sodass er es nicht finden konnte. Als wir dann in der letzten Nacht im Bett des Bauern schliefen, kam der Engel des Todes, um seine Frau zu holen. Ich gab ihm stattdessen die Kuh. Die Dinge sind nicht immer das, was sie zu sein scheinen."*

Es fällt schwer zu beobachten und nicht zu bewerten – und wenn wir ein Urteil fällen, heißt das noch lange nicht, dass wir richtig liegen. Häufig stellen sich misslungene Vorhaben und Enttäuschungen rückblickend als Segen heraus, welche nachträglich das eine oder andere Mal ein Lächeln auf unser Gesicht zaubern können. Wie bereits erläutert: Es ist schwierig bis unmöglich, die Ereignisse miteinander zu verbinden, wenn sie sich gegenwärtig entwickeln, aber es wird nachträglich sehr viel klarer sein, wenn man darauf zurückblickt.

Normalerweise wird über das Wohlbefinden geschrieben, wie wichtig es für das persönliche Leben nicht ist und man sich immer fühlen sollte, als könnte man „*Bäume*" ausreißen. Es dreht sich alles um ein ständiges Leben in Fülle. Ich werde das an dieser Stelle <u>nicht</u> tun und auch sagen warum. Von Zeit zu Zeit werden Sie sich nicht wohlfühlen und Sie werden Dingen ausgesetzt sein, welche Sie auf den ersten Blick als unkomfortabel wahrnehmen werden. Sei es aufgrund gesundheitlicher Beschwerden, einer ungerechten Behandlung durch Mitmenschen, einem anderen engeren Personenkreis oder ähnlicher Schicksalsschläge. Wenn Ihnen das widerfährt, so offenbart Ihnen dies den Wert Ihrer *Gesundheit* und der *Gerechtigkeit*. In jedem negativen Keim, der sich in Ihrem Leben auftun wird, steckt auch etwas Positives – so auch in *Missgeschicken* und im *Unglück*. So wird Ihnen erst die Rolle des *Glücks* in Ihrem Leben bewusst. Es hilft Ihnen zu erkennen, dass Erfolg nicht immer vollkommen verdient ist – wie auch Misserfolg und die Fehler oder Risiken anderer Menschen, welchen diesen zufielen. Es ist gut im Leben auch ignoriert und nicht wertgeschätzt zu werden. Dies erlaubt nur, die Bedeutung des *Zuhörens* und *Respekts* zu erfahren. Auch halten körperliche als auch seelische Schmerzen etwas für Sie bereit – sie lehren Ihnen *Demut*, *Mitgefühl* und *Mitleid* zu empfinden.

Sie werden sich von Zeit zu Zeit auch einsam, verlassen und vergessen fühlen. Aber das zeigt Ihnen nur die Bedeutung von *zwischenmenschlichen Beziehungen*, *Freunden* und *Verwandten*. Sie werden Situationen, Personen oder vermeintlichen Freunden ausgesetzt sein, welche einen betrügerischen Anschein erwecken und Ihnen nicht wohlgesonnen sind. Aber auch das wird Sie lehren – nämlich den Wert der *Loyalität* und *Integrität*. Sie sehen, auf den ersten Blick nicht sehr wohltuende Dinge, die sich ereignen. Dennoch sollten Sie sich in Erinnerung rufen, dass es gut ist, dass Sie diese misslichen Charakterzüge und Eigenschaften erfahren, da es Ihnen den Sinn der *Gerechtigkeit*, *Loyalität*, *Integrität* und die Tragweite von *Freunden* zeigen wird – sofern Sie für diese Werte stehen. Enttäuschungen mit Menschen werden Ihnen nicht erspart bleiben. Ich sage nicht, dass ich Ihnen diese nachteilhaften, schlechten und ungünstigen Lebenserfahrungen wünsche – aber sie werden Ihnen widerfahren. Wie Sie mit Unglückssituationen umgehen werden und welche Lehren Sie daraus ziehen, hängt ganz von Ihnen ab – und ebenso welche Botschaft Sie in dem erkennen, was Ihnen zuteilwird.

Wünschen Sie jedoch niemandem Unheil und Leid. Wir sind keine Richter und sollen uns nicht selbst durch unsere Rachsucht verderben. Menschen, die Fehler begingen und falsche Verhaltensweisen an den Tag legten und Sie diese aufgrund dessen verloren haben, fällen ihr eigenes Urteil über sich und haben sich damit ihre Strafe selbst auferlegt. Jeder hat schon einmal Fehler begangen und sich Risiken ausgesetzt, deshalb können wir es auch gut nachempfinden, wie sich die daraus resultierenden Konsequenzen anfühlen. Menschen brechen aufgrund dieser Fehler häufig auch den Kontakt zu Mitmenschen ab. Dadurch wollen sie verhindern, erneut enttäuscht oder verletzt zu werden. Sie werden jedoch niemals vollständig getrennte Wege gehen, wenn Sie diesen Menschen nicht aufrichtig verzeihen. Deshalb sollten Sie sich daran erinnern, Ihr Päckchen aus der Vergangenheit nicht länger vor sich herzutragen. Lassen Sie Vergangenes ruhen, denn ein Leben in längst vergangenen Zeiten mindert nur die Qualität Ihres täglichen Lebens. Verzeihen und den anderen Menschen von ganzem Herzen zu vergeben hilft dabei. Dieses Vergeben bedeutet Zorn, Groll, Missgunst und all die anderen negativen Emotionen hinter sich zu lassen, jedoch nicht immer den Menschen gänzlich loszulassen. Menschen die eine zweite Chance bekommen, sind häufig sehr dankbar und wissen dies auch zu schätzen. Es ist ebenso ein Zeichen einer ausgeprägten Charakterstärke. Dessen ungeachtet lautet ein grundlegendes Gesetz der Gerechtigkeit, dass sich die jeweilige Strafe nach der Art des Verbrechens richtet. Hinterfragen Sie demzufolge das etwaige Ausmaß der widerfahrenen Unehrlichkeit, ob Sie zu naiv in Bezug auf Unaufrichtigkeit oder Fehler sind oder waren und den Charakter der bestehenden Beziehung (wie und von wem wurden die illoyalen Handlungen begangen – Partner, Freunde, Bekanntschaften u.Ä.). Sagen Sie sich aber auch, dass wir zum Ende hin ohnedies vergeben. Im Falle einer zweiten Chance kann man noch freudige und glückliche gemeinsame Jahre zusammen verbringen und mitunter vergangene, belastende Zeiten besser vergessen. Dennoch sollten Sie in Ungnade gefallene Menschen nicht auf die leichte Schulter nehmen. Menschen, die sich bereits (nicht immer sichtbar) aufgegeben haben, werden Sie nicht ermutigen, wenn Sie für sich und andere Gutes bewirken. Und da bietet es sich schon mal an, einen ehemaligen trockenen Alkoholabhängigen auf ein Glas Wein oder Bier einzuladen oder den Exraucher eine Zigarette in die Hand zu drücken. Aufrichtigkeit, Geradlinigkeit und Erfolg machen neidisch und ermuntern solche Menschen zu Störaktionen. Deshalb braucht es manchmal die Kraft dieser „*reinigenden*" Gewitter. Wiesen und Wälder brauchen diese, um Unkraut und Überwucherung, welche in guten Zeiten entstanden sind, zu entfernen. In kritischen und schlechten Zeiten sehen Sie den Wert von Freunden – und wie tief diese mit Ihnen „*verwurzelt*" sind. Trotz allem schließen Sie Frieden mit in Ungnade gefallenen Menschen bzw. Freunden – so können Sie fortwährend leichter loslassen. Das bedeutet nicht, wir sollen Illoyalität und moralisch verwerfliches Verhalten sympathisch finden, wenn das nicht der Fall ist, sondern wir sollen Gutes wünschen.

Von Zeit zu Zeit werden Sie auf Menschen stoßen, die Ihnen geholfen haben Unglückssituationen zu meistern oder auf Menschen, welche eine bestimmte Rolle in Ihrem Leben spielen (Lehrer, Geschäftspartner, Freunde), welche für Sie da oder eine Stütze für Sie sind (beispielsweise in den soeben beschriebenen misslichen Situationen). Sie können ihnen einen Brief oder eine kleine Botschaft schreiben – nicht unbedingt eine E-Mail. Handschriftliche Notizen wirken und werden nicht so schnell vergessen. Sagen Sie ihnen Danke, für das was sie für Sie getan haben. Es wird den Menschen aus Gründen, die die meisten von uns nicht in Betracht ziehen können, viel bedeuten. Sie haben damit etwas Besonderes für sie getan. Dies dauert in der Regel nicht länger als zehn Minuten. Aber die Leute werden sich aufgrund dessen, was Sie getan haben, langfristig etwas spezieller fühlen und sie werden denken, dass Sie aufgrund dessen, was Sie getan haben, etwas ganz Besonderes sind.

Der griechische Philosoph *Sokrates* sagte, dass der *Kluge* aus allem und von jedem lernt, der *Normale* aus seinen Erfahrungen und der *Dumme* alles besser weiß. Auf das Leben umgelegt bedeutet das, sein eigenes Leben stets zu reflektieren und zu prüfen – da ein ungeprüftes Leben nicht lebendig ist. Der römische Philosoph *Seneca* vertrat hingegen die Auffassung, dass jener am glücklichsten und ein sorgloser Besitzer seiner selbst ist, der den Morgen ohne Beunruhigung erwartet. Einfach loszulegen, ohne sich viel Gedanken um etwas zu machen, kann für einige Dinge ein gutes Modell sein. Es ist jedoch kein gutes Modell, wenn es an der Zeit ist, herauszufinden, wie man das Leben lebt, das vor Ihnen liegt. Ein wichtiger Hinweis für ein gutes Leben ist, nicht zu versuchen, *das* einzig wahre gute Leben zu führen. Dabei sind zumeist zwei Arten von Menschen zu beobachten, welche dies nicht wirklich begreifen. Das sind diejenigen, welche immer nur das tun, was man ihnen sagt und diejenigen, die niemals das tun, was man ihnen sagt. Der beste Weg, um die Werte zu verlieren, die für Sie von zentraler Bedeutung sind, besteht offen gesagt darin, überhaupt nicht an sie zu denken. Sie sollten folglich vorausdenken – mit Weitblick. Wenn Sie jedoch vorausdenken, um herauszufinden, wohin Sie gehen, ist es ebenso gut zu wissen, wo Sie waren und Sie sollten darauf auch zurückblicken. Für ein authentisches Auftreten ist es daher angebracht, dass sich Ihre Werte mit Ihnen selbst decken – sprich seien Sie so, wie Sie sind. Sind Sie so, wie Sie sind, sollten Sie verstehen, was das bedeutet. Falls Sie nicht perfekt sind, bedeutet dies nicht, dass Sie keine Änderungen vornehmen sollten. Es stimmt, bis zu einem gewissen Ausmaß sollten Sie nicht Sie selbst sein, sondern Sie sollten versuchen, etwas Besseres zu werden. Die Leute sagen, sei du selbst, weil sie möchten, dass Sie dem Impuls widerstehen, sich so anzupassen, wie es andere Menschen wollen. Aber Sie können nicht Sie selbst sein, wenn Sie nicht lernen, wer Sie sind und Sie können nicht lernen, wer Sie sind, wenn Sie nicht darüber nachdenken. Da viele Menschen heutzutage privilegiert sind, macht es dies nicht einfacher. Das sollte uns nicht vergessen lassen, dass viele Menschen zugleich nicht privilegiert sind. Mein Ratschlag ist, nicht so zu handeln. Das soll jedoch nicht heißen, nicht aktiv neue Kontakte zu knüpfen. Jemand der offenherzig Menschen begegnet, ihnen die Hand reicht, lächelt und von sich gibt: *„Guten Tag, mein Name ist Julian Mayer"*, wird einen bleibenden Eindruck hinterlassen. Das Schlimmste was passieren kann, ist, dass jemand fragt, wer denn diese neue Bekanntschaft ist, welche einem entgegen lächelt.

Sei wer du bist, sei originell, sei mutig und gehe sorgsam mit Ersparnissen um

Geld ist ein Mittel, um alles zu haben bis auf einen aufrichtigen Freund, eine uneigennützige Geliebte und eine gute Gesundheit.

– George Bernard Shaw

Es wurde gesagt, dass hinter jedem Erfolg Anstrengung steckt, hinter der Anstrengung sich Leidenschaft verbirgt und hinter der Leidenschaft Menschen stehen, die den Mut haben, es zu versuchen. Schauen Sie sich Frauen und Männer näher an, welche auf ihrem Gebiet etwas zu Wege brachten und erfolgreich waren. Jeder kann von Zeit zu Zeit vom Glück gesegnet sein, aber ich spreche von Menschen mit einer anhaltenden Erfolgsgeschichte und solchen, die auf Ihrem Gebiet herausragen. Ob nun Sportler, Musiker, Künstler, Politiker, Schriftsteller oder Hochschulprofessoren – sie alle gehen an ihre Arbeit leidenschaftlich und auf erfrischend originelle Weise heran. Dies gilt ebenso für Unternehmen. Werfen Sie beispielsweise einen Blick auf *Facebook* oder *Red Bull*. Die Unternehmen weigerten sich, konventionelle Weisheiten zu akzeptieren, wie dass es keinen Markt für sie gibt oder sie würden gegenüber Konzernen wie *Coca-Cola* oder *Microsoft* nicht standhalten. Was ich sagen möchte, ist, Ihr wahres, ursprüngliches, einzigartiges Selbst zu sein und sich nicht von anderen in irgendeiner Art und Weise einschüchtern zu lassen. Niemand erreichte jemals einen herausragenden Erfolg, nur indem er andere nachahmte. Die erläuterten Unternehmen machten Ihre Gründer sehr wohlhabend, dennoch gilt, egal wie viel Geld Sie haben, Sie können nicht mehr Zeit kaufen. Der Tag hat nun mal nur 24 Stunden. Deshalb gilt es ein Gespür dafür zu entwickeln, seinen Kalender nicht mit nutzlosen

Agenden zu füllen. Andererseits kann es Ihnen gut tun, sehr großzügig mit Ihrer Zeit für die Menschen da zu sein, welchen Sie vertrauen.

Die Geschichte führte uns immer wieder vor Augen, dass dem Geld, im Gegensatz zur Zeit, ein gewisses Übel innewohnt. Die aufgetischten Lügen der Kolonialherren und Raubzüge selbiger belegen diesen Umstand eingehend. Die Wahrheit ist aber auch, dass mit Geld *Toleranz* und *Vertrauen* zwischen Menschen geschaffen wird, welche einander noch nie zuvor begegnet sind. Dank des Geldes können Menschen vorurteilsfrei zusammenarbeiten und kulturelle, sprachliche und gesetzliche Barrieren treten in den Hintergrund. *Papst Franziskus* teilt hingegen die Auffassung, dass Geld die Seele besticht, zu Selbstgefälligkeit, Prunk und Eitelkeit verführt und Hochmut und Stolz daraus resultieren. Dann beginnen die Sünden. Doch laut *Franziskus* ist die erste Stufe dazu das Geld und das Fehlen von Armut. Geld beginnt die Seele zu bestechen und verführt dazu in Prunk und in Eitelkeit zu leben, nur um eine gute Figur abgeben zu wollen. Von *François Fénelon*, einem französischen Erzbischof und Schriftsteller, entstammt das Zitat: *„Wirf das Joch des Überflüssigen ab, werde reich ohne Geld, und du bist glücklich."* Nun leben wir in einer Gesellschaft, wo es nicht gänzlich ohne Geld möglich ist, ein „*normales*" Leben zu führen. Sie werden Leute treffen, die Sie dazu drängen, Ihr Geld freimütig auszugeben. Sie werden Ihnen sagen: *„Du kannst es nicht mitnehmen"* oder *„Das Geld ist nicht weg, es ist nur woanders"*. Wenn Sie älter werden, haben Sie wahrscheinlich Freunde, welche die neusten Autos fahren oder jeden Abend in teuren Restaurants essen, die neuesten technologischen Entwicklungen oder Modetrends kaufen und den Urlaub in abgeschirmten Ressorts oder anderen exquisiten Hotelanlagen verbringen. Sie sollten diese Falle vermeiden, nämlich Geld wohl oder übel auszugeben, nur weil Sie es können. Dies ist nicht nur ein Weg zum finanziellen Ruin, es kann auch dazu führen, dass Sie vergessen, wie es um andere Menschen bestellt ist und was im Leben wirklich zählt. Das bedeutet nicht, niemals zu reisen oder sich etwas Schönes zu kaufen. Vielmehr sollten Sie sich vor Augen halten, klug darüber nachzudenken, ob das, was Sie tun oder kaufen möchten, in der Zwischenzeit es wirklich wert ist zu besitzen oder ob die daraus entstehenden Vorteile bestenfalls flüchtig sein werden. Das soll heißen, berücksichtigen Sie vor dem Kauf eines Artikels seine Vorzüge, aber auch dessen laufenden Unterhalt. Je mehr Instandhaltung erforderlich ist, desto wahrscheinlicher ist es, dass Sie den Kauf bereuen. Sie können ebenso überlegter vorgehen, indem Sie Aktivitäten im Vorfeld planen (beispielsweise die nächsten Sommerferien). Das gibt Ihnen eine lange Zeit der angenehmen Vorfreude, die sich als der beste Teil des Urlaubs erweisen kann. Ebenso trägt es mehr zu Ihrem Glück bei, wenn Sie anstatt Einkäufe zu tätigen, eine kurze Pause machen und Ihr jüngstes Umbauprojekt, Ihr Auto oder Ihren Ehepartner bewundern und überlegen, wie viel Glück Sie bereits jetzt schon haben. Was zählt, ist, worauf wir uns konzentrieren. Wenn Sie sich also auf Ihr bestehendes *Glück* fokussieren, können Sie einen zusätzlichen „*Schuss*" Glück erfahren. Zu viel Auswahl und ständiges Grübeln über etwas denkbar Besseres schafft jedoch Unsicherheit und Unsicherheit ist der Todesstoß des *Glücks*. Was ist zu tun? Suchen Sie nach Möglichkeiten Ihre Auswahl einzuschränken und sich nicht ständig an alternativen segensreicheren oder neueren Dingen zu berauschen. Ich habe viele Leute gekannt, welche die neuesten Dinge besitzen mussten. Aber sie vergessen, wenn sie sparen und mit Umsicht investieren, sie eines Tages, anstatt eines jetzigen *iPhones* oder teuren *Weins*, in der Zukunft ein Vielfaches davon an Ersparnissen haben würden. Diejenigen, die mit Bedacht sparen und investieren, werden im Laufe ihres Lebens weniger finanzielle Probleme haben.

Eine Vielzahl von Studien zeigt jedoch, dass soziale Beziehungen für das Wohlbefinden und Glücksempfinden wichtiger als alles andere um Sie herum sind. Das enthüllt ebenso die „*Grant and Glueck Study*" der *Harvard Universität*, welche bereits seit über 80 Jahren durchgeführt wird. Aus dieser geht hervor, dass einem alles Geld der Welt nichts nützt, wenn keine liebevollen Beziehungen vorhanden sind. Kernaussage dieser Studie ist, dass *Glück* und ein *gutes Leben* aus *guten Beziehungen* hervorgehen. Doch die häufigste Ursache für Beziehungskonflikte oder gar -abbrüche ist der Kampf ums Geld. Geld macht Sie vielleicht nicht glücklich, aber Untersuchungen haben ergeben, dass Sie sehr unglücklich sind, wenn Sie nicht die Kontrolle über Ihre Finanzen haben. Ferner zeigt die Forschung, dass finanzielle Unsicherheit ähnliche Gefühle wie körperliche Folter hervorruft. Wenn Sie jedoch finanzielle Unsicherheiten überwinden und erste Erfolge erzielen, gilt es sich bewusst zu machen, dass man sich auch als reicher Mensch sehr arm fühlen kann. Es gibt ebenso unter wohlhabenden Menschen, die über Vermögenswerte im Überfluss verfügen, „*arme Wichte*". Reichtum kann jedoch ebenso bei armen Menschen vorhanden sein, wie reich an Erfahrung und reich an Begegnungen. Es ist so wie bereits angeführt wurde, nämlich dass das regelmäßige Zusammenkommen mit guten Freunden der Gesundheit dienlicher ist als der Besitz materieller Dinge.

Ein einfaches Leben leben

Ich habe drei Schätze, die ich hüte und hege. Der eine ist die Liebe, der zweite ist die Genügsamkeit, der dritte ist die Demut. Nur der Liebende ist mutig, nur der Genügsame ist großzügig, nur der Demütige ist fähig zu herrschen.

– Laozi

Die *Formel* bestehend aus einem einfachen Lebensstil, sozialem Engagement, ein paar Sonnenstrahlen, einer engen Familiengemeinschaft, täglicher Beschäftigung und Interaktionen mit der Natur und keinen übermäßigen Schulden kann einem ein durchwegs großes Lächeln auf das Gesicht zaubern. Ihre Berufswahl und Karriere hat darüber hinaus natürlich Auswirkungen auf Ihr Leben – das betrifft vor allem finanzielle Aspekte, Verpflichtungen und Ihr allgemeines Wohlbefinden.

Seien Sie sich darüber im Klaren, dass der Weg zum finanziellen Bedauern mit Schulden und Krediten gepflastert ist. Schulden sind ein Übel, welches nicht immer gleich zum Vorschein treten mag. Es ist jedoch erstaunlich, wie viel Prozent der finanziellen Probleme durch die Kreditaufnahme verursacht werden. Schulden sind ein Anspruch auf Ihre Zukunft, um heute etwas zu gewinnen, an das Sie sich schnell gewöhnen. Sie werden wahrscheinlich Schulden wie eine Hypothek oder andere Formen davon nutzen. Dabei gilt es sich die Frage zu stellen, ob die jeweiligen Schulden sich positiv auf Ihre Ersparnisse auswirken werden und zusätzliche Einnahmen generieren, welche höher sind als die Kosten dieser Verbindlichkeiten (Kredite). Folglich sollten die mit Schulden finanzierten Vermögenswerte (also aufgeschobene Ersparnisse) zu höherem Wohlstand für Sie beitragen. Wenn Sie Konsumausgaben, wie heute üblich, mit Schulden finanzieren, ist das in der Regel nicht der Fall – dies steigert weder Wohlbefinden noch Wohlstand. Folglich gilt es dies zu vermeiden. Seien Sie somit vorsichtig. Die meisten Schulden sind das Äquivalent einer Droge: Ein schneller (und teurer) Genuss, der nachlässt, nur um Sie für die kommenden Jahre nach unten zu ziehen und Ihre Möglichkeiten einzuschränken, während Sie durch Lasten Ihrer Vergangenheit erdrückt werden. Vergessen Sie dabei nicht, dass finanzielle Freiheit ein Geisteszustand ist, der daraus resultiert, schuldenfrei zu sein. Es ist normal anzunehmen, dass alle finanziellen Erfolge und Misserfolge verdient sind. Es ist auch häufig so, aber nur bis zu einem gewissen Punkt – und dieser liegt niedriger als viele denken. Das Leben der Menschen spiegelt die Erfahrungen wider, welche sie gemacht haben und die Menschen, die sie getroffen haben. Vieles davon ist von Glück, Fehlern, Risiken, Unfällen und Zufall bestimmt. Einige Menschen werden in Familien geboren, die Bildung fördern, andere machen hingegen gegenteilige Erfahrungen. Einige sind in florierenden Volkswirtschaften geboren, welche die Menschen begünstigen, andere werden in Krieg und Elend hineingeboren. Sie sollen erfolgreich sein und ich möchte, dass Sie es sich verdienen. Aber nicht jeder Erfolg ist auf harte Arbeit und nicht jede Armut auf Faulheit zurückzuführen. Denken Sie daran, wenn Sie Menschen, einschließlich sich selbst, beurteilen.

Unabhängig von den eben erläuterten Umständen können Sie, um das Leben zu führen, das Sie führen wollen, bestimmte Verhaltensweisen an den Tag legen. Allgemein empfiehlt es sich weniger auszugeben als Sie verdienen. Geld verhält sich dabei ähnlich wie ein Kleinkind. Es ist nicht in der Lage, sich selbst zu verwalten. Schließlich können Sie nicht erwarten, dass Ihr Geld wächst und reift, wie Sie sich das wünschen, ohne irgendeine Form von glaubwürdigem Geldmanagement. Geduld versteht sich dabei als eine Tugend. Die Chancen stehen gut, dass Sie nicht über Nacht finanzielle Ziele erreichen. Sie können aber Vermögen allmählich ansammeln, indem Sie Ihr Geld über mehrere Jahrzehnte hinweg fleißig sparen und umsichtig anlegen. Verfügen Sie bereits über entsprechende finanzielle Mittel, könnten Sie denken, Sie möchten ein teures Auto, eine schicke Uhr und ein riesiges Haus (das Grundübel der Schulden und Kredite wurde bereits erläutert). Aber ich sage Ihnen, Sie wollen das nicht. Was Sie wollen, ist Respekt und Bewunderung von anderen Menschen und Sie denken, teure Sachen würden dies bringen. Das tun Sie jedoch nicht – besonders nicht von den Menschen, von denen Sie Respekt und Bewunderung erfahren möchten. Wenn Sie jemanden sehen, der ein schönes Auto fährt, denken Sie wahrscheinlich nicht: *„Wow, diese Person ist genial und cool."* Stattdessen denken Sie: *„Wow, wenn ich dieses Auto hätte, würden die Leute denken, ich bin genial und cool."* Sie bemerken die Ironie: Niemand kümmert sich um den Mann im Auto. Haben Sie Spaß und kaufen Sie ein paar nette Sachen, aber bedenken Sie auch, dass die Menschen wirklich Anerkennung und Respekt suchen und Ihnen *Demut* letztendlich mehr davon einbringt als *Eitelkeit*.

Menschen müssen immer wieder sehr früh erkennen, dass Geld kein Glück kauft. Wenn Sie nach dem ultimativen Glück suchen, so hat das mit Geld nichts zu tun. Sie können im besten Falle damit eine finanzielle Freiheit und Unabhängigkeit erlangen. Ich möchte damit sagen: Geld kann Ihnen die Kontrolle über Ihre Zeit ermöglichen. Es gibt Ihnen Optionen und befreit Sie davon, sich auf die Prioritäten anderer zu verlassen. Freiheit ist eines der Dinge, die Sie wirklich glücklich machen (wie auch immer Sie diese ausgestalten). Ein zweiter Job kann nicht nur die Größe Ihres Bankkontos schneller erhöhen, sondern hält Sie auch beschäftigt – und wenn Sie beschäftigt sind, ist es schwierig, das auszugeben, was Sie bereits haben. Sie mögen dadurch ein Mehr an finanzieller Unabhängigkeit schaffen, jedoch geht dies auf Kosten Ihrer Zeit. Daher erscheint es viel wichtiger sich auf das zu konzentrieren, was Sie kontrollieren können. So haben Sie die Möglichkeit auf Ersparnisse

Einfluss zu nehmen. Ihre Sparquote hat etwas damit zu tun, wie viel Sie verdienen und noch mehr damit, wie viel Sie ausgeben. Ich kenne einen Anwalt, der von Honorarnote zu Honorarnote lebt – immer am Rande des finanziellen Ruins. Ich kenne einen anderen unscheinbaren geselligen Menschen, der nie mehr als 40.000 Euro verdiente und ein erhebliches Vermögen angespart hat. Der Unterschied ist ausschließlich auf seine Ausgaben zurückzuführen. Wie viel Sie verdienen, bestimmt nicht, wie viel Sie haben. Und wie viel Sie haben, bestimmt nicht, wie viel Sie brauchen. Werden Sie kein Pfennigfuchser oder Geizkragen. Beachten Sie jedoch, dass das Lernen mit weniger zu leben, der einfachste und effizienteste Weg ist, um die Kontrolle über Ihre finanzielle Zukunft zu erlangen. Zeit versteht sich dabei als ein Verbündeter der Jugend. Beginnen Sie bereits in den Zwanzigern oder Dreißigern mit dem Sparen und mit der Geldanlage, so können Sie die Kraft des Zinseszinses und damit die Kraft des Wachstums Ihres „*Notgroschen*" optimal nutzen. Halten Sie sich dabei immer vor Augen, dass Sie nicht ausgeben können, was Sie nicht sehen. Sie sollten auf automatische Gehaltsabzüge oder Sparpläne zurückgreifen, um Vorsorge zu treffen. Das mag hart klingen, aber auch vor dem Hintergrund des erläuterten Umgangs mit Ersparnissen, hoffe ich, dass Sie irgendwann nur das Nötigste haben werden (nicht unbedingt arm sind). Natürlich nicht kämpfend und nicht unglücklich. Aber es gibt keine Möglichkeit den Wert des Geldes zu lernen, ohne die Macht seiner Knappheit zu spüren. Es lehrt Sie den Unterschied zwischen notwendig und wünschenswert. Sie werden dadurch ebenso erfahren, lediglich mit dem Nötigsten auszukommen und gezwungen sein, mit Ihren Ressourcen schonend umzugehen. So lernen Sie zu genießen, was Sie bereits haben, kostenbewusstes Verhalten an den Tag zu legen und sich nicht gedankenlos vermeintlich höherwertigen Dingen zu widmen. Wenn Sie lernen, sich mit weniger zufrieden zu geben, können

Sie Ihre finanziellen Umstände (unvermeidliche Höhen und Tiefen) müheloser bewältigen. Leider wird in der heutigen Zeit immer mehr das Geldverdienen in den Vordergrund gestellt und nicht das einfache Leben. Dies macht uns zu einem Götzen, dem etwas vor dem Karren gespannt wird, nur um es dann doch nicht zu bekommen. Hat man keinen Job, macht man sich Sorgen einen zu finden, um weiter seinen Lebensunterhalt bestreiten zu können. Hat man einen Job oder ein Unternehmen, so fühlt man sich bedroht und macht sich Sorgen, sei es diesen zu verlieren oder vor der Konkurrenz. Dies wiederum führt zu egoistischem Verhalten, da Bedrohungen und Sorgen um die eigene Existenz es fördern, in erster Linie seinen eigenen Kragen aus der Schlinge zu ziehen. Daraus resultiert, dass Menschen Böses tun und im Namen der Menschlichkeit handeln sie dann unmenschlich. Hinzu kommt, dass Menschen und Gesellschaften, die im Wohlstand leben, alles daran setzen diesen zu vergrößern. Tiefes Leid kann auch viel Freude fassen und Armut kann lehren liebevoll und fürsorglich zu sein. *Khalil Gibran* meinte dazu: „*Trauer und Armut reinigen das Herz. Doch unsere begrenzte Vernunft hält dafür, dass nur Wohlstand und Freude das Leben lebenswert machen.*" Dies besagt im weiteren *Sinne*, dass unsere Welt derart beschaffen ist, damit das, was uns Vergnügen und Befriedigung vermittelt, im Laufe der Zeit ganz von allein an Bedeutung, Reiz und Anziehung verliert. Durch Krankheit, Verlust, Kriege, Pandemien, Nöte und zuletzt durch ein zunehmendes Alter wird uns schleichend, aber doch alles wieder genommen, was wir als individuelle Menschen ursprünglich zuwege bringen wollten – für viele Menschen kein einfacher Weg. Es empfiehlt sich daher nicht ein Übermaß der erläuterten wirtschaftlichen Zielsetzungen anzustreben, sondern vielmehr geringfügigeren finanziellen Mitteln Raum zu geben und sein Auslangen damit zu finden. Das Bewusstsein über die eigene Bedürftigkeit, die uns früher oder später erlangt, erleichtert uns diesen Schritt und macht es uns einfacher, wenn wir alle am selben Ziel ankommen. Seelenfrieden, innere Ausgeglichenheit und Harmonie sind schwer zu erringen, wenn das Leben nur aus Geschäften besteht. Nachhaltig langfristiges Glück und Zufriedenheit bestehen in den seltensten Fällen aus der Jagd und Hast nach dem nächsten Triumph, welchen wir uns um den Hals hängen wollen. Wie vergänglich Mammon und Gewinne sind, wurde bereits angeführt – sie sind nicht von langer Dauer und früher oder später holt uns unser Schicksal ein. Sie können schneller wohlhabend werden und Ihr Wohlbefinden steigern, als Sie denken. Sie brauchen sich lediglich Ihrer Weisheit bewusst zu sein und sich in Erinnerung rufen, dass materielle Güter vergänglich sind – die Ihnen gegebenen immateriellen und geistigen Reichtümer sind um ein Vielfaches wertvoller. Demut, Bescheidenheit und das Bewusstsein um die eigene Bedürftigkeit erleichtern Ihnen dies. Ständige Geschäftigkeit, Hasten und kaum Zeit für die wirklich wichtigen Dinge im Leben – soll man das mit sich selbst treiben? Anstatt ein Leben in Fülle zu führen, plagen wir uns herum und spannen die falschen Anreize vor unseren Karren. Ihre innere Seelenruhe und Heiterkeit finden Sie am besten durch das Nachsinnen über Ihre seelisch-geistigen Schätze. Diese spielten ebenso für die Stoiker eine herausragende Rolle. Es war wichtig für sie, das Glück des Einzelnen so weit wie möglich von äußeren Einflüssen, Situationen und Umständen unabhängig zu machen. Geistig-seelische Aspekte waren für sie von Bedeutung, da nach ihrer Ansicht das Glück ausschließlich von den Dingen abhängen sollte, die der Einzelne auch kontrollieren kann. Dies schließt das Denken, Entschlüsse, Vorsätze, Vorstellungen, Vorhaben und Gedanken ein. Andere Dinge im Leben kann man allenfalls versuchen zu beeinflussen. Was einem widerfährt, führt nicht selten zu Ärgernissen, aber wer sich über etwas ärgert, was einem zufällt, der hat die Natur von

Ereignissen noch nicht begriffen. Sich ärgern bedeutet demnach, für die Fehler der Launen der Natur oder auch anderer zu leiden. Letztendlich muss ein jeder das, was einem widerfährt und unabänderlich ist, am Ende so hinnehmen, wie es kommt. Das Schicksal hat es an sich, einen unvorhergesehenen Ausgang zu nehmen, welchen wir nicht in der Hand haben. Also ärgern oder beschweren Sie sich nicht über Dinge, die nicht in Ihrem Einflussbereich liegen – das ist lediglich ein vergebliches Unterfangen. Bleiben Sie daher zu Lebzeiten nicht in einem Job, den Sie hassen, weil Sie mit 18 Jahren oder früher unabsichtlich eine Berufswahl getroffen haben. Eine frühe Ausbildungsentscheidung muss nicht Ihre lebenslange Karriere leiten. Niemand weiß, was Sie in diesem Alter tun wollen und viele wissen nicht, was sie tun wollen, bis sie doppelt so alt sind. Wenn Sie eine Karriere suchen, wenn Sie die Schule verlassen oder einen Job wechseln, nehmen Sie immer den Job an, der Ihnen am meisten Spaß macht. Wenn sich dieser am meisten bezahlt macht, haben Sie Glück. Wenn dies nicht der Fall ist, haben Sie eine erhebliche Lohnkürzung vorgenommen, welche sich zukünftig dennoch lohnen kann. Den perfekten Job gibt es nicht und die meisten Leute finden diesen nie. Deshalb: Einfach weitersuchen. Für das Ziel des Lebens, ein glücklicher Mensch zu sein, ist der richtige Job unerlässlich. Versuchen Sie dabei nicht besser als Ihre Konkurrenten, sondern anders zu sein. Es wird immer jemanden geben, der schlauer, scharfsinniger oder gewiefter ist als Sie, aber vielleicht gibt es nicht jemanden, der einfallsreicher oder kreativer ist. Bei all dem, nehmen Sie sich immer Zeit, um denjenigen, mit denen Sie oder die für Sie arbeiten, einen Schlag auf den Rücken zu geben, wenn sie Sie unterstützen oder gute Arbeit leisten. Die meisten Menschen konzentrieren sich so stark auf die nächste Herausforderung, dass sie den Menschen, die sie unterstützen, nicht danken. Es ist wichtig, dies zu tun.

Es motiviert und inspiriert Menschen und ermutigt sie, auf einem höheren Niveau zu arbeiten.

Um offener und demütiger zu werden, kann es Ihnen helfen, jedes Jahr etwas zu tun, was Sie noch nie zuvor getan haben und das völlig außerhalb Ihrer Komfortzone liegt. Es könnte sein, dass Sie einen neuen Berg besteigen, Motorradfahren lernen, Marathon laufen, an einer Konferenz teilnehmen, die von einem ungewöhnlichen Thema handelt und Sie interessiert oder allein zu einem Ziel fernab Ihres gewöhnlichen Gesellschaftskreises zu reisen. Dies ergänzt den Prozess der Selbstfindung. Wenn Sie viel lesen, befriedigt das nicht nur Ihre persönliche Neugier, sondern es kann allgemein nützlich für Ihr Leben sein und ebenso zu Ihrer Selbstfindung beitragen. Tun Sie es nicht nur, weil Sie neugierig auf etwas sind, sondern lesen Sie aktiv. Machen Sie sich ein Bild, bevor Sie ein Buch oder einen Artikel beginnen und prüfen Sie, ob das, was Sie denken vom Autor bestätigt oder widerlegt wird. Wenn Sie das tun, werden Sie tiefgründiger lesen und mehr verstehen. Sie können Ihren Horizont ebenso erweitern, indem Sie sich intensiv vernetzen. Glück spielt eine große Rolle im Leben und es gibt keinen besseren Weg, um Ihr Glück zu steigern, als so viele Menschen wie möglich kennenzulernen. Pflegen Sie Ihr Netzwerk, indem Sie Blogs, Beiträge, Artikel, Bücher und E-Mails an Personen senden, um Ihnen mitzuteilen, dass Sie an Sie denken und Sie Ihnen etwas bedeuten. Lesungen und Diskussionsrunden, das Schreiben von Kommentaren, Anekdoten und Gedankenstücke bieten sich hierzu ebenso an.

Seien Sie sich jedoch immer Ihrer äußeren Umstände und Ihres Glücks bewusst – und noch mehr wie vergänglich all das ist. Das Grundübel ist dabei nicht die soziale Stellung in der Gesellschaft, Beruf, Vermögen oder andere Besitztümer. Vielmehr als äußere Verhältnisse ist das „*Anhaften*" an diese, die schmerzliche Wahrnehmung, welche es zu vermeiden gilt.

Dieses „*Verhaften*" und „*Anhaften*" ist auch dafür verantwortlich, dass sich Menschen von äußeren glücklichen Umständen verführen lassen. Zwei Möglichkeiten des Bewusstseins dieser Umstände eines „*Glücklichen*" bestehen deshalb – man hat Verständnis über diese Veränderlichkeit oder eben nicht. Entweder sind Sie sich im Klaren über äußerliche, glückliche Verhältnisse. So müssen Sie deren Verlust befürchten und was dieser alles nach sich zieht. Fortwährende Ängste lassen einen deshalb nicht glücklich werden. Sind Sie sich aber Ihrer äußerlichen, glücklichen Umstände nicht bewusst, so führt die mangelnde Kenntnis über die glückliche Bestimmung ebenso nicht zum erhofften Segen für Sie – Unwissenheit über sein eigenes Glück, macht auf Dauer nicht glücklich. Es empfiehlt sich daher einen anderen Weg zu gehen und sich immer wieder die *Vergänglichkeit* des äußeren *Glücks* ins Gedächtnis zu rufen.

Ein Lächeln kostet nichts

Die Welt ist voll von kleinen Freuden, die Kunst besteht darin, sie zu sehen, ein Auge dafür zu haben.

— Li Bai

Wie oft sind wir darüber schockiert, uns an Situationen zu erinnern, in welchen wir rückblickend etwas gesagt, getan oder nicht getan oder gesagt haben. Wir haben dann jedoch nicht mehr die Gelegenheit, die jeweilige Situation zu erklären oder sich zu entschuldigen. Es gibt drei Dinge, die wir nicht mehr zurückholen können: Das Wort, nachdem es ausgesprochen wurde. Die Gelegenheit, die nicht ergriffen wurde. Und die Zeit, weil sie vorbeigeht. Aber selbst dann sollten Sie gelassen bleiben.

Wenn ein Problem gelöst werden kann, müssen Sie sich keine Sorgen machen. Wenn ein Problem nicht gelöst werden kann, was nützt es, sich Sorgen zu machen? Und wenn Sie eine Gelegenheit verpassen, füllen Sie die Augen nicht mit Tränen. Es wird sich eine weitere bessere Gelegenheit vor Ihnen verbergen und Sie werden diese beizeiten erkennen. Wenn Fehler auftreten, sind diese schmerzhaft. Die spätere Fehlersammlung wird jedoch als Erfahrung bezeichnet, die unweigerlich zum Leben dazugehört und zu Erfolg führt. Jeder erfolgreiche Mensch hat eine schmerzhafte Geschichte und jede schmerzhafte Geschichte hat ein erfolgreiches Ende. So starb innerhalb kurzer Zeit ein langjähriger Weggefährte und ein mir nahestehendes Familienmitglied, meine Beziehung zerbrach und ich hatte mit beruflichen und gesundheitlichen Herausforderungen zu kämpfen. Alsbald befand ich, so schlimm meine Lage auch sein möge, lässt sich damit gut umgehen und dass diese fordernden Umstände überwindbar sind. Ich machte einfach weiter. Die Wahrheit ist, dass negative Lebensereignisse uns nicht so tief treffen, wie wir es erwarten. Das gilt ebenso für positive Lebensereignisse. Wir passen uns an beides sehr schnell an. Die gute Nachricht ist also, dass ein schwerer Unfall, Bewegungseinschränkungen, der Verlust Ihres Arbeitsplatzes und ähnliche Dinge Sie nicht so unglücklich machen, wie Sie denken. Die schlechte Nachricht ist, dass ein großer Casino-, Lottogewinn, andere positive Geschehnisse oder materielle Besitztümer Sie nicht so glücklich machen, wie Sie es erwarten. Wir fürchten sicherlich die Dinge, die unser Wohlbefinden und Glücksempfinden deutlich nach unten schrauben würden – gesundheitliche Probleme, Arbeitsplatzverlust, der Tod eines geliebten Menschen, das Ende einer liebevollen Beziehung. Aber wenn diese Dinge passieren, werden die meisten von uns schneller zu ihrem emotionalen Ausgangszustand zurückgelangen, als sie es vorhersehen würden. Menschen sind widerstandsfähig und belastbar. Aber wenn so etwas passiert, heißt es bald danach: *„Ich wollte schon immer einen besseren Job finden"* oder *„Sie war nie richtig für mich"*. Menschen haben ein bemerkenswertes innerliches Talent, Wege zu finden, um die Auswirkungen negativer Ereignisse abzuschwächen. Sie erwarten jedoch fälschlicherweise, dass solche „Schläge" viel verheerender sind, als es sich letztendlich tatsächlich herausstellt. Wenn wir diese Mechanismen nicht hätten, wären wir zu deprimiert, um mit unserem Leben fortzufahren. Menschen, die klinisch depressiv sind, scheinen häufig nicht in der Lage zu sein, Ereignisse „*neu*" zu gestalten und ins rechte Licht zu rücken. Das deutet darauf hin, dass auch wir depressiv sein könnten, wenn der Rest von uns diesen Mechanismus nicht hätte.

Wir wissen, dass einer der besten Anhaltspunkte für menschliches Glück, die menschlichen Beziehungen und die Zeit sind, die Menschen mit Familie und Freunden verbringen. Wir wissen ebenso, dass dies wesentlich wichtiger als Geld und ebenso wichtiger als Gesundheit ist. Dies zeigen eine Vielzahl von Untersuchungen und Forschungsergebnissen. Das Interessante ist, dass Menschen soziale Beziehungen opfern, um andere Dinge zu bekommen, die sie weniger glücklich machen – materiellen Besitz und Geld. Vermögenswerte sind wirklich nicht wichtig. Werden Sie nicht zu abhängig von dem, was Sie besitzen – ansonsten werden die Dinge Sie besitzen. Wenn Sie Ihre Finanzen jedoch nicht für einen späteren Zeitpunkt planen, werden Sie sich wünschen, Sie hätten dies getan. Um glücklich zu sein, sollten Sie daher „*weise*" einkaufen. Eine andere Tatsache ist, dass Menschen mehr Freude aus Erfahrungen als aus Dingen schöpfen. Wenn Sie folglich Erspartes für einen Restaurantbesuch, Urlaub, kulturelle Veranstaltungen oder Filme ausgeben, werden Sie glücklicher als durch ein dauerhaftes Gut oder Objekt sein. Einer der Gründe dafür ist, dass Erfahrungen in der Regel mit anderen Personen geteilt werden, Güter und Objekte jedoch zumeist nicht.

Die Menschen denken ein Auto, eine Waschmaschine oder sonstige Dinge werden lange halten und deshalb wird es ihnen Glück bringen. Aber das ist nicht der Fall. Dinge werden alt und verfallen. Aber Erfahrungen nicht. Sie werden *Venedig* immer in Erinnerung behalten, aber Sie werden ein Auto oder einen Gefrierschrank nicht für immer haben. Ein großer Teil unseres mangelnden Selbstbewusstseins und unseres Leids kommt somit daher, dass wir uns zu viele Gedanken machen und nicht auf gesunde Weise denken. Anstatt mit dem zufrieden zu sein, was wir haben, schwelgen wir auf verlorenem Terrain. Selbst in unsicheren Zeiten ist es daher wichtig, die Dinge im Blick zu behalten. Sie sind halbwegs geistig und physisch gesund – sonst könnten Sie das hier nicht lesen. Sie haben einen Freund oder Verwandten, der Sie vermisst und sich auf Ihren nächsten Besuch freut. Sie denken darüber nach, was Sie mit Ihrem Leben anfangen werden – Ihre Karriere, Ihre Familie, den nächsten Schritt usw. – was bedeutet, dass Sie Ehrgeiz, Leidenschaft, Tatkraft und Freiheiten haben, Ihre eigenen Entscheidungen zu treffen. Sie haben Zugang zu Nahrungsmitteln und sauberem Trinkwasser. Sie haben keine Angst um Ihr Leben und hatten heute die Wahl, welche Kleidung Sie tragen möchten. Sie sind letzte Nacht nicht hungrig zu Bett gegangen und heute Morgen mit einem Dach über dem Kopf aufgewacht. Die Wahrheit ist, dass es Ihnen besser geht als vielen anderen Menschen auf dieser Welt. Niemand wird ein Schloss ohne Schlüssel herstellen. Ebenso wird Ihnen Ihr Glaube keine Probleme ohne Lösungen geben. Einige könnten sagen, dass Sie reich sind, also denken Sie daran für all die Dinge, die Sie haben, dankbar zu sein. Das in uns verwurzelte *Naturell*, nicht auf gesunde Weise zu denken, rührt auch daher, dass wir nicht langfristig denken und lediglich auf die unmittelbare Befriedigung aus sind – wir erkennen dabei nicht an, das was danach kommt. Sicherlich können wir auf noch so gesunde Art und Weise denken, jedoch gibt es Zeiten im Leben, wo es unmöglich ist nicht zu leiden. Wenn wir nicht die langfristige Perspektive sehen, es uns an Tiefgang mangelt, wir unseren geist-seelischen Zustand verkennen, dann können kleine Problem, Leid und belanglose Schwierigkeiten sehr schnell zu großen Herausforderungen werden. Wir können allerdings die Angst vor Krankheit, Leid und Sterben lindern. Das heißt, dass wir es zu einem Teil selbst in der Hand haben und unser Leid auch selbst gemacht ist. Denken wir an all jene Menschen, welche über jeglichen Komfort verfügen, sich alles leisten können, aber sich dem *Joch* des Alkohols und der Drogen unterwerfen und vergeblich ihren nächsten „*Kick*" suchen. Auf der anderen Seite sind es die Menschen mit ein paar Habseligkeiten, die zufrieden mit dem sind, was Sie haben und trotzdem glücklich sind. Um es zu wiederholen, die unmittelbare Befriedigung der Sinne, kurzzeitige nervliche und emotionale Erregungen sind nicht wichtig, sondern Ihr seelisch-geistiger Weg und Zustand. Inneren Frieden und innere Ausgeglichenheit werden Sie nur finden, wenn Sie sich und anderen Gutes tun, mit dem eigenen Schicksal nicht hadern, sondern es hinnehmen wie es ist, sich mit Ihren Wünschen zurücknehmen, ein Herz für Außenseiter haben und jemandem in Bedrängnis beistehen, einfach daneben sitzen, um ihm die Hand zu halten. Niemand kann nur sein eigenes Glück verwirklichen, wir sind alle miteinander verbunden. Denken wir nur an uns selbst und nicht an andere, so legen wir damit den Grundstein für Leid und unser eigenes Unglück. Wer anderen Menschen hingegen dient, sich für diese einsetzt, der hat seinen Anteil an Glück, Wohlbefinden und Liebe bereits erhalten.

Ein Leben lang versuchen wir Besitztümer anzuhäufen, jedem Glück nachzujagen und allen möglichen weltlichen Dingen nachzulaufen – nur um dann festzustellen, dass diese uns abhängen und unbefriedigt zurücklassen. Negative Gedanken, Eifersucht und Groll sind unvereinbar mit einem ausgeglichenen geistig-seelischen inneren Zustand. Verstand wird dabei missbraucht, um sich Fehden und Intrigen hinzugeben, nur um noch mehr weltliche Dinge anzuhäufen, die weder von Dauer noch eine gediegene Quelle für Zufriedenheit und Glück sind. Spät aber doch merken wir, dass all die Annehmlichkeiten lediglich Leid verursachen, für welches wir, durch Verblendung und gestiftete Verwirrung unserer Sinne, unsere Mitmenschen verantwortlich machen. Begeben wir uns auf die tiefgründige Suche nach dem *Sinn des Lebens* und wollen diesen auch finden, so haben wir gesund und auf die richtige Weise zu denken. Dazu gehört sich im Verzeihen zu üben, so schlimm die Dinge auch waren, die uns angetan wurden, Betrübte trösten, Kranke besuchen, Mitmenschen wie Freunde und Familie zu behandeln und sich niemals für etwas Besseres als andere zu halten. Diese menschlichen Eigenschaften besitzen wir zwar, aber aufgrund unserer unsinnigen Gedanken, unserer Engstirnigkeit und unserer negativen Gefühle werden sie leicht überdeckt und verblenden den wirklichen *Sinn* – Mitgefühl und Liebe an den Tag zu legen.

Möglichkeiten um zu leben und nicht bloß zu existieren

Manchmal suchen wir so lange den Schlüssel zum Glück, bis wir merken, dass er steckt.

– Jochen Mariss

In einer Gesellschaft, die von einem „*Joch*" zum nächsten „*Joch*" lechzt, sich Versuchungen und Begierden hingibt, in der eine „*Ellbogenmentalität*" um sich greift und die immerzu nach mehr strebt, fragt sich so mancher, wo denn das *Vertrauen* geblieben ist. Man glaubt, je mehr man tut, je mehr man sich für andere einsetzt und je geschäftstüchtiger man ist, desto mehr Ruhm, Ansehen und Vertrauen wird man gewinnen. Dabei vergessen Menschen zunehmend, dass es häufig besser für Sie ist, sorgloser durch das Leben zu gehen und sich weniger Gedanken über die Zukunft zu machen. Sich zurücklehnen und den Dingen ihren Lauf lassen und darauf vertrauen, damit die Dinge am Ende ihren Weg nehmen werden. Das Leben geht oft eigene Wege und deshalb ist das Vertrauen bei jenen gut angesiedelt, die vertrauen und noch mehr in die Zukunft vertrauen. *Zukunftsvertrauen* hilft den Menschen, da die Dinge nicht immer das sind, das sie vorgeben zu sein und wofür sie gehalten werden. So können Sie in allen Lebensabschnitten und in allem, was Ihnen widerfährt, an einen positiven Ausgang glauben. *Optimisten* mögen nicht immer richtig liegen, aber ihre Zuversicht macht sie um einiges glücklicher als *Pessimisten*. Dazu die folgende kleine Geschichte:

Es war einmal ein alter Mann, der zur Zeit *Lao-Tses* in einem kleinen chinesischen Dorf lebte. Der Mann lebte zusammen mit seinem einzigen Sohn in einer kleinen Hütte am Rande des Dorfes. Ihr einziger Besitz war ein wunderschöner Hengst, um den sie von allen im Dorf beneidet wurden. Es gab schon unzählige Kaufangebote, diese wurden jedoch immer strikt abgelehnt. Das Pferd wurde bei der Erntearbeit gebraucht und es gehörte zur Familie, fast wie ein Freund.

Eines Tages war der Hengst verschwunden. Nachbarn kamen und sagten: *„Du Dummkopf, warum hast du das Pferd nicht verkauft? Nun ist es weg, die Ernte ist einzubringen und du hast gar nichts mehr, weder Pferd noch Geld für einen Helfer. Was für ein Unglück!"* Der alte Mann schaute sie an und sagte nur: *„Unglück – Mal sehen, denn wer weiß? Das Leben geht seinen eigenen Weg, man soll nicht urteilen und kann nur vertrauen."*

Das Leben musste jetzt ohne Pferd weitergehen und da gerade Erntezeit war, bedeutete das unheimliche Anstrengungen für Vater und Sohn. Es war fraglich, ob sie es schaffen würden, die ganze Ernte einzubringen.

Ein paar Tage später war der Hengst wieder da und mit ihm war ein Wildpferd gekommen, das sich dem Hengst angeschlossen hatte. Jetzt waren die Leute im Dorf begeistert. „*Du hast Recht gehabt*", sagten sie zu dem alten Mann. „*Das Unglück war in Wirklichkeit ein Glück. Dieses herrliche Wildpferd als Geschenk des Himmels, nun bist du ein reicher Mann...*" Der Alte sagte nur: „*Glück – Mal sehen, denn wer weiß? Das Leben geht seinen eigenen Weg, man soll nicht urteilen und kann nur vertrauen.*"

Die Dorfbewohner schüttelten den Kopf über den wunderlichen Alten. Warum konnte er nicht sehen, was für ein unglaubliches Glück ihm widerfahren war? Am nächsten Tag begann der Sohn des alten Mannes, das neue Wildpferd zu zähmen und zuzureiten. Beim ersten Ausritt warf ihn dieses so heftig ab, dass er sich beide Beine brach. Die Nachbarn im Dorf versammelten sich und sagten zu dem alten Mann: „*Du hast Recht gehabt. Das Glück hat sich als Unglück erwiesen, dein einziger Sohn ist jetzt ein Krüppel. Und wer soll nun auf deine alten Tage für dich sorgen?*" Aber der Alte blieb gelassen und sagte zu den Leuten im Dorf: „*Unglück – Mal sehen, denn wer weiß? Das Leben geht seinen eigenen Weg, man soll nicht urteilen und kann nur vertrauen.*"

Es war jetzt alleine am alten Mann die restliche Ernte einzubringen. Zumindest war das neue Pferd so weit gezähmt, dass er es als zweites Zugtier für den Pflug nutzen konnte. Mit viel Schweiß und Arbeit bis in die Dunkelheit, sicherte er das Auskommen für sich und seinen Sohn.

Ein paar Wochen später begann ein Krieg. Der König brauchte Soldaten, und alle wehrpflichtigen jungen Männer im Dorf wurden in die Armee gezwungen. Nur den Sohn des alten Mannes holten sie nicht ab, denn den konnten sie an seinen Krücken nicht gebrauchen. „*Ach, was hast du wieder für ein Glück gehabt!*" riefen die Leute im Dorf. Der Alte sagte: „*Mal sehen, denn wer weiß? Aber ich vertraue darauf, dass das Glück am Ende bei dem ist, der vertrauen kann.*"

99 Prozent der Dinge, über die wir uns den Kopf zerbrechen und um die wir uns sorgen, sind nur *Phantasiegebilde*. 1 Prozent dieser Dinge mögen zutreffen, müssen es jedoch bei der richtigen Geisteshaltung nicht. Das bedeutet, wir sorgen uns zum überwiegenden Teil um etwas, das es erst gar nicht gibt – Sie machen sich umsonst Sorgen. Wenn Sie das erst einmal begreifen und verinnerlichen, schenkt Ihnen dies Kraft, Vertrauen und Sie gehen dementsprechend zuversichtlicher und positiver durchs Leben. Wer in allem und jedem immer Schlechtes vermutet, der wird weniger optimistisch durchs Leben spazieren. Warum? Negatives Denken ist die Hauptursache für Stress, Überlastung, Nervosität und Unzufriedenheit. Sagen Sie sich deshalb immer, dass eine Situation weder gut noch schlecht ist. Es ist immer erst unsere eigene Beurteilung, die sie zu dem macht, was sie ist. Ich hoffe, dass jeder in seinem Leben das findet, was er sucht, aber unser (*negatives, schlechtes*) Denken ist es, das uns hier einen Strich durch die Rechnung macht. Wenn Sie sich schon in destruktiven Gedanken wiegen, so werden Sie für Ihre Vermutungen garantiert genügend Belege finden – denn jeder findet, was er sucht.

Fühlen Sie sich deshalb privilegiert und zufrieden am Leben zu sein. Wenn Sie dies lesen, sind Sie lebendig. Die Zeit, die man mit dem Leben verbringt, ist es wert, geschätzt und ausgekostet zu werden. Genießen Sie die kleinen Dinge im Leben. Die besten Dinge des Erdendaseins sind kostenlos. Sie können den Sonnenaufgang und den Sonnenuntergang beobachten. Sie hören Vögel zwitschern und können das Wellenrauschen am Strand belauschen. Sie können sich nach draußen begeben und fühlen, wie die auffrischende Brise durch Ihr Haar gleitet und die Wärme der Sonne auf Ihrer Haut spüren. Es gibt absolute Freude und Wunder in den einfachsten Momenten. Genießen Sie die kleinen Dinge, denn eines Tages können Sie zurückblicken und feststellen, dass es sich um die großen Dinge handelt. Wenn Sie das Beste aus dem herausholen, was Sie haben, stellt sich heraus, dass es erheblich mehr ist, als Sie sich jemals vorstellen konnten. Sie können aus vielem das Beste herausholen – beispielsweise indem Sie etwas erschaffen. Nicht um ein Vermächtnis zu hinterlassen, dann werden Sie sowieso nicht mehr hier sein, um es zu sehen, sondern um Nutzen zu stiften. Sich künstlerisch betätigen, einen Kasten bauen, einen Adventkalender basteln, Musik machen oder irgendetwas anderes. Sie werden sich gut fühlen und den Menschen etwas zurückgeben, das sie nutzen oder genießen können. Geben Sie dabei, ohne eine Gegenleistung zu erwarten – treffen Sie jedoch keine Wertungen und wiegen oder zählen Sie nicht nach. Sie werden eine bittere Person, wenn Sie das tun. Geben Sie nur aus Freude am Geben. Wenn Sie etwas dafür bekommen, großartig, wenn Sie nichts erhalten, soll es so sein. Setzen Sie sich bei Ihren Vorhaben jedoch keine unrealistischen Erwartungen. Sie werden über Nacht nicht zwei Kleidergrößen weniger haben. Ihre Beziehungen werden ohne Ihre Aufmerksamkeit nicht wachsen und Ihr neues Unternehmen wird nicht sofort florieren. Sie werden ab und zu Fehler machen. Sie müssen folglich Ihr Gehirn dabei trainieren, um wachsam zu bleiben. Sie haben nicht jeden Tag ein Buch zu lesen, um jeden Tag zu lernen – lernen Sie jedoch aus Ihren Fehlern. Lernen Sie von den Menschen um Sie herum – seien Sie offen für das, was sie Ihnen beibringen können – Sie können von jedem lernen, auch wie Sie etwas nicht tun sollten. Sie werden ebenso neue Techniken ausprobieren und sie werden nicht immer funktionieren – seien Sie dankbar dafür, denn dies zeigt Ihnen einen anderen Pfad zu gehen. Sie sind ein Mensch und werden von Zeit zu Zeit scheitern. Aber so wächst man, denn wertvolle Ziele erfordern Arbeit und Ausdauer.

Seien Sie dankbar für all die Probleme, die Sie nicht haben. Dies ist einfacher zu verstehen, wenn Sie wissen, dass es zwei Möglichkeiten gibt, wohlhabend zu sein: Eine besteht darin, alles zu haben, was Sie wollen und die andere darin, mit dem zufrieden zu sein, was Sie haben. Akzeptieren und schätzen Sie Dinge *jetzt* und Sie werden in jedem Moment, in dem Sie leben, mehr Wohlbefinden und Glück finden und erfahren. Wohlbefinden und Glück kommen, wenn wir aufhören, uns über die Probleme zu beschweren, die wir haben und uns für all die Probleme bedanken, die wir nicht haben. Dazu gehört einige schlechte Tage durchzukämpfen, um die besten Tage Ihres Lebens zu verdienen. Wenn Sie sich dabei nicht täglich ein bisschen *unwohl* fühlen, bedeutet dies, dass Sie nicht wachsen. Jeder Aspekt des physischen und emotionalen Wachstums kommt von außerhalb Ihrer Komfortzone. Seien Sie also manchmal furchtlos. Haben Sie den Mut, die Risiken einzugehen, die sich richtig anfühlen. Gehen Sie dahin, wo es keine Gewissheiten gibt. Dehnen Sie sich und Ihre Routinen, auch wenn Sie sich dadurch etwas unbehaglich fühlen. Die weniger befahrene Straße ist manchmal mit Unebenheiten, Schlaglöchern und unerforschten Gebieten gepflastert. Aber auf diesem Weg wächst Ihre Kraft und Ihre Träume offenbaren sich allmählich. Dabei reichen schon kleine Schritte in die richtige Richtung. Während eines Tages bieten sich hunderte kleine Möglichkeiten, Ihr Leben in die Richtung zu bewegen, in die Sie es bringen möchten. Denken Sie daran, dass Sie dies nur dann erfahren, wenn Sie entsprechend handeln und tun. Das bedeutet ebenso nicht auf „*Nummer sicher*" zu spielen, sondern aus Ihrer aktuellen Komfortzone auszubrechen und sich mit dem Unbekannten vertraut zu machen. Fangen Sie an, diese emotionalen Barrieren zu überwinden. Das Leben gibt einem nun mal nicht auf magische Weise, was Ihnen in Ihrem Kopf so alles herumschwirrt, sondern eher das, worauf Sie bei Ihren Handlungen bestehen. Es wird bei Ihren Vorhaben immer Menschen geben, welche Sie übertrumpfen werden. Eifersucht, Neid und Missgunst sind jedoch verschwendete Emotionen. Menschen, die Sie hassen, werden unweigerlich Erfolg haben. Leute, welche wir mögen, werden es manchmal besser machen als wir. Kinder werden schlauer, wendiger und schneller sein als Sie. Akzeptieren Sie es mit Anmut und Anstand. Dennoch sind die Dinge nicht immer so, wie sie auf den ersten Blick scheinen. Das große Haus, das Sie haben mussten, wird zu einer immer größeren Belastung, selbst wenn die Hypothek kleiner wird. Die Reinigung, Wartung, Reparaturen, die Treppen und all die anderen Dinge wie das große Auto – alles. Lassen Sie sich nicht von Ihrem Besitz besitzen.

Dennoch werden Sie im Laufe Ihres Lebens vor allem die Dinge bereuen, welche Sie nicht gemacht haben, anstatt die Dinge, die Sie „*falsch*" gemacht haben – das sind nicht umgesetzte künstlerische Vorhaben, das Mädchen, welches Sie nicht angesprochen haben, jemanden nicht geholfen zu haben, die Reise, die Sie nicht unternommen haben oder das Projekt, das Sie immer wieder aufgeschoben haben. Wenn sich Chancen und Möglichkeiten bieten oder diesen auf die Sprünge geholfen werden muss – tun Sie es. Sie werden vielleicht nie wieder die Gelegenheit dazu haben. Bei all den Chancen, Möglichkeiten, Vorhaben und Gelegenheiten: Seien Sie der, wer Sie auch wirklich sind. Schauen Sie sich Männer und Frauen an, die auf ihrem Gebiet etwas leisteten und erfolgreich waren. Sicherlich kann jeder einmal Glück haben, aber ich beziehe mich auf Menschen mit langfristig, nachhaltigem Erfolg. All diese Ausnahmetalente (Künstler, Politiker, Musiker, Lehrer usw.) hatten auf eine geistreiche Art und Weise einen besonderen Zugang zu ihrer Arbeit und lehnten herkömmliche Weisheiten ab. Wenn Sie das Glück haben, über etwas zu verfügen, das Sie von allen anderen unterscheidet, ändern Sie sich und es nicht. Einzigartigkeit ist von unschätzbarem Wert. Finden Sie in dieser verrückten Welt, die versucht, Sie wie alle anderen zu machen, den Mut weiterhin Ihr großartiges *Selbst* zu sein. Und wenn Menschen Sie auslachen, weil Sie anders sind, dann lachen Sie sie aus, weil die anderen gleich wie alle anderen Menschen sind. Es erfordert viel Mut ein Einzelkämpfer zu sein, aber es lohnt sich. Seiner selbst zu sein, ist es jedenfalls wert – egal was andere sagen. Kümmern Sie sich deshalb nicht darum, was die Menschen denken oder sagen. Wir alle sterben am Ende. Glauben Sie wirklich, dass es wichtig ist, was die Leute über Sie denken oder sagen? *Nein*, das ist es nicht. Dennoch ist den Menschen in Ihrem Leben zumeist alles andere weitaus wichtiger. Kein Musikinstrument, Kunstwerk, Interesse, Buch, Hobby, Auto oder Beruf wird für Sie so wichtig sein, wie die Menschen, mit denen Sie Zeit verbringen – vor allem wenn Sie älter werden. Verbringen Sie deshalb Zeit mit Menschen, die Sie lieben. Das sind Ihre Familie, Bekannte, Verwandte und Ihre guten Freunde. Die meisten Menschen sind nur temporäre Besucher in Ihrem Leben. Bei Ihrer Familie und Ihrem nahestehenden Umfeld ist das anders – wenngleich es auch hier zu Spaltungen kommt, aufgrund von Trennungen und anderen Konflikten. Vergeben Sie dennoch denen, die Sie verletzt haben. Vergebung bedeutet nicht, einfach vergessen zu können oder diesen Menschen dann zu vertrauen. Da Sie viel zu beschäftigt sind, Menschen zu lieben, welche Sie lieben, haben Sie einfach keine Zeit Menschen zu hassen, die Sie verletzen. Lieben Sie sich jedoch stets auch selbst. Wenn Sie Ihren Vater trotz seiner Engstirnigkeit, Ihre Geschwister trotz Ihrer Unordnung und Ihre Freunde trotz ihres Nörgelns lieben können, dann können Sie sich trotz Ihrer eigenen Unvollkommenheiten ebenso selbst lieben. Das wird Ihnen dabei helfen, Mitmenschen in Ihrem Umfeld zu erkennen, die Sie lieben. Die denkwürdigsten Menschen in Ihrem Leben werden diejenigen sein, die Sie geliebt haben, als Sie nicht sehr liebenswert waren. Achten Sie darauf, wer diese Menschen in Ihrem Leben sind und lieben Sie diese ebenso – auch wenn Sie sich gerade nicht liebenswert ihnen gegenüber verhalten.

Versuchen Sie nicht alles herauszufinden und auf die Waagschale zu legen – das Leben ist manchmal unergründlich. Genießen Sie Ihre Reise und nehmen Sie sich nicht zu ernst. Sicherlich haben die Menschen sich auch ernst zu nehmen, aber am Ende versuchen wir alle, wie ein Haufen Ameisen den gleichen Zielen, Wünschen und Träumen hinterherzujagen. Wenn Sie aufwachen, nehmen Sie sich deshalb eine Sekunde Zeit, um darüber nachzudenken, was für ein Privileg es ist, einfach lebendig zu sein. Jeder Tag, an dem Sie aufwachen, ist ein Sieg. Atmen Sie auf den Badezimmerspiegel, um zu sehen, wie toll Ihr Atem aussieht. In dem Moment, in dem Sie anfangen, das Leben als Segen zu erachten, versichere ich Ihnen, wird sich Ihr Leben auch wie ein solches anfühlen.

✓ 3 – Prinzip des Wohlbefindens

Die Normalität ist eine gepflasterte Straße, man kann gut darauf gehen – doch es wachsen keine Blumen auf ihr.

– Vincent Willem van Gogh

Am Leben zu sein, bedeutet, dass wir das Beste aus dem Leben machen, das uns anvertraut ist. Das Leben gehört uns jedoch nicht – es ist ein kostbares Geschenk, das wir behandeln müssen, als ob es in unsere Obhut übergeben worden wäre. Und unabhängig von der Lebensdauer, die uns auf dieser Welt geschenkt wurde, haben wir mit größter Sorgfalt darauf zu achten, es zurückzugeben. Denken Sie daran, dass der Wert des Lebens nicht an seiner Dauer (lang- oder kurzfristig) gemessen wird. Wichtig ist vielmehr, wie Sie das Leben zwischen Beginn und Ende nutzen. Die Erfahrungen, das Leiden und die Schmerzen, die wir über die Jahre ertragen, machen uns zu dem Menschen, der wir sind. Es mag von Zeit zu Zeit hart und ungerecht erscheinen, aber am Ende wird es sich als eines der größten Geschenke Ihres Lebens herausstellen und Sie werden sich für immer an diese Jahre erinnern. Dabei werden Sie erfahren, was Sie wirklich erreichen können, wenn Sie Ihr Herz, Ihren Verstand und jeden Muskel in Ihrem Körper darauf einstellen. Deshalb ist für Ihr Wohlbefinden auch Bewegung und dir richtige Ernährung wichtig. Aktivität wie auch die richtige Haltung Ihres Körpers beeinflussen Ihre Emotionen und Ihre Gefühle. Anstatt sich einer einzigen Diät hinzugeben, benötigen Sie vielmehr ein Portfolio von Verhaltensweisen – beispielsweise kleine Änderungen anstatt großer Veränderungen, Abendessen im Kreise der Familie oder mit Freunden und sich selbst mehr wahrzunehmen.

Die aufgezeigten Botschaften können Sie als vielfältig und vielleicht nicht ganz nachvollziehbar erachten. Vergessen Sie dabei nicht, dass so wie Kämpfe Krieger stark machen, auch Ihr Geist durch Beanspruchung stärker wird. Früher ließ man in gerodeten Wäldern immer ein paar Bäume stehen, weil man wusste, dass diese es sind, welche, aufgrund des mangelnden Schutzes vor den Elementen, stark genug werden und den Naturgewalten trotzen, um noch höheren Beanspruchungen standzuhalten. Lassen Sie sich deshalb nicht einschüchtern, wenn Ihnen ein Unheil widerfährt. Gesundheitliche Beschwerden oder eine ungerechte Behandlung durch Mitmenschen oder einen anderen engeren Personenkreis können so als Chancen begriffen werden, wodurch Sie wachsen. Wenn Ihnen dies widerfährt, so zeigt Ihnen das nur den Wert Ihrer *Gesundheit* und der *Gerechtigkeit*. Sie werden sich mitunter auch einsam, verlassen und vergessen fühlen. Aber auch das zeigt Ihnen lediglich die Bedeutung von *zwischenmenschlichen Beziehungen*, *Freunden* und *Verwandten*. Den Wert der *Loyalität* und *Integrität* ziehen Sie aus betrügerischen Erfahrungen und aus Menschen, in welche Sie falsche Erwartungen gesteckt haben. Sie sehen, nicht sehr wohltuende Charakterzüge und Erlebnisse, möchte man meinen. Dennoch sollten Sie sich in Erinnerung rufen, damit es gut ist, dass Ihnen dies zuteilwird, da es Ihnen den Wert der *Gerechtigkeit*, *Loyalität*, *Integrität* und die Bedeutung von *Freunden* zeigen wird. In jedem negativen Keim, der sich in Ihrem Leben auftun wird, steckt auch etwas Positives – so auch in Missgeschicken und im Unglück. Die Rolle des *Glücks* in Ihrem Leben werden Sie erst dann bewusst erkennen, wenn Erfolg abhandenkommt oder nicht immer vollkommen verdient ist – wie auch die Fehler anderer Menschen und die Risiken, welche ihnen widerfuhren. Das bedeutet somit: Freuen Sie sich darüber, wenn Sie auf Probleme, Fehler und Risiken stoßen. Dies deshalb, da Sie, wie die zuvor beschriebenen Bäume, welche den Naturgewalten trotzen, gezwungen sind nach Lösungen zu suchen und Sie so Ihren Horizont erweitern. Wenn Sie nicht mehr wissen, wie es weitergeht und Sie mit noch mehr Schwierigkeiten zu kämpfen haben, so werden Sie wissen, dass Sie durch die erlebten Erfahrungen nun noch stärker und für die Zukunft besser gerüstet sein werden. Zu lernen, dankbar für das zu sein, was Sie haben und nicht mehr zu beklagen, was Sie nicht haben oder nicht fähig sind zu leisten – ist eine große Freude. Sie sind folglich nicht für alle Dinge verantwortlich, die sich in Ihrem Leben zutragen, aber Sie haben die vollständige Kontrolle über Ihre Reaktionen diesen gegenüber und über Ihre Einstellung. Nehmen Sie eine Geisteshaltung der Erfahrung und Freude an. So misslich Ihre Lage auch ist, denken Sie dran: Sie sind gut genug!

Zusammenfassend

Gewonnen hat immer der, der lieben, dulden und verzeihen kann.

– *Hermann Hesse*

Die Prinzipien vom *Sinn* des Lebens enthalten vielerlei hilfreiche Grundsätze, welche viel Gutes in Ihrem Leben bewirken können. Jedoch eines vorweg: Lassen Sie es sein, wenn Sie mit dem, was Sie gelesen haben, nicht einverstanden sind. Jeder Mensch ist anders. Die Welt, in der Sie aufgewachsen sind, wird Ihnen andere Möglichkeiten und Werte bieten als die, in welcher ich großgezogen wurde. Noch wichtiger ist, dass Sie am besten lernen, wenn Sie mit jemandem nicht einverstanden und dann gezwungen sind, selbst eine Lösung zu finden oder diese zu erarbeiten. Alles was Ihnen widerfährt hat eine andere Seite. Weisheit ist dabei die Fähigkeit, beide Seiten näher zu begutachten und auf Basis dessen angemessen abzuwägen und zu erkennen, die Dinge aus mehreren Perspektiven zu sehen: So wie *du* sie siehst, so wie *ich* sie sehe und so, wie wir *beide* sie nicht sehen. Die wichtigste Entscheidung, die Sie in Ihrem Leben treffen können, ist sich das Glück langfristig zu sichern und dazu gehört sein Augenmerk auf die langfristige *Perspektive* zu richten. Eine Herangehensweise aus mehreren *Sichtweisen* und *Blickwinkeln* scheint ein guter Ausgangspunkt zu sein, um das Geschriebene zu reflektieren und auf Ihr Leben anzuwenden.

Da Sie es bis ans Ende dieses Buchs geschafft haben, erfahren Sie hier das ganze Geheimnis vom *Sinn* des Lebens: Es gibt weder *Unglück* noch *Glück* auf dieser Welt. Es gibt lediglich einen *Vergleich* von einem Zustand mit einem anderen Zustand. Nicht mehr und nicht weniger – das ist alles. Nur jene Menschen, welchen großes Unglück widerfahren ist, sind fähig ihr wahres Glück zu empfinden. Dieses Prinzip zieht sich von vorn bis hinten durch unser ganzes Leben. Geben Sie sich selbst auf und Sie werden Ihr Leben retten. Unterwerfen Sie sich dem Tod – dem Tod Ihrer Ambitionen und Wünsche an jedem Tag und dem körperlichen Tod am Ende. Man muss den Tod gewollt haben, nur so kann man erfahren wie schön das Leben ist. Unterwerfen Sie sich mit allen Fasern Ihres Wesens bewusst der Endlichkeit und Sie werden ewiges Leben, Liebe, Glück und Wohlbefinden finden. Halten Sie nichts zurück. Nichts, was Sie nicht dahingegeben haben, wird je wirklich Ihnen gehören. Nicht das Geringste in Ihnen, was nicht gestorben ist, wird je zu anderen wieder zurückkehren. Gehen Sie in Ihrem Inneren auf die Suche nach sich selbst und Sie werden auf die Dauer nur Einsamkeit, Verzweiflung, Auflösung, Verfall und Wut finden. Aber gehen Sie auf die Suche nach anderen Menschen und Sie werden in ihnen finden, was Sie suchen und mit ihnen alles andere noch dazu. Also wählen Sie das Leben, wählen Sie bewusst, seien Sie glücklich und bedenken Sie dabei, dass sich all die menschliche Weisheit der vergangenen Jahrhunderte in 3 Worte fassen lässt: *Glaube. Liebe. Hoffnung.* Das Unglück vergreift sich selten an Menschen, deren *Leibwächter* diese 3 Worte einschließen und Sie kommen darüber hinaus besser mit Leid, Missgeschicken, mit anderen Menschen und sich selbst besser zurecht. Nicht selten schließt dies die Erkenntnis ein, dass es wichtiger ist mit seinen Habseligkeiten zufrieden zu sein, welche wir bereits unser Eigen nennen, als mehr von dem zu erstreben, das wir uns wünschen.

Sie sind nicht für alle Dinge verantwortlich, die Ihnen widerfahren, aber Sie haben die vollständige Kontrolle über Ihre Einstellung und Ihre Reaktionen darauf. Nehmen Sie eine Geisteshaltung des Glücks, des Glaubens, der Liebe, Hoffnung und der Freude ein. Wenn ich mit Menschen über ihre Lebensziele spreche, höre ich häufig, dass sie eine Karriere *verfolgen* wollen, die viel Geld bringt oder etwas Bestimmtes tun möchten, mit dem sie eine Menge verdienen können. Aber wenn man sagt, ich möchte auf einem bestimmten Karriereweg viel Geld verdienen, kann man sagen, dass es vielleicht besser ist, eine Karriere zu *verfolgen*, auf die man sich freut. Wenn man versucht, viel Geld durch Geschäftstätigkeiten zu *erzielen*, kann man ebenso sagen, dass es vielleicht besser ist, eine positive Wirkung zu *erzielen*. Wenn Sie in Einkaufszentren Menschen beobachten, können Sie Leute sehen, die mehr von dem haben wollen, was viele Menschen nicht haben und ständig die neusten Modeerscheinungen und Luxusartikel *sammeln*. Stattdessen sollten Sie diese einschränkenden Überzeugungen loswerden und schönere Erinnerungen *sammeln*. Sie werden mit Menschen in Kontakt treten, die Anerkennung von Mitmenschen, Freunden und Gleichgesinnten *erlangen* wollen. Stattdessen können Sie genauso auf sich selbst hören und mehr Selbstvertrauen *erlangen*. Gleiches gilt für die Liebe. Von den Menschen hört man häufig: „Ich möchte den perfekten Partner *finden*." Aber besser ist es, dass sie zuvor ihren inneren Frieden *finden*.

Das hilft Ihnen zu lernen, dankbar für das zu sein, was Sie haben und sich nicht mehr über das zu beklagen, was Ihnen nicht gegeben ist oder Sie nicht tun können. Das Wichtigste, was es zu lernen gilt, ist, Dinge nicht als selbstverständlich zu betrachten. Sie können nicht vollständig auf das vorbereitet sein, was sich in Ihrem Leben zutragen wird, aber Sie können lernen, dass das Leben trotz allem, was Ihnen bereits widerfuhr oder noch geschehen wird, lebenswert ist und Sie können jeden Tag genießen, besonders wegen der kleinen Annehmlichkeiten des Lebens. Sie können Freude haben, auch wenn die großen Dinge misslingen. Für mich persönlich ist eine der wichtigsten Lektionen, welche ich im Laufe der Jahre gelernt habe, dass Sie nicht kontrollieren können, was geschehen könnte und Sie auch nicht ändern können, was sich zugetragen hat. So können Sie es wirklich schaffen, das Leben ziemlich sorgenfrei zu leben. Wenn

Sie das beachten, werden Sie lernen, obgleich Sie auch nichts an einer unerfreulichen Situation ändern können, auch Sorgen diese nicht besser machen werden. Unweigerlich passieren viele unangenehme Dinge im Leben und wenn sie das tun, haben Sie zwei Möglichkeiten: Sie können enttäuscht sein, schmollen und sich selbst bemitleiden oder Sie setzen ein mutiges Gesicht auf und machen mit Ihrem Leben weiter, dort wo Sie waren. Manchmal braucht es viel Selbstmitleid, bis Sie Ihr gewohntes Leben wieder beginnen können, aber je früher Sie es schaffen, desto mehr werden Sie feststellen, dass das Leben immer noch lebenswert ist. Viele Menschen haben dabei das Gefühl, dass sie in ihrem eigenen Leben bisher zu zukunftsorientiert waren und liegen häufig damit auch richtig. Es gibt aber viel zu gewinnen, wenn man nur *im Moment ist* und dies zu schätzen weiß. Das hilft Ihnen Ihren Platz zu finden und bringt Frieden.

Die weisesten Menschen, welchen ich begegnen durfte, waren sich über diese Lektion des Bedauerns einig: Wenn Sie in einem vorangeschrittenen Alter sind, müssen Sie sich schließlich selbst vergeben (sich selbst verzeihen). Wenn uns eine Entscheidung oder Wahlmöglichkeit auch nach vielen Jahren immer noch Sorgen bereitet, so können wir uns selbst die Erlaubnis geben, uns zu entspannen und uns selbst zu verzeihen. Ich denke, das wird auch Ihnen helfen, Selbstzweifel besser zu überwinden. Beschließen Sie deshalb, jeden Tag so zu leben, als ob es Ihr letzter sein könnte, aber immer mit einem wachsamen Blick auf die Zukunft, falls es nicht so sein sollte. Wenn Sie jeden Tag so leben, als wäre es Ihr letzter Tag, werden Sie eines Tages Recht behalten – so traurig Ihnen das auch erscheinen mag. Stellen Sie sich deshalb über die Jahre jeden Morgen die Frage: *„Wenn das mein letzter Tag wäre, würde ich diesen Tag so leben, wie ich es gerade tue?"* und wann immer die Antwort an zu vielen Tagen hintereinander *„Nein"* ist, wissen Sie, dass Sie etwas zu ändern haben. Natürlich kann dies unkonventionelle Handlungsweisen für Ihr *„Glück"* erfordern – man weiß schließlich nie was das Schicksal für einen bereithält. Lassen Sie sich dabei von keinem anderen Menschen einreden, dass Sie anders sind. Wenn Sie dies verinnerlichen, schaffen Sie sich einen unendlich großen Freiraum. Es ist, wie wenn man das erste Mal eine Frau bzw. einen Mann küsst. Es ist etwas das man nie vergisst. Sich daran zu erinnern, bald nicht mehr hier auf Erden zu sein, mag auf den ersten Blick abschreckend wirken, aber es kann sich als bedeutendes Werkzeug erweisen, um die großen Entscheidungen im Leben richtig zu treffen. Denn fast alles, was Ihnen im Leben widerfährt (Erfahrungen, Enttäuschungen, Erwartungen, Angst, Kummer und Sorge, Verlegenheit und Misserfolg) fällt angesichts des Todes einfach weg. Diese Herangehensweise lässt nur das übrig, was wirklich zählt. Sich den eigenen Tod bewusst zu machen, bietet die Möglichkeit es zu vermeiden, zu denken man hätte etwas zu verlieren. Man kann unbändig und wild werden, wie ein tollwütiger Hund, wie alles letztendlich gekommen ist. Man kann fluchen und sein Schicksal verdammen. Aber wenn es zu Ende geht, dann müssen wir loslassen. Zu akzeptieren, dass Sie jederzeit sterben können, kann jedoch dazu verleiten, nicht derart ehrgeizig zu sein, wie Sie es üblicherweise sind. All die Arbeiten, welche man verrichtet, die Dinge, für die wir viel Zeit verwenden, erscheinen dann nicht mehr wichtig. Rufen Sie sich dennoch in Erinnerung, wenn Sie jemandem etwas zu sagen haben, es zu tun, schon alleine deshalb, da es ansonsten zu spät sein könnte. Die Toten haben nicht viel davon, wenn Sie Ihnen Blumen bringen, vielmehr freuen sich die Lebenden darüber. Überspringen Sie deshalb lieber Beerdigungen Ihrer Freunde und sehen Sie zu, Ihre Freunde besser jetzt zu sehen. Dies zeigt, dass das Leben kurz ist und soll sagen: Nutzen Sie jeden Tag, den Sie bekommen. Diese Formulierung bringt es auf den Punkt, da viele Menschen, welche ihr Leben im Rückblick als lebenswert erachten, die Ansicht vertreten, jeden Tag als Geschenk anzusehen und das Leben auch so zu behandeln. Sie wurden nackt geboren und kehren wieder nackt zurück. Es gibt keinen Grund, Ihrem Herzen nicht zu folgen. Unsere Zeit ist begrenzt, also verschwenden Sie sie nicht damit, das Leben eines anderen zu leben. Lassen Sie sich nicht von Bekenntnissen oder Meinungen anderer bekehren, welche mit den Ergebnissen des Denkens anderer Menschen leben. Der Lärm anderer Auffassungen sollte folglich nicht Ihre eigene innere Stimme übertönen. Ihre eigene innere Stimme ist es letztlich, auf die Sie hören sollten. Und vor allem haben Sie den Mut, Ihrem Herzen und Ihrer Intuition zu folgen – alles andere ist nachgelagert. Sie wissen innerlich bereits, was Sie wirklich vom Leben wollen. Bedenken Sie deshalb immer: *(I) Zeit* ist von wesentlicher Bedeutung und das Kernstück aus dem Ihr Leben *geschnitzt* wird. Leben Sie deshalb, da das Leben in der Tat kurz ist. Es geht nicht darum, durch dieses Wissen ängstlich, bedrückt oder deprimiert zu werden, sondern danach zu handeln und um sicherzustellen, dass Sie *jetzt* wichtige Dinge in Angriff nehmen und tun. Dies wird Ihnen leichter fallen, wenn Sie sich bewusst sind, dass *(II)* Zeit, die für *Sorgen* aufgewendet wird, Zeitverschwendung ist. Hören Sie auf sich Sorgen zu machen oder, wenn Sie es nicht gänzlich lassen können, wenden Sie zumindest weniger Zeit für Ihre Sorgen auf. Wenn Sie Ihr Leben, wie zuvor beschrieben, bewusster leben, so werden Sie immer mehr zum Schluss kommen, dass Sorgen eine gewaltige Verschwendung Ihres kostbaren Lebens sind. Haben Sie *(III) Vertrauen* – in sich selbst und in andere. Ich weiß, jemand der herbe Enttäuschungen erfahren hat, wird dem nicht unbedingt zustimmen, denn die meisten Dinge sind komplizierter und mit dem *Vertrauen* ist das so eine Sache. Nicht zuletzt deshalb ist das *Vertrauen* häufig in Aphorismen zu finden. *Ralph Waldo Emerson* bzw. *Bessie Anderson Stanley* stellen es im Kontext des Erfolgs. Erfolg bedeutet im *Sinne* dieser beiden Persönlichkeiten, oft und viel zu lachen und die Achtung intelligenter Menschen und die Zuneigung von Kindern zu gewinnen. Die Anerkennung aufrichtiger Kritiker verdienen und den Verrat falscher Freunde ertragen und die Welt ein wenig besser zu verlassen, ob durch ein gesundes Kind, einen bestellten Garten oder einen kleinen Beitrag zur Verbesserung der Gesellschaft. Sehen Sie deshalb Enttäuschungen, Vertrauensbrüche und vermeintliche Freunde als Teil Ihres Lebens an – diese leidvollen Erfahrungen müssen auch andere Menschen durchmachen und anschließend ertragen. Vertrauen ist ein unabdingbarer Bestandteil Ihres Lebens, es ist das, was uns trägt und leicht zerbricht. Gleichwohl agieren Menschen häufig in ihrem eigenen Interesse, auch wenn dies letztendlich nicht zu ihrem Vorteil ist. Ein größerer Teil der Menschen, als Sie mitunter annehmen würden, wird, wenn sie vor der Wahl stehen, mehr für sich selbst einzustreichen oder für andere, meistens sich selbst bevorzugen. Sehen Sie deshalb *(IV)* Glück als eine Wahl und nicht als eine Bedingung an. Glück ist kein Zustand, der auftritt, wenn die Umstände perfekt oder nahezu perfekt sind. Früher oder später müssen Sie eine bewusste Entscheidung treffen, um trotz Herausforderungen und Schwierigkeiten glücklich zu sein. Dabei können Ihnen die unterschiedlichsten Dinge Hilfestellung bieten. Für einen mag Sport zu mehr Glück beitragen, für andere der Glaube oder die Spiritualität. Ein Glaubensleben fördert gemeinhin das Wohlbefinden und die Zugehörigkeit zu einer Religionsgemeinschaft bietet einzigartige Unterstützung in Lebenskrisen. Aber wie Sie damit umgehen, welche Hilfestellungen Sie annehmen und was Sie „anbeten", liegt ganz allein bei Ihnen. *(V)* Auch wenn Sie damit liebäugeln Größeres anzustreben und hoch hinaus wollen, denken Sie *klein*. Warum, werden Sie sich fragen. Wenn es darum geht, das Beste aus Ihrem Leben zu machen, sollten Sie tatsächlich dies ins Auge fassen – klein zu denken. Stellen Sie sich auf einfache, tägliche Freuden ein und lernen Sie, das *Jetzt* zu genießen. Das wird Ihnen allgemein mehr *Freude* bereiten und so helfen, besser über Krisen hinwegzukommen. Reservieren Sie dabei täglich eine bestimmte Zeit, um über die jeweilige Krise nachzudenken und darüber zu reden. Für den Rest des Tages denken und reden Sie nicht über Ihre Krise. Ihre Abend- und Nachtstunden sollten Sie nicht dazu reservieren, um sich mit Problemen zu befassen, da Sie dann keinen ruhigen Schlaf haben werden. Gebieten Sie Ihren Problemen nicht Einhalt, so zerrt dies langsam aber doch Ihre Kräfte auf und Sie sind in einer Negativspirale gefangen, welcher Sie nicht mehr so einfach entkommen.

Zu *Freude* gehört auch Freundschaft – *soziale Beziehungen*. Es war ein lauer Herbsttag, wo eines Tages ein vertrauter Besucher an meiner Tür klopfte. Ein mir sehr nahestehender Freund starb und wurde keine 60 Jahre alt. Seltsam, wie uns manchmal die Menschen, an die wir uns kaum noch erinnern, am meisten geprägt haben. Den Trauerreden meines Freundes konnte ich dennoch sehr viel abgewinnen, so bedrückt der Anlass auch gewesen war. Es ging nicht wirklich um materielle Dinge, bis auf seinen in die Jahre gekommenen Wohnwagen, mit dem er sich ab und an in die Ferne begab, um Neues zu entdecken. Seine Leidenschaft für Diätbücher (wenngleich auch seine Körperstatur darauf nicht hindeutete), sein bewegtes und abwechslungsreiches berufliches Leben (er übte mehrere Berufe aus) und seine Leidenschaft für das Gärtnern kamen zur Sprache. Erwähnt wurde aber auch sein Umgang mit Menschen, der ihn auszeichnete. Die Hilfestellungen, welche er bot und die Begegnungen mit ihm. Es zeigte mir, wie wichtig es ist für andere da zu sein, stets ein gutes Wort bereitzuhalten und Menschen, die unseren Weg kreuzen, offenherzig zu begegnen. Es soll nicht heißen, dass materielle Dinge, wie Ihr Eigenheim oder andere Sachwerte gänzlich zu verurteilen sind. Vielmehr haben jeder einzelne, unsere Mitmenschen, der Nächste und soziale, zwischenmenschliche Beziehungen im Mittelpunkt zu stehen. Es zeigt sich, dass das regelmäßige Zusammenkommen mit guten Freunden der Gesundheit dienlicher ist, als wenn man eine Luxuskarosse sein Eigen nennt. Das soll uns nicht vergessen lassen, unser hart verdientes Geld vor allem in den Ausbau unserer Freundschaften zu stecken und nicht lediglich in materielle Güter. Einer der Bausteine des Glücks sind folglich starke persönliche Beziehungen. Sinnerfüllte zwischenmenschliche Beziehungen machen uns *glücklicher, produktiver* und *gesünder*.

Dennoch wird Erfolg im Leben von jedem von uns etwas anders interpretiert. Und ja, auch Glück spielt bei jedem Erfolg eine Rolle. Sänger haben Glück, Profisportler haben Glück, Politiker und Künstler haben Glück und Unternehmer haben Glück. Zwischenmenschliche Beziehungen sind wichtig, harte Arbeit ist notwendig, Entschlossenheit, Ausdauer und Verstand sind entscheidend, aber Glück in seiner reinsten Form kann über den Ausgang letztendlich entscheiden. Manche Menschen wagen es nicht, ihren Erfolg mit Glück gleichzusetzen. Man muss es auch nicht als Glück bezeichnen. Ein mir bekannter erfolgreicher Künstler nennt es *Karma*, wieder andere nennen es *Lǎozǐ, Dào*, geistig-seelischer Zustand oder auch Gott. Bislang ist es noch keinem gelungen, dieses Lǎozǐ, Dào oder wie auch immer Sie es nennen möchten, hinreichend genau zu definieren. Aber man kann sagen, je mehr Sie lieben was Sie tun und je mehr Leidenschaft und Arbeit Sie dafür aufbringen, umso besser wird das Dào bzw. Lǎozǐ für Sie. Das bedeutet: Finden Sie einen Glauben, der für Sie richtig ist. Glauben Sie dabei an sich selbst, aber haben Sie auch Vertrauen in Ihren Glauben. Nicht ein solcher Glaube, den andere für Sie vorgeben, sondern ein Glaube, wie Sie ihn definieren und der Ihrem Herzen entspringt.

Ursprünglich komme ich ausbildungsmäßig und beruflich aus der Wirtschaft und Industrie. Dabei geht es häufig darum, einen Vorteil gegenüber der Konkurrenz und seinen Mitbewerbern zu erhaschen. Solch ein Wettbewerbsvorteil kann daraus resultieren, wenn man die Fähigkeit besitzt, schneller als die Konkurrenz zu lernen. Jemand mit einem IQ von 100, aber der Fähigkeit zu erkennen, wann sich die Welt verändert, wird die Person mit einem IQ von 150 und starren Überzeugungen immer schlagen. Die Welt ist voller kluger Menschen, die nirgendwo hingelangen, weil ihr Wissen und ihre Intelligenz vor 10 oder 20 Jahren, in einer völlig anderen Welt erworben wurden, als in welcher wir heute leben. Und da Intelligenz viele Kosten verursacht (beispielsweise ist die Ausbildung und Universität anstrengend, aufwendig und teuer), neigen Menschen dazu an dem festzuhalten, was sie lernen, auch wenn sich die Welt um sie herum ständig verändert. Die Fähigkeit zu erkennen, wann Sie falsch liegen und wann sich Dinge ändern, kann daher effektiver sein als die Fähigkeit Probleme zu lösen, die nicht mehr relevant sind. Dies scheint offensichtlich, bis Sie auf einst emporstrebende Unternehmen stoßen, die versuchten, die Probleme zu lösen, welche längst der Vergangenheit angehörten. Ein herausragendes Konzept, um dem abzuschwören und sowohl im wirtschaftlichen als auch täglichen Leben entgegenzusteuern ist: Zu seinen starken Überzeugungen, Grundsätzen und Prinzipien zu stehen, jedoch schwach daran festzuhalten. Nur wenige Dinge sind mächtiger, als fest an Prinzipien und Ideen zu glauben (*Fokus*), aber bereit zu sein von ihnen loszulassen, wenn sie sich als falsch oder veraltet erwiesen haben. Dazu sind *Demut* und *Bescheidenheit* erforderlich. Was bedeutet das für das Leben? Jemand, der stets an seine Grenzen geht und sich sehr hoch hinauswagt, ist auch der, der sehr tief fallen kann. *Extreme Lust* zieht immer auch *extreme Unlust* nach sich. Um das *wahre Glück* zu finden, empfiehlt sich daher der Weg des *kleinen Glücks*. Von Zeit zu Zeit müssen Menschen *einfach* leben und werden sich so erst dessen bewusst, dass es eine der besten Arten zu leben ist. Daher sollten Sie die Füße immer auf dem Boden behalten und immer daran denken, dass Sie niemals so gut oder schlecht sind, wie Sie oder andere denken, dass Sie es sind. Die alten Römer hatten eine gute Herangehensweise an die menschliche Fehlbarkeit, Demut und um Versuchungen zu widerstehen. Wenn ein *römischer General* nach Hause zurückkehrte, wurde ihm normalerweise ein Triumph gewährt, der seinesgleichen suchte. Es war erst gar nicht möglich für einen römischen General oder seine Armee die Hauptstadt anders als mit solch einem pompösen Ereignis zu betreten. Es kam dabei zu einer großen Parade, bei welcher der General die gesamten Plünderungen und Gefangenen der erfolgreichen Feldzüge vorführte. Am Ende der Parade fuhr der General in einem Streitwagen, um von den Menschenmassen auf den Straßen gefeiert zu werden und letztendlich im Tempel im Herzen von Rom ein Opfer darzubringen. Der General wurde dabei im Streitwagen von einem Sklaven (einer *Auriga*) begleitet. Im alten Rom war die *Auriga* ein Sklave mit Gladiatorenstatus, dessen Aufgabe es war, ein von zwei Pferden angetriebenes leichtes Fahrzeug zu fahren, um einige wichtige Römer zu transportieren. Die *Auriga* wurde nur unter besonders vertrauenswürdigen Sklaven ausgewählt. Dieser Sklave war es auch, der während der römischen Triumphe ständig „Memento mori" („*erinnere dich, dass du sterblich bist*") in das Ohr des Generals flüsterte, um zu verhindern, dass der hochgeachtete General sich Illusionen hingab und sein „*Augenmaß*" in den Exzessen der Feierlichkeiten verlor. Auf dem Höhepunkt seines Triumphs wurde der General an seine Sterblichkeit durch einen Sklaven erinnert. Heute haben wir keine *Auriga*, aber sich in *Demut* und *Bescheidenheit* üben, um sich an die eigenen Charakterschwächen zu erinnern, hilft dabei, Ihre Füße auf dem Boden zu behalten und daran zu denken, dass Sie niemals so gut oder schlecht sind, wie Sie oder andere denken, dass Sie es sind. Wenn Sie Ihr Leben oder Ihre Karriere nicht mit einem Gefühl Ihrer eigenen Fehlbarkeit beginnen, werden Sie es wahrscheinlich lernen müssen. Wenn Sie es nicht lernen, werden Sie wahrscheinlich scheitern. Ihr Leben mag nicht perfekt sein, aber danken Sie der Welt, dass es gut ist. Sagen Sie sich immer, dass die Welt Sie gesegnet hat. Sie haben bessere Tage, aber auch schlimmere gesehen. Sie haben nicht alle Ihre Wünsche erfüllt, aber Sie können weitgehend Ihre Bedürfnisse decken. Sie sind aufgewacht mit ein paar Schmerzen und Wehwehchen, aber Sie sind immerhin aufgewacht. Wenn Sie morgens früh aus dem Bett kommen, lassen Sie Ihre Sorgen und angenehme als auch unangenehme Gefühle zurück. Unangenehme Gefühle machen Sie unzufrieden. Wenn Sie sich angenehmen Gefühlen hingeben, leiden Sie jedoch ebenso, da Sie wollen, dass das erwünschte Gefühl noch stärker wird oder Sie sorgen sich, dass es komplett verschwindet. Darum sollten Sie diesen subjektiven Empfindungen nicht hinterherjagen. Es kann ausgesprochen befriedigend sein, wenn Sie dies akzeptieren und sich dessen bewusst sind, dass es sich dabei lediglich um aufeinanderfolgende impulsive Gefühlsregungen handelt. Wenn Sie dann noch mit dem zufrieden sind, was Sie haben und nicht mehr bekommen wollen, von dem was Sie sich wünschen, erachten Sie Ihr Leben auch als Ganzes und in denkwürdigerer Weise. Das hilft Ihnen Ihrem Leben mehr *Sinn* zu geben, nach dem *Warum* zu fragen und so leichter das *Wie* zu ertragen. Wenn Sie ein *Warum* zum Leben haben, hilft Ihnen dies ein segensreiches Leben zu führen, auch wenn es nicht immer einfach ist, aber Sie geben damit Ihrem Leben was es braucht – einen *Sinn*. Sie werden diesen subjektiven Gefühlsregungen und Empfindungen auf vielen Zwischenstopps in Ihrem Leben begegnen und auch auf der Suche nach einem echten Zuhause, nach dem *wahren Sinn* im *Leben*. Wenn Sie sich dies stets in Erinnerung rufen, so werden Sie, wenn auch anfangs etwas getrübt, das Leben durch die Linse der Bestimmtheit sehen und Sie werden wissen, die richtigen Entscheidungen zu treffen und für das einzutreten, für das es sich lohnt, durchs Leben zu gehen. Die *Liebe*.

Bibliographie

Es finden sich in der Folge Quellen zu Inhalten, welche nicht in Standardlehrbüchern und ähnlicher Literatur zu finden sind.

Allen, J. (2020). Wie der Mensch denkt, so lebt er. As A Man Thinketh. Fulda: Idp.

Athill, D. (2009). Somewhere towards the end. New York: SW. W. Norton &Company.

Aurel, M. (1997). Wie soll man leben? Zürich: Diogenes.

Bagus, C. (2020). Die Farbe von Glück. Ein Roman über das Ankommen. München: Piper.

Beck, M. (2012). Leben. Wie geht das? Die Bedeutung der spirituellen Dimension an den Wendepunkten des Lebens. Wien: Styria.

Betz, R. (2014). Wahre Liebe lässt frei. Wie Frau und Mann zu sich selbst und zueinander finden. München: Heyne Verlag.

Buettner, D. (2008). The Blue Zones. Lessons for living longer from people who have lived the longest. Washington D.C.: National Geographic Partners.

Chapman, G. (2016). Die fünf Sprachen der Liebe. Marburg: Francke-Buch.

Covey, S (2012). Die 3. Alternative. So lösen wir die schwierigsten Probleme des Lebens. Offenbach: Gabel.

Cuddy, A. (2016). Dein Körper spricht für dich. München: Mosaik.

Dalai, L. (2003). Ratschläge des Herzens. Zürich: Diogenes.

Dalai, L. (2016). Die Liebe. Quelle des Glücks. Freiburg. Herder.

Dalio, R. (2017). Principles. Life and Work. New York: Simon & Schuster.

Däfler, M. (2017). Das Passwort fürs Leben heißt Humor. Die 44 Geheimnisse gelassener Menschen. Wiesbaden: Springer.

Eagleton, T. (2007). The meaning of life. A very short introduction. London: Oxford University Press.

Epikur (2011). Über das Glück. Zürich: Diogenes.

Gladwell, M. (2009). Outliers. The Story of Success. New York: Back Bay Books.

Goleman, D. (2007). Emotionale Intelligenz. München: Deutscher Taschenbuch Verlag.

Hodgkinson, T. (2014). Anleitung zum Müßiggang. Berlin: Insel.

Janis, I. (1981). Victims of Groupthink. A psychological study of foreign policy decisions and fiascoes. Boston: Houghton Mifflin.

Kahnemann, S. (2015). Schnelles Denken, Langsames Denken. München: Pantheon.

Klein, S. (2013). Die Glücksformel oder wie die guten Gefühle entstehen. Frankfurt: Fischer.

Kusher, H. (2006). Wenn guten Menschen Böses widerfährt. München: Random House.

Kübler-Ross, E. (1969). On death and dying. New York: Scribner.

LeBon, G. (1925). The Crowd. New York: The Macmillan Co.

Lewis, C. (2014). Pardon, ich bin Christ. Basel: Brunnen.

Mackay, C. (1995). Extraordinary Popular Delusions and the Madness of Crowds. Ware: Wordsworth Editions.

McDougall, C. (2020). Das Glück ist grau. Köln: DuMont.

Milgram. S. (1983). Obedience to Authority. New York: Harper Perennial.

Mises, L. (1949). Human action. A treatise on economics. New Haven: Yale Univ. Press.

Montier, J. (2007). Behavioral Finance. Insights into Irrational Minds and Markets. Hoboken: Wiley.

Nuhr, D. (2015). Das Geheimnis des perfekten Tages. Köln: Lübbe.

Osho (2004). Das Buch der Frauen. Die Quelle der weiblichen Kraft. Berlin: Allegria Taschenbuch.

Paul, J./ Moynihan, B. (2000). Was Gewinner von Verlierern unterscheidet. Vierte Auflage. München: Finanzbuch Verlag.

Pausch, R. (2015). The Last Lecture. New York: Hachette Books.

Pillemer, K. (2012). 30 Lessons for Living. Tried and True Advice from the wisest Americans. New York: Penguin Group.

Robbins, A. (2010). Das Robbins Power Prinzip. Berlin: Ullstein.

Russo, E. (1989). Decision Traps. The Ten Barriers to Decision-Making and How to Overcome Them. New York: Doubleday.

Schmid, W. (2012). Unglücklich sein. Eine Ermutigung. Berlin: Insel.

Schnabel, U. (2012). Muße. Vom Glück des Nichtstuns. München: Pantheon.

Schopenhauer, A. (1986). Die Welt als Wille und Vorstellung. Frankfurt: Suhrkamp.

Seiwert, L. (2002). Das Bumerang Prinzip. Mehr Zeit fürs Glück. München: Gräfe und Unzer Verlag.

Sharot, T. (2012). The Optimism Bias. A Tour of the Irrationally Positive Brian. New York: Random House.

Sherden, W. (1998). The Fortune Sellers. The Big Business of buying and selling predictions. New York: John Wiley & Sons.

Sutter, M. (2014). Die Entdeckung der Geduld. Ausdauer schlägt Talent. Salzburg: Ecowin Verlag.

Taleb, N. (2007). Der Schwarze Schwan. Die Macht höchst unwahrscheinlicher Ereignisse. München: Carl Hanser Verlag.

Thaler, R. (1985). Mental accounting and consumer choice, Marketing Science, 4, p. 199–214.

Tversky A./ Kahneman D. (1974). Judgment under Uncertainty. Heuristics and Biases. Science, New Series, Vol. 185, No. 4157. (Sep. 27, 1974), pp. 1124–1131.

Wilberg, D. (2017). Vom System-Opfer zum Wohltäter. Eine Anleitung & Abkürzung für Weltverbesserer. Norderstedt: BoD.

Wind, A. (2018). Love yourself. Liebe dich selbst, dann lieben dich auch die anderen und das Glück kommt von allein. Berlin: Idp.

Zitatesammlung

Es finden sich in der Folge Zitate zu bearbeitenden Inhalten und welche auf die eine oder andere Weise mit den angeführten Themenstellungen (Glück, Liebe und Wohlbefinden) in Verbindung stehen und gegebenenfalls bereits erläutert wurden.

In Anbetracht des Todes wird vieles unwichtig. Nur eines nicht. Die Liebe, die zwei Menschen miteinander verbindet.
— Pierre Franckh

Der verlorenste aller Tage ist der, an dem man nicht gelacht hat.
— Sebastien Chamfort

Jener ist am glücklichsten und ein sorgloser Besitzer seiner selbst, der das Morgen ohne Beunruhigung erwartet.
— Lucius Annaeus Seneca

Im Leben gibt es etwas Schlimmeres als keinen Erfolg zu haben: Das ist, nichts unternommen zu haben.
— Franklin D. Roosevelt

Menschen, die in der Gegenwart leben, haben immer Zeit für die wichtigste Zeit, den Augenblick.
— Ernst Ferstl

Wo Liebe ist und Weisheit, da ist weder Furcht noch Ungewissheit; wo Geduld und Demut, weder Zorn noch Aufregung; wo Armut und Freude, nicht Habsucht und Geiz; wo Ruhe und Besinnung, nicht Zerstreuung noch Haltlosigkeit.
— Franz von Assisi

Bedenke, dass die menschlichen Verhältnisse insgesamt unbeständig sind, dann wirst Du im Glück nicht zu fröhlich und im Unglück nicht zu traurig sein.

– Sokrates

Herr, gib mir die Kraft, die Dinge zu ändern, die ich ändern kann, die Gelassenheit, das Unabänderliche zu ertragen und die Weisheit, zwischen diesen beiden Dingen die rechte Unterscheidung zu treffen.

– Franz von Assis

Nicht alle Stürme kommen um dein Leben zu erschüttern. Manche kommen um deinen Weg freizumachen.

– Unbekannt

Manchmal muss man einfach dem Herzen folgen und die Dinge geschehen lassen.

– Unbekannt

Mich hat noch nie gekümmert, was die Leute sagen. Denn vor schnellen Urteilen muss man sich immer in Acht nehmen.

– Lotte Tobisch

Der Unterschied zwischen erfolgreichen und sehr erfolgreichen Menschen besteht darin, dass sehr erfolgreiche Menschen zu fast allem „*Nein*" sagen.

– Warren Buffett

Ein Mann der entschlossen ist, das Beste aus sich zu machen, kann es sich nicht leisten, seine Zeit mit persönlichen Auseinandersetzungen zu vergeuden. Es ist besser dem Hund auszuweichen, statt sich von ihm beißen zu lassen. Auch wenn man den Hund tötet, heilt man damit nicht den Biss.

– Dale Carnegie

Der Trick ist das Leben zu genießen, indem man im Vorhinein akzeptiert, dass es keinerlei Bedeutung hat.

– Unbekannt

Wenn Menschen recht empfindlich mich treffen wollen, so ist mir's um jene leid, nicht um mich.

– Katharina von Siena

Am reichsten ist der, der am wenigsten braucht.

– Marcus Lucius Annaeus Seneca

Ich habe drei Schätze, die ich hüte und hege. Der eine ist die Liebe, der zweite ist die Genügsamkeit, der dritte ist die Demut. Nur der Liebende ist mutig, nur der Genügsame ist großzügig, nur der Demütige ist fähig zu herrschen.

– Laozi

Die Normalität ist eine gepflasterte Straße; man kann gut darauf gehen – doch es wachsen keine Blumen auf ihr.

– Vincent Willem van Gogh

Die Erinnerung ist das einzige Paradies, aus dem wir nicht vertrieben werden können.

– Jean Paul

Ich habe Ruhe gesucht, überall und habe sie am Ende gefunden, in einem Winkel bei einem kleinen Buche.

– Franz von Sales

Wer viel spricht hat weniger Zeit zum Denken.

– Indische Weisheit

Vergeltet Böses mit Gerechtigkeit – und Gutes mit Gutem.

– Konfuzius

Ein Augenblick der Geduld kann vor großem Unheil bewahren, ein Augenblick der Ungeduld ein ganzes Leben zerstören.

– Weisheit aus China

Liebe: die Kraft, nicht nur die eigene, sondern auch die Unvollkommenheit eines anderen lebenslang zu ertragen.

– Ron Kritzfeld

Eifersucht ist die unnötige Besorgnis um etwas, das man nur verlieren kann, wenn es sich sowieso nicht lohnt, es zu halten.

– Ambrose Bierce

Wer stark, gesund und jung bleiben will, sei mäßig, übe den Körper, atme reine Luft und heile sein Weh eher durch Fasten als durch Medikamente.

– Hippokrates

Man ist meistens nur durch Nachdenken unglücklich.

– Joseph Joubert

Hindernisse sind diese furchterregenden Sachen, die du dann siehst, wenn du dein Ziel aus den Augen verlierst.

– Henry Ford

Gewonnen hat immer der, der lieben, dulden und verzeihen kann.

– Hermann Hesse

Lerne den zu schätzen, der ohne dich leidet! Und lauf nicht dem hinterher, der ohne dich glücklich sein kann.

– Unbekannt

Nimm an, was nützlich ist. Lass weg, was unnütz ist. Und füge das hinzu, was dein Eigenes ist.

– Bruce Lee

Die wahre Gerechtigkeit liegt in der Hand Gottes.

– Göksel Copur

Hätte Gott mich anders gewollt, hätte er mich anders gemacht.

– Johann Wolfgang von Goethe

Die Verlockungen des Reichtums sind sehr groß. Der heilige Ignatius lehrt uns, dass es drei Stufen an Versuchungen gibt. *(I)* Reichtum: der beginnt die Seele zu bestechen. *(II)* Selbstgefälligkeit: Prunk, leben in Eitelkeit, eine gute Figur abgeben zu wollen. *(III)* Hochmut und Stolz: dann beginnen die Sünden. Doch die erste Stufe dazu ist das Geld. Das Fehlen von Armut.

– Papst Franziskus

Zu vergessen und zu lächeln ist weit besser, als sich zu erinnern und traurig zu sein.

– Christina Georgina

In uns selbst liegen die Sterne unseres Glücks.

– Heinrich Heine

Sei nie vor der Zeit unglücklich, weil das, was dich ängstigt, als stünde es vor der Tür, vielleicht niemals kommen wird, jedenfalls aber noch nicht da ist.

– Seneca

Keine Zukunft vermag gut zu machen, was du in der Gegenwart versäumst.

– Schweitzer

Lassen Sie nicht zu, dass jemand zu einer Priorität in Ihrem Leben wird, wenn Sie nur eine Option in seinem Leben sind.

– Unbekannt

Um glücklich zu sein, darf man sich nicht zu sehr mit den Mitmenschen beschäftigen.

– Albert Camus

Die Wunden, die ein junges Herz empfängt, vernarben nur bei armseligen Charakteren zu toten Stellen. Bei starken Naturen werden sie zu fruchtbarem Grund.

– Waldemar Bonsels

Geh deinen Weg und lass die Leute reden!

– Dante Alighieri

Trau schau wem. Tue recht und scheue niemand.

– Unbekannt

Der Zufall ist das Pseudonym, das der liebe Gott wählt, wenn er inkognito bleiben will.

– Albert Schweitzer

Da es sehr förderlich für die Gesundheit ist, habe ich beschlossen, glücklich zu sein.

– Voltaire

Nenne dich nicht arm, weil deine Träume nicht in Erfüllung gegangen sind. Wirklich arm ist nur, wer nie geträumt hat.

– Marie von Ebner-Eschenbach

Nur indem man das Unerreichbare anstrebt, gelingt das Erreichbare. Nur mit dem Unmöglichen als Ziel, gelingt das Mögliche.

– Miguel de Unamuno

Sobald der Geist auf ein Ziel gerichtet ist, kommt ihm vieles entgegen.

– Johann Wolfgang von Goethe

Es ist nicht wenig Zeit, die wir haben, sondern es ist viel Zeit, die wir nicht nutzen.

– Lucius Annaeus Seneca

Das Leben vereint was zusammen gehört, und es trennt, was schadet, irgendwann.

– Unbekannt

Ihr sollt das Heilige nicht den Hunden geben und eure Perlen sollt ihr nicht vor die Säue werfen, damit die sie nicht zertreten mit ihren Füßen und sich umwenden und euch zerreißen.

– Matthäus 7,6

Man wird nicht dadurch besser, dass man andere schlecht macht.

– Heinrich Nordhoff

Sag nicht alles, was du weißt, aber wisse immer, was du sagst.

– Matthias Claudius

Lasse nie zu, dass du jemandem begegnest, der nicht nach der Begegnung mit dir glücklicher ist.

– Mutter Teresa

Manchmal muss man einfach dem Herzen folgen und die Dinge geschehen lassen.

– Unbekannt

Mich beeindruckte sehr, dass diese Menschen nichts bereuten; sie bedauerten vielmehr, dass sie Dinge versäumt hatten. Es tat ihnen leid, dass sie ihr Leben mit belanglosen Arbeiten vergeudet hatten.

– Charles Faulkner

Es kann immer schlechter und schlimmer sein.

– Vladi Mira

Ein intensives Interesse an einem Thema ist unabdingbar, wenn Sie sich wirklich darin auszeichnen möchten.

– Charlie Munger

Jeden Morgen wacht in Afrika eine Gazelle auf. Sie weiß, dass sie schneller laufen muss als der schnellste Löwe, sonst wird sie getötet. Jeden Morgen wacht ein Löwe auf. Er weiß, dass er schneller als die langsamsten Gazellen laufen muss oder er wird verhungern. Es spielt keine Rolle, ob du ein Löwe oder eine Gazelle bist – wenn die Sonne aufgeht, rennst du besser.

– Leon Cooperman

Ich möchte, dass meine Grabinschrift lautet: Hier liegt ein Mann, der weise genug war, Männer in den Dienst zu stellen, welche mehr wussten als er.

– Andrew Carnegie

Es gibt überhaupt keinen Grund, weshalb man sich durchs Leben kämpfen oder quälen sollte.

– Unbekannt

Für dein Leben: Bleib nah bei deiner Familie (unter allen Umständen). Der einzige Weg, einen Freund zu haben, besteht darin, ein Freund zu sein. Mach niemals etwas im Leben, wenn du nicht willst, dass Zeitungen darüber berichten (lebe wie ein offenes Buch). Die moralische Verpflichtung ist es, anderen in Not zu helfen. Die erste Prüfung eines Menschen ist, sein Respekt vor denen, die für ihn keinen erdenklichen Wert haben.

– William Lynn Phelps

Ein großer Mann zeigt seine Größe durch die Art, wie er kleine Leute behandelt.

– Thomas Carlyle

Der beste Weg, um Geld mit einem Unternehmen zu verdienen, besteht darin, nicht zu viel darüber nachzudenken, es zu verdienen.

– Henry Ford

Wenn Sie eine Stunde lang glücklich sein möchten, machen Sie ein Nickerchen. Wenn Sie einen Tag lang glücklich sein möchten, gehen Sie angeln. Wenn Sie ein Jahr lang glücklich sein wollen, erben Sie ein Vermögen. Wenn Sie ein Leben lang glücklich sein wollen, helfen Sie jemandem.

– Chinesisches Sprichwort

Hören sie zu, bevor sie sprechen. Denken sie nach, bevor sie schreiben. Verdienen sie, bevor sie ausgeben. Informieren sie sich, bevor sie investieren. Warten sie, bevor sie kritisieren. Vergeben sie, bevor sie beten. Versuchen sie es, bevor sie aufgeben. Sparen sie, bevor sie in Rente gehen. Bevor sie sterben, geben sie.

– William Ward

Unsere Schwächen sollten uns ein Lächeln kosten, nicht den Humor.

– Oliver Tietze

Geld ist ein Mittel, um alles zu haben, bis auf einen aufrichtigen Freund, eine uneigennützige Geliebte und eine gute Gesundheit.

– George Bernard Shaw

Arm ist nicht der, der wenig hat, sondern der, der nicht genug bekommen kann.

– Jean Guéhenno

Betrachten sie das Leben als einen Film, in dem sie sehen, was sie jetzt gerade – und auch nur einmal – wahrnehmen. Sie werden das Gesehene nie mehr in exakt derselben Weise sehen. Nehmen sie es in sich auf, seien sie sich dessen bewusst und genießen sie es.

– Unbekannt

Wo es tröpfelt, muss man darunter halten.

– Hans Lindner

Einen Versuch wagen und dabei scheitern, bringt zumindest einen Gewinn an Wissen und Erfahrung. Nichts riskieren dagegen heißt einen nicht abschätzbaren Verlust auf sich nehmen – den Verlust des Gewinns, den das Wagnis möglicherweise eingebracht hätte.

– Chester Barnard

Wer andere kennt, ist klug.
Wer sich selbst kennt, ist weise.
Wer andere besiegt, hat Kraft.
Wer sich selbst besiegt, ist stark.
Wer sich durchsetzt, hat Willen.
Wer sich genügen lässt, ist reich.
Wer seinen Platz nicht verliert hat Dauer.
Wer auch im Tode nicht untergeht, der lebt.

– Laotse

Beobachte, wie er handelt, betrachte seine Motive und untersuche, worin er seine Ruhe findet. Wie könnte ein Mensch dir dann noch etwas verbergen?

– Konfuzius

Das wahre Glück ist die Genügsamkeit. Und die Genügsamkeit hat überall genug.

– Johann Wolfgang von Goethe

Hast du einen Menschen gern, so musst du ihn versteh'n. Musst nicht immer hier und da, seine Fehler seh'n. Schau mit Liebe und Verzeih', denn am Ende bist du selbst nicht fehlerfrei.

– Johann Wolfgang von Goethe

Finde das, was du liebst. Und begnüge dich niemals mit etwas Geringerem.

– Steve Jobs

Eure Zeit ist begrenzt. Vergeudet sie nicht damit, das Leben eines anderen zu leben. Lasst euch nicht von Dogmen einengen – dem Resultat des Denkens anderer. Lasst durch den Lärm der Stimmen anderer nicht eure innere Stimme ersticken. Das Wichtigste: Folgt eurem Herzen und eurer Intuition, sie wissen bereits, was ihr wirklich werden wollt.

– Steve Jobs

Der überlegene Mann vergisst nicht, dass Gefahr kommen kann, wenn er sich in Sicherheit ausruht. In einem Sicherheitszustand vergisst er nicht die Möglichkeit des Ruins. Wenn alles in Ordnung ist, vergisst er nicht, dass Unordnung kommen kann. So ist seine Person nicht gefährdet und seine Staaten und alle ihre Clans bleiben erhalten.

– Konfuzius

Der Streber kennt nur eins, sein Ziel. Der Weise pflückt am Wege seine Blumen.

– Chung Lang

Wenn du einen Menschen glücklich machen willst, dann füge nichts seinen Reichtümern hinzu, sondern nimm ihm einige von seinen Wünschen.

– Epikur

Die Talente sind oft gar nicht so ungleich, im Fleiß und im Charakter liegen die Unterschiede.

– Theodor Fontane

Vergiss nicht: Man benötigt nur wenig, um ein glückliches Leben zu führen.

– Marcus Aurelius

Um es im Leben zu etwas zu bringen, muss man früh aufstehen, bis in die Nacht arbeiten – und Öl finden.

– Jean Paul Getty

Ich liebe Rätsel, man glaubt es gibt keine Verbindungen und am Ende gibt es sie doch.

– Rush, Filmzitat

Wer die Freiheit aufgibt um Sicherheit zu gewinnen, der wird am Ende beides verlieren.

– Benjamin Franklin

Die Vernunft spricht leise, deshalb wird sie so oft nicht gehört.

– Jawaharlal Nehru

Alle Träume können wahr werden, wenn wir den Mut haben, ihnen zu folgen.

– Walt Disney

Dimidium facti, qui coepit, habet. Wer nur begann, der hat schon halb vollendet.

– Horaz

Das Leben ist wie eine Kamera. Konzentrieren sie sich einfach auf das, was wichtig ist und halten sie die guten Zeiten fest. Entwickeln sie sich aus den negativen Dingen weiter und machen sie einfach einen weiteren Versuch, wenn die Dinge nicht klappen.

– Unbekannt

Wenn man niemals unten ist, kann man auch nie wissen, wie es sich anfühlt oben zu sein.

– Michael J. Fox

Licht und Luft heilen und Ruhe heilt, aber den besten Balsam spendet doch ein gütiges Herz.

– Theodor Fontane

Man braucht zwei Jahre, um sprechen zu lernen und fünfzig, um schweigen zu lernen.

– Ernest Hemingway

Wenn du ein Gärtchen hast und eine Bibliothek, so wird dir nichts fehlen.

– Marcus Tullius Cicero

Der einzige Mann, der wirklich nicht ohne Frauen leben kann, ist der Frauenarzt.

– Arthur Schopenhauer

Nur wer viel allein ist, lernt gut denken.

– Waldemar Bonsels

Sie scheinen mir aus einem edlen Haus: Sie sehen stolz und unzufrieden aus.

– Johann Wolfgang von Goethe

Denk dran, niemand denkt so sehr an dich wie du an dich selbst. Lass dich also nicht so sehr beunruhigen.

– Heidi Rozen

Einer meiner langjährigen Verkäufer hat einmal das Geheimnis seines Erfolges entschleiert: Man muss den Kunden reden lassen und ein guter Zuhörer sein.

– Wilhelm Becker

Glück entsteht oft durch Aufmerksamkeit in kleinen Dingen.

– Wilhelm Busch

Nichts ist zu schwer für den, der liebt.

– Marcus Tullius Cicero

Unglück macht Menschen. Wohlstand macht Ungeheuer.

– Victor Hugo

Nicht nie zu fallen, sondern nach den Fall wieder aufzustehen, ist der wunderbarste Sieg eines Menschen.

– Nelson Mandela

Wenn wir wüssten, was wir tun, würde es nicht Forschung heißen.
— Albert Einstein

Wir haben so viel Ungeklärtes auf dieser Welt; damit das so bleibt, haben wir die Wissenschaft.
— Otto Waalkes

Alles, was der Mensch den Tieren antut, kommt auf den Mensch wieder zurück.
— Pythagoras

Jeder will lange leben – und keiner will alt sein.
— Jonathan Swift

Von Arbeit stirbt kein Mensch, aber von Ledig- und Müßiggehen kommen die Leute um Leib und Leben; denn der Mensch ist zum Arbeiten geboren wie der Vogel zum Fliegen.
— Martin Luther

Man verdirbt einen Jüngling am sichersten, wenn man ihn anleitet, den Gleichdenkenden höher zu achten als den Andersdenkenden.
— Friedrich Nietzsche

Nicht Sieg sollte der Sinn der Diskussion sein, sondern Gewinn.
— Joseph Joubert

Diejenigen, die immer nur das Mögliche fordern, erreichen gar nichts. Diejenigen, die aber das Unmögliche fordern, erreichen wenigstens das Mögliche.
— Michail Bakunin

Ich wundere mich oft darüber, wie leichtfertig man um Zeit bittet und sie anderen gewährt. Es ist gleichsam, als wenn um ein Nichts gebeten wird.
— Lucius Annaeus Seneca

Reichtum besteht nicht darin, große Besitztümer zu haben, sondern darin, wenige Bedürfnisse zu haben.

– Epikur

Jeder von uns ist ein Engel mit nur einem Flügel. Und wir können nur fliegen, wenn wir uns umarmen.

– Luciano De Crescenzo

Ich bin wie ich bin. Die einen kennen mich, die anderen können mich.

– Konrad Adenauer

Nur wer seinen eigenen Weg geht, kann von niemandem überholt werden.

– Marlon Brando

Wenn du damit beginnst, dich denen aufzuopfern, die du liebst, wirst du damit enden, die zu hassen, denen du dich aufgeopfert hast.

– George Bernard Shaw

Amicitiae nostrae memoriam spero sempiternam! Ich hoffe die Erinnerung an unsere Freundschaft währt ewig!

– Cicero

Momente gehen, Erinnerungen bleiben.

– Unbekannt

Ich weinte, weil ich keine Schuhe hatte, bis ich einen traf, der keine Füße hatte.

– Helen Keller

Was der Sinn des Lebens ist, weiß keiner genau. Jedenfalls hat es wenig Sinn, der reichste Mann auf dem Friedhof zu sein.

– Peter Alexander Ustinov

Glück ist ein Parfüm, das du nicht auf andere sprühen kannst, ohne selbst ein paar Tropfen abzubekommen.
— Ralph Waldo Emerson

Die Geschichte lehrt die Menschen, dass die Geschichte die Menschen nichts lehrt.
— Mahatma Gandhi

Viele Menschen versäumen das kleine Glück, während sie auf das große vergebens warten.
— Pearl S. Buck

Die Sprache ist die Kleidung der Gedanken.
— Samuel Johnson

Krisen meistert man am besten, indem man ihnen zuvorkommt.
— Walt Whitman Rostow

Liebe macht nicht blind. Der Liebende sieht nur weit mehr als da ist.
— Oliver Hassencamp

Diejenigen, die sich weise auf das beschränkt haben, was ihnen möglich schien, sind niemals einen Schritt vorangekommen.
— Michail Bakunin

Das Beste, was wir auf der Welt tun können, ist Gutes tun, fröhlich sein und die Spatzen pfeifen lassen.
— Don Bosco

Wenn du ein glückliches Leben willst, verbinde es mit einem Ziel, nicht aber mit Menschen oder Dingen.
— Albert Einstein

Die Statistik ist wie eine Laterne im Hafen. Sie dient dem betrunkenen Seemann mehr zum Halt als zur Erleuchtung.
— Hermann Josef Abs

Unser Seelenheil finden wir nur jenseits der Hast.
— Klaus Ender

Hass zeugt Hass!
— Aischylos

Die Welt ist voll von kleinen Freuden, die Kunst besteht darin, sie zu sehen, ein Auge dafür zu haben.
— Li Bai

Der Schlüssel zur ewigen Jugend ist die Fähigkeit, das Schöne zu sehen. Wer diese Fähigkeit besitzt, wird niemals alt.
— Franz Kafka

Nicht der ist arm, der sich keinen Jugendtraum erfüllt hat, sondern der schon in der Jugend nichts träumte.
— Jean Genet

Glücklich, wer den Fehlschluss von seinen Wünschen auf seine Kräfte bald gewahr wird!
— Johann Wolfgang von Goethe

Das Wissen ist einer Brille zu vergleichen, die der inneren Schaukraft niemals genau anzupassen ist. Deshalb liegt dem Satan so viel daran, dass die Meinung Verbreitung finde, Wissen sei Macht.
— Waldemar Bonsels

Mögest du dir die Zeit nehmen, die stillen Wunder zu feiern, die in der lauten Welt keine Bewunderer haben.
— Irischer Segenswunsch

Ein Tropfen Liebe ist mehr als ein Ozean Verstand.
— Blaise Pascal

Die Jüngeren sind schneller, die älteren kennen aber die Abkürzungen.
— Unbekannt

Wenn die Neugier sich auf ernsthafte Dinge richtet, dann nennt man sie Wissensdrang.
— Marie Freifrau von Ebner-Eschenbach

Geschichte wiederholt sich nicht, aber manchmal reimt sie sich.
— Mark Twain

Ein Wort kann verletzlicher sein, als die schärfste Waffe.
— Rudolf Kirchschläger

Die schönste Erfahrung, die wir machen können, ist die Erfahrung des Unbegreiflichen.
— Albert Einstein

Man kann viel, wenn man sich nur recht viel zutraut.
— Wilhelm von Humboldt

Ein Mensch, der gut über sich denkt, ist glücklicher als ein Weiser, über den andere gut denken.
— Schottische Weisheit

Ein skeptischer Katholik ist mir lieber als ein gläubiger Atheist.
— Kurt Tucholsky

Bei dem, was wir gewöhnlich Freunde und Freundschaft nennen, handelt es sich allenfalls um nähere Bekanntschaften, die bei gewissen Anlässen oder um irgendeines Vorteils willen geknüpft wurden und uns nur insoweit verbinden. Bei der Freundschaft hingegen, von der ich spreche, verschmelzen zwei Seelen und gehen derart ineinander auf, dass sie die Naht nicht mehr finden, die sie einte.

– Michel de Montaigne

Die Menschen haben mehr Angst vor dem Unbekannten als vor dem Gefährlichen. Darum misstrauen sie Ausländern und setzen sich betrunken ans Steuer.

– Peter Hohl

Wie glücklich viele Menschen wären, wenn sie sich genauso wenig um die Angelegenheiten anderer kümmern würden wie um die eigenen.

– Georg Christoph Lichtenberg

Wenn wir alt werden, so beginnen wir zu disputieren, wollen klug sein, und doch sind wir die größten Narren.

– Martin Luther

Reich ist man nicht durch das, was man besitzt, sondern mehr noch durch das, was man mit Würde zu entbehren weiß.

– Epikur

Wenn du kritisiert wirst, dann musst du irgendetwas richtig machen. Denn man greift nur denjenigen an, der den Ball hat.

– Bruce Lee

Du kannst nicht tiefer fallen als nur in Gottes Hand, die er zum Heil uns allen barmherzig ausgespannt.

– Arno Pötzsch

Ohne Freunde können wir kein vollkommenes Leben führen.

– Dante Alighieri

Die Werte, die das Christentum vermittelt und die Kraft spenden: Trost, Lebenssinn, Hoffnung, Hilfe im Gebet, Trost in der Vergebung, christliche Liebe.

– Unbekannt

Die Liebe ist eine kleine Droge, die hilft, durch dieses Leben zu reisen.

– Marcello Mastroianni

Die Welt wird nicht bedroht von den Menschen, die böse sind, sondern von denen, die das Böse zulassen.

– Albert Einstein

Lieben heißt, sich mit der Wirklichkeit begnügen.

– Unbekannter polnischer Dichter

Groll mit uns herumtragen ist wie das Greifen nach einem glühenden Stück Kohle in der Absicht, es nach jemandem zu werfen. Man verbrennt sich nur selbst dabei.

– Siddhartha Gautama

Es gibt weder Glück noch Unglück auf dieser Welt. Es gibt nur den Vergleich einer Lage mit einer anderen, weiter nichts.

– Alexandre Dumas

Der Kluge lernt aus allem und von jedem, der Normale aus seinen Erfahrungen und der Dumme weiß alles besser.

– Sokrates

Jede Freude ist ein Gewinn und bleibt es, auch wenn er noch so klein ist.

– Robert Browning

Zeit haben nur diejenigen, die es zu nichts gebracht haben. Und damit haben sie es weiter gebracht als alle anderen.

– Giovanni Guareschi

Nenne dich nicht arm, weil deine Träume nicht in Erfüllung gegangen sind. Wirklich arm ist nur, wer nie geträumt hat.
– Marie von Ebner-Eschenbach

Wirf das Joch des Überflüssigen ab, werde reich ohne Geld, und du bist glücklich.
– Francois Fenelon

Wer sich nicht an die Vergangenheit erinnern kann, ist dazu verurteilt, sie zu wiederholen.
– George Santayana

Wenn sie auf Ihrem Sterbebett liegen, ist das, was andere über Sie denken, weit von ihrem Verstand entfernt. Wie schön, loslassen und wieder lächeln zu können, lange bevor du stirbst. Leben ist eine Wahl. Es ist dein Leben. Wählen Sie bewusst, wählen Sie mit Bedacht, wählen Sie ehrlich – wählen Sie Glücklichkeit.
– Unbekannt

Man kann nicht allen helfen, sagt der Engherzige und hilft keinem.
– Marie von Ebner-Eschenbach

Die wichtigste Stunde ist immer die Gegenwart, der bedeutendste Mensch immer der, der dir gerade gegenübersteht, und das notwendigste Werk ist die Liebe.
– Eckehart von Hochheim

Nicht die Glücklichen sind dankbar, es sind die Dankbaren, die glücklich sind.
– Francis Bacon

Der Herr ist mein Helfer, ich fürchte mich nicht. Was können Menschen mir antun?
– Hebräer 13,6

Sei gegenüber deinen Freunden, ob sie Glück oder Unglück haben, immer derselbe.
– Periander

Manchmal suchen wir so lange den Schlüssel zum Glück, bis wir merken, dass er steckt.
– Jochen Mariss

Kein besseres Heilmittel gibt es im Leid als eines edlen Freundes Zuspruch.
– Euripides

Besser sich ärgern als lachen; denn bei einem vergrämten Gesicht wird das Herz heiter.
– Kohelet 7,3

Sich ärgern bedeutet, für die Fehler anderer zu leiden.
– Unbekannt

Wer einen Engel sucht und nur auf die Flügel schaut, könnte eine Gans nach Hause bringen.
– Georg Christoph Lichtenberg

Hoffnung ist eine Art Glück, vielleicht das größte Glück, das diese Welt bereit hat.
– Samuel Johnson

Treffen Sie eine Wahl und bereuen Sie es nicht. Schau nicht zurück.
– Charles Schwab

Ich wusste ich wollte die Anzahl der Dinge minimieren, welche ich bereue. Ich wusste, dass ich es mit 80 nicht bereuen würde, dies versucht zu haben. Ich würde es nicht bereuen, versucht zu haben, an diesem Ding namens Internet teilzunehmen, von dem ich dachte, dass es eine wirklich große Sache sein würde. Ich wusste, dass ich das nicht bereuen würde, wenn ich versagen würde, aber ich wusste, dass ich es möglicherweise bereuen würde, es jemals versucht zu haben.

– Jeff Bezos

Willst Du glücklich leben, hasse niemanden und überlasse die Zukunft Gott.

– Johann Wolfgang von Goethe

Sie konzentrieren sich nur darauf, das zu tun, was Sie können, und überlassen die Ergebnisse Gott.

– Unbekannt

Sei, wer du bist, und sag, was du fühlst! Denn die, die das stört, zählen nicht – und die, die zählen, stört es nicht.

– Theodor Seus Geisel

Der reichste Mensch ist nicht der, der am meisten besitzt, sondern der, der am wenigsten benötigt.

– Unbekannt

Was du für andere tust, bestimmt den Wert deines eigenen Lebens.

– Alice Schumacher

Autor

Der Autor war und ist in verschiedenen Berufen tätig – u.a. als Drucktechniker, Betriebswirt, Pädagoge und Publizist. Das Gebiet der Lebenshilfe war ihm immer schon ein Anliegen und er konnte die im Buch erläuterten Grundsätze und Prinzipien im Rahmen seiner Tätigkeiten und Begegnungen mit Mitmenschen fortlaufend anwenden. Die dargelegten Erfahrungen, Lektionen und Ratschläge von Mentoren, Grundsätze und Anekdoten halfen ihm immer wieder im Laufe seines Lebens, deshalb wollte er diese auch den Lesern mitgeben und ihnen viele unnötige Leidenswege und Herzschmerzen ersparen. Darüber hinaus sieht er sich als Freund, der gemeinsam mit seinen Lesern, Seite an Seite den Weg zu mehr Glück, Liebe und Wohlbefinden geht. Er ist Windhag Leistungsstipendiat, Stipendiat der Michael von Zoller-Stiftung, der Karl Seitz- und Julius-Raab-Stiftung. Seit jeher ist er in verschiedenen Freiwilligenorganisationen, im sozialen Bereich und in der Hilfe für den Nächsten engagiert.